权威·前沿·原创

皮书系列为
"十二五""十三五""十四五"时期国家重点出版物出版专项规划项目

BLUE BOOK

智库成果出版与传播平台

黑龙江蓝皮书
BLUE BOOK OF HEILONGJIANG

黑龙江经济发展报告（2023）
ANNUAL REPORT ON ECONOMIC DEVELOPMENT OF HEILONGJIANG (2023)

主　　编／闫修成
执行主编／孙浩进
副 主 编／赵　勤

社会科学文献出版社
SOCIAL SCIENCES ACADEMIC PRESS (CHINA)

图书在版编目(CIP)数据

黑龙江经济发展报告.2023/闫修成主编；孙浩进执行主编；赵勤副主编.--北京：社会科学文献出版社，2023.6
（黑龙江蓝皮书）
ISBN 978-7-5228-1971-6

Ⅰ.①黑… Ⅱ.①闫… ②孙… ③赵… Ⅲ.①区域经济发展-研究报告-黑龙江省-2023 Ⅳ.①F127.35

中国国家版本馆 CIP 数据核字（2023）第 106241 号

黑龙江蓝皮书
黑龙江经济发展报告（2023）

主　　编／闫修成
执行主编／孙浩进
副 主 编／赵　勤

出 版 人／王利民
组稿编辑／丁　凡
责任编辑／张丽丽
文稿编辑／赵熹微
责任印制／王京美

出　　版／社会科学文献出版社·城市和绿色发展分社（010）59367143
　　　　　地址：北京市北三环中路甲29号院华龙大厦　邮编：100029
　　　　　网址：www.ssap.com.cn
发　　行／社会科学文献出版社（010）59367028
印　　装／天津千鹤文化传播有限公司
规　　格／开本：787mm×1092mm　1/16
　　　　　印张：16.75　字数：245千字
版　　次／2023年6月第1版　2023年6月第1次印刷
书　　号／ISBN 978-7-5228-1971-6
定　　价／128.00元

读者服务电话：4008918866

▲ 版权所有 翻印必究

《黑龙江经济发展报告（2023）》编委会

主　　编　闫修成

执行主编　孙浩进

副 主 编　赵　勤

作　　者　（按文序排列）

　　　　　孙浩进　王继伟　迟　琳　陈秀萍　王力力
　　　　　谢银丽　赵　勤　孙晓红　邢　明　栾美薇
　　　　　宋静波　苏惟真　孙国徽　朱大鹏　宋晓丹
　　　　　赵　蕾　赵　砚　梁汉昭　荣欣宇　王化冰
　　　　　高　原　尹　岚　王大业　朱德鹏　栾云霄
　　　　　吴国都

主要编撰者简介

闫修成 黑龙江省社会科学院党组成员、副院长，分管东北亚战略研究院、中俄区域合作战略研究院、振兴发展研究院，以及俄罗斯研究所、东北亚研究所、犹太研究所、经济研究所、农业和农村发展研究所、院办公室工作。长期从事省市县各层级政策研究工作，对从理论与实践结合层面研究经济社会发展有独立的思考和见解。

摘　要

2022年，黑龙江省统筹经济社会发展，贯彻落实国家、省里稳经济一揽子政策措施，克服负面外部影响，千方百计稳经济保增长、多措并举稳市场主体保就业，全省经济运行总体平稳，发展韧性较强、稳中向好，地区生产总值达15901.0亿元，同比增长2.7%。从三次产业看，第一产业增加值为3609.9亿元，增长2.4%；第二产业增加值为4648.9亿元，增长0.9%；第三产业增加值为7642.2亿元，增长3.8%。总体来看，黑龙江省经济总体运行平稳，经济保持正向增长，高技术产业投资增势良好，线上消费增速较快，居民收入平稳增长；同时，也面临农业增加值增速回落、工业增长总体乏力、有效投资增幅回落等问题。

2022年，黑龙江省农业发展态势较好，粮食产量、畜产品生产保持增长态势，为保障国家粮食安全、食物安全做出突出贡献。第一产业增加值增长速度回归正常态势，农业综合生产能力进一步加强，粮食生产实现"十九连丰"，大豆产量实现大幅度增长。林业经济发展态势向好，畜禽产品生产继续保持稳定发展。农业现代化水平持续提升，新型农业经营体系建设与绿色农业发展成效显著。但黑龙江省农业发展中也存在着一些问题：种植业提升经济效益相对困难；粮食单产需要提高；粮食种植业经济效益出现分化；绿色有机农产品优质不优价等。促进黑龙江省农业高质量发展，应多措并举提升粮食的单产水平，解决大豆"滞销"问题，在关注三次产业融合的基础上注重经营主体的融合。

2022年，黑龙江省推进新型工业化建设，完善工业体系与布局，以产业振兴带动龙江振兴,奋力走出老工业基地创新发展新路子。全省工业经济规模、质量、效益稳中有升,发展势头良好。黑龙江省工业经济在经历了2021年恢复性增长后,由于受国内外经济环境等的巨大影响,经济发展面临较大下行压力,全年工业经济增长势头受到制约。黑龙江省委、省政府通过落实稳增长一揽子政策,支撑企业生产稳步恢复,着力促进工业经济平稳运行,在稳固工业基础、推进数字化转型、建设重点产业链等方面都实现了一定发展,展现了工业增长的生产力。

2022年,黑龙江省服务业承压运行,总体保持稳步增长,新动能正在积蓄,消费市场基本稳定。但服务业恢复压力明显,接触性服务消费减少,生产性服务业发展质量不高,服务消费复苏缓慢,服务企业实力弱,人口因素负向影响加深。2023年,黑龙江省服务业将呈恢复性增长的发展态势,接触性服务行业回暖,房地产业继续处于调整期,新业态新模式加快发展,新动能不断释放,消费潜力进一步释放。推进服务业高质量发展,应提振服务业发展信心,推进消费潜力加快释放,推动生产性服务业向高端延伸,促进民营经济市场主体发展壮大,集聚创新力量。

2023年,黑龙江省贯彻落实党的二十大精神、省十三次党代会精神,加快建设"六个龙江"、推进"八个振兴",着力解决老工业基地"重"包袱,给产业振兴赋"新"能,找准发力点,有的放矢、精准施策,切实解决制约发展的短板弱项,推动全省经济高质量发展,在更高起点上推动全面振兴全方位振兴,把握政策叠加、乘势而上的机遇期,用好激发潜力、振兴发展的关键期,推出有利于经济稳定增长的措施,大力提振市场信心,加快建设现代化产业体系,构筑主导产业集群,大力发展民营经济,推进高水平对外开放,实现经济质的稳步提升、量的合理增长,为全面建设社会主义现代化强省开好局起好步。

关键词: 黑龙江　服务业经济　龙江振兴

Abstract

In 2022, Heilongjiang Province coordinatedepidemic prevention and control as well as economic and social development, implemented a package of national and provincial policies and measures to stabilize the economy, overcome negative external impacts such as the epidemic, and made every effort to stabilize the economy and maintain growth, while taking multiple measures to stabilize market entities and maintain employment. The overall economic operation of the province was stable, with strong development resilience and stable progress. The gross regional product was 1590. 10 billion yuan, an increase of 2. 7% year-on-year. From the perspective of the three industries, the added value of the primary industry was 360. 99 billion yuan, an increase of 2. 4%; the added value of the secondary industry was 464. 89 billion yuan, an increase of 0. 9%; the added value of the tertiary industry was 764. 22 billion yuan, up 3. 8%. Overall, the economy of Heilongjiang Province is operating smoothly, with positive economic growth, good investment growth in high-tech industries, rapid growth in online consumption, and stable growth in household income; however, there are also problems such as a slowdown in the growth rate of agricultural added value, the overall weakness of industrial growth, the severe impact of the epidemic on the consumer market, a decline in the growth rate of effective investment, and a backward shift in the national ranking.

In 2022, the agricultural development trend in Heilongjiang Province is good, with grain output and livestock product production maintaining a growth trend, making outstanding contributions to ensuring national food security and food safety. The growth rate of the added value of the primary industry has returned to normal, the comprehensive agricultural production capacity has been further strengthened, grain production has achieved "nineteen consecutive high", and soybean production has achieved significant growth. The forestry economy, ecological economy, and production of livestock and poultry products continued to maintain stable development. The level of agricultural modernization has been continuously improved, the construction of a new agricultural management system has achieved remarkable results, and the development of green agriculture has achieved remarkable results. However, there are also some problems in the agricultural development of Heilongjiang Province: it is relatively difficult for the planting industry to improve economic benefits; the grain yield per unit area needs to be increased; the economic benefits of grain planting industry have differentiated; problems such as high quality and low price of green organic agricultural products. To promote the high-quality development of agriculture in Heilongjiang Province, multiple measures should be taken to improve the unit yield of grain, solve the problem of "slow selling" of soybeans, and focus on the integration of business entities based on the focus on the integration of three industries.

In 2022, Heilongjiang Province will promote the construction of new industrialization, improve the industrial system and layout, drive the revitalization of Longjiang through industrial revitalization, and strive to find a new path for innovative development of old industrial bases. The scale, quality, and efficiency of the provincial industrial economy have steadily increased, with a good momentum of development. After experiencing a restorative growth in 2021, the industrial economy of Heilongjiang Province faces significant downward pressure on its economic development due to the tremendous impact of the domestic and foreign economic environment and multiple rounds of epidemic attacks, and the growth momentum of the industrial economy throughout the year is constrained. The Heilongjiang Provincial Party Committee and the Heilongjiang Provincial People's Government, by implementing a package of policies to stabilize growth, supported the steady recovery of enterprise production, made efforts to promote the smooth operation of the industrial economy, and achieved certain development in stabilizing the industrial foundation, promoting Digital transformation, and

Abstract

building key industrial chains, demonstrating the productivity of industrial growth.

In 2022, the service industry in Heilongjiang Province operated under pressure, maintaining steady growth overall, accumulating new momentum, and the consumer market was basically stable. However, there is significant pressure on the service industry to recover, with reduced consumption of contact services, poor development quality of productive services, slow recovery of service consumption, weak strength of service enterprises, and deepening negative impact of demographic factors. In 2023, the service industry in Heilongjiang Province will exhibit a development trend of restorative growth, with the contact service industry recovering, the real estate industry continuing to be in a period of adjustment, the development of new business forms and models accelerating, new driving forces continuously released, and consumption potential further released. To promote high-quality development of the service industry, it is necessary to boost confidence in the development of the service industry, accelerate the release of consumption potential, promote the extension of productive services to the high-end, promote the development and expansion of market entities in the private economy, and gather innovative forces.

In 2023, Heilongjiang Province will implement the spirit of the 20th National Congress of the Communist Party of China and the spirit of the 13th Provincial Party Congress, accelerate the construction of the "Six Longjiang" and promote the "Eight Revitalizations", strive to solve the "heavy" burden of old industrial bases, endow "new" energy to industrial revitalization, identify the starting point, and implement targeted and precise policies to effectively address the weaknesses restricting development, and promote high-quality development of the province's economy, promote all-round revitalization from a higher starting point, grasp the opportunity period of overlapping policies and seizing the momentum, make good use of the key period of stimulating potential and revitalizing development, introduce measures conducive to stable economic growth, vigorously boost market confidence, accelerate the construction of a modern industrial system, build leading industrial clusters, vigorously develop the private economy, promote high-level opening up, and achieve steady improvement in economic quality and reasonable growth in quantity, to take a good step towards building a strong socialist modernization province in an all-round way.

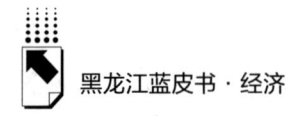

Keywords: Heilongjiang; Service Economy; Longjiang Revitalization

目 录

Ⅰ 总报告

B.1 2022~2023年黑龙江省经济形势分析与预测
………………………………… 孙浩进 王继伟 迟 琳 / 001

Ⅱ 经济运行篇

B.2 2022~2023年黑龙江省农业经济形势分析与预测 …… 陈秀萍 / 019
B.3 2022~2023年黑龙江省工业经济形势分析与预测
……………………………………………… 王力力 谢银丽 / 037
B.4 2022~2023年黑龙江省服务业形势分析与预测 ……… 赵 勤 / 048
B.5 黑龙江省财政运行形势分析与对策……………………… 孙晓红 / 061
B.6 黑龙江省居民收入分析与预测…………………………… 邢 明 / 079
B.7 黑龙江省推动实现高质量就业研究……………………… 栾美薇 / 086

Ⅲ 产业发展篇

B.8 黑龙江省种业发展研究…………………………………… 宋静波 / 095

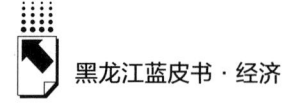

B.9 黑龙江省奶业发展研究 ………………………………… 苏惟真 / 105
B.10 黑龙江省品牌农业发展研究 …………………………… 孙国徽 / 117
B.11 黑龙江省战略性新兴产业发展研究 …………………… 朱大鹏 / 127
B.12 黑龙江省生物医药产业发展研究 ……………………… 宋晓丹 / 134
B.13 黑龙江省旅游业高质量发展研究 ……………………… 赵　蕾 / 145
B.14 黑龙江省冰雪旅游产业发展研究 ……………………… 赵　砚 / 156

Ⅳ 改革发展篇

B.15 黑龙江省沿边地区高质量发展研究
　　………………………………… 孙浩进　梁汉昭　荣欣宇 / 166
B.16 黑龙江省数字文旅产业发展研究 ……………………… 王化冰 / 180
B.17 黑龙江省平台经济发展研究 …………………………… 高　原 / 190
B.18 黑龙江省装备制造业与数字经济融合发展研究 ……… 尹　岚 / 200
B.19 黑龙江省地方国有企业改革研究 ……………………… 王大业 / 211
B.20 黑龙江省破解民营经济偏弱问题研究 ………………… 朱德鹏 / 220
B.21 黑龙江省营造企业发展良好生态研究 ……… 栾云霄　吴国都 / 230

皮书数据库阅读使用指南

CONTENTS

I General Report

B.1 Analysis and Prediction of the Economic Situation in Heilongjiang
Province from 2022 to 2023   *Sun Haojin, Wang Jiwei and Chi Lin* / 001

II Economic Operation Reports

B.2 Analysis and Prediction of Agricultural Economic Situation
in Heilongjiang Province from 2022 to 2023   *Chen Xiuping* / 019

B.3 Analysis and Prediction of the Industrial Economic Situation
in Heilongjiang Province from 2022 to 2023   *Wang Lili, Xie Yinli* / 037

B.4 Analysis and Prediction of the Service Industry Situation in
Heilongjiang Province from 2022 to 2023   *Zhao Qin* / 048

B.5 Analysis of the Financial Operation Situation in Heilongjiang
Province and Countermeasures   *Sun Xiaohong* / 061

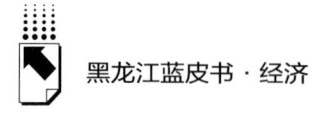

B.6　Analysis and Prediction of Residents' Income in
　　　Heilongjiang Province　　　　　　　　　　　*Xing Ming* / 079
B.7　Research on Promoting Higher Quality Employment
　　　in Heilongjiang Province　　　　　　　　　*Luan Meiwei* / 086

Ⅲ　Industrial Development Reports

B.8　Research on the Development of Seed Industry
　　　in Heilongjiang Province　　　　　　　　　*Song Jingbo* / 095
B.9　Research on the Development of Dairy Industry
　　　in Heilongjiang Province　　　　　　　　　*Su Weizhen* / 105
B.10　Research on the Development of Brand Agriculture
　　　in Heilongjiang Province　　　　　　　　　*Sun Guohui* / 117
B.11　Research on the Development of Strategic Emerging Industries
　　　in Heilongjiang Province　　　　　　　　　*Zhu Dapeng* / 127
B.12　Study on the Development of Biopharmaceutical Industry
　　　in Heilongjiang Province　　　　　　　　　*Song Xiaodan* / 134
B.13　Research on High Quality Development of Tourism
　　　in Heilongjiang Province　　　　　　　　　*Zhao Lei* / 145
B.14　Research on the Development of Ice and Snow Tourism Industry
　　　in Heilongjiang Province　　　　　　　　　*Zhao Yan* / 156

Ⅳ　Reform and Development Reports

B.15　Research on High Quality Development of Border Areas
　　　in Heilongjiang Province　　*Sun Haojin, Liang Hanzhao and Rong Xinyu* / 166
B.16　Research on the Development of Digital Culture and Tourism
　　　Industry in Heilongjiang Province　　　　　*Wang Huabing* / 180

CONTENTS

B.17 Research on Platform Economy Development in Heilongjiang Province *Gao Yuan* / 190

B.18 Research on the Integration Development of Equipment Manufacturing Industry and Digital Economy in Heilongjiang Province *Yin Lan* / 200

B.19 Research on the Reform of Local State owned Enterprises in Heilongjiang Province *Wang Daye* / 211

B.20 Research on Solving the Weak Problem of Private Economy in Heilongjiang Province *Zhu Depeng* / 220

B.21 Research on Building a Good Ecological Environment for Enterprise Development in Heilongjiang Province *Luan Yunxiao, Wu Guodu* / 230

总报告
General Report

B.1
2022~2023年黑龙江省经济形势分析与预测*

孙浩进 王继伟 迟琳**

摘　要： 2022年，黑龙江省贯彻落实国家及黑龙江省稳经济一揽子政策措施，克服负面外部影响，千方百计稳经济保增长、多措并举稳市场主体保就业，全省经济运行总体平稳，发展韧性较强，稳中向好。2022年前三季度，全省第一、第二、第三产业稳定增长，发展势头稳中向好，高技术产业投资增势良好，线上消费增速较快，居民收入平稳增长；但也面临农业增加值增速回落、工业增长总体乏力、有效投资增幅回落、全国排名位次后移等问题。2023年，黑龙江省贯彻落实党的二十大精神、省十三次党代会精神，把握

---

* 基金项目：国家社会科学基金项目"东北地区资源型城市规模收缩问题研究"（21BJL048）。
** 孙浩进，理论经济学博士，应用经济学博士后，黑龙江省社会科学院经济研究所所长，研究员，主要研究方向为发展经济学；王继伟，黑龙江省社会科学院智库办公室主任，主要研究方向为国民经济学；迟琳，黑龙江省社会科学院经济研究所研究实习员，主要研究方向为发展经济学。

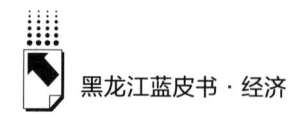

政策叠加、乘势而上的机遇期，用好激发潜力、振兴发展的关键期，推出有利于经济稳定增长的措施，大力提振市场信心，加快建设现代化产业体系，构筑主导产业集群，大力发展民营经济，推进高水平对外开放，实现经济质的稳步提升、量的合理增长，为全面建设社会主义现代化强省开好局、起好步。

关键词： 黑龙江省　现代化产业体系　龙江振兴

2022年以来，黑龙江省坚决贯彻落实党中央的要求，完整、准确、全面贯彻新发展理念，服务和融入构建新发展格局，锚定"主要经济指标增速达到全国平均水平"目标，实现全省经济平稳运行。在新发展阶段，黑龙江省加快建设"六个龙江"、推进"八个振兴"，着力解决老工业基地"重"包袱，给产业振兴赋"新"能，找准发力点，有的放矢、精准施策，切实解决制约发展的短板弱项，推动全省经济高质量发展，在更高起点上推动全方位振兴。

一　2022年黑龙江省经济形势分析

2022年，黑龙江省积极贯彻落实各项稳增长政策措施，经济保持了总体平稳、稳中有进、稳中向好的发展态势。2022年，黑龙江省地区生产总值为15901.0亿元（见图1），按不变价格计算，比上年增长2.7%。从三次产业看，第一产业实现增加值为3609.9亿元，同比增长2.4%；第二产业实现增加值为4648.9亿元，同比增长0.9%；第三产业实现增加值为7642.2亿元，同比增长3.8%。[①] 总体来看，黑龙江省经济总体运行平稳，经济保持正向增长，呈稳中向好的趋势。

---

① 资料来源：《2022年黑龙江省国民经济和社会发展统计公报》。

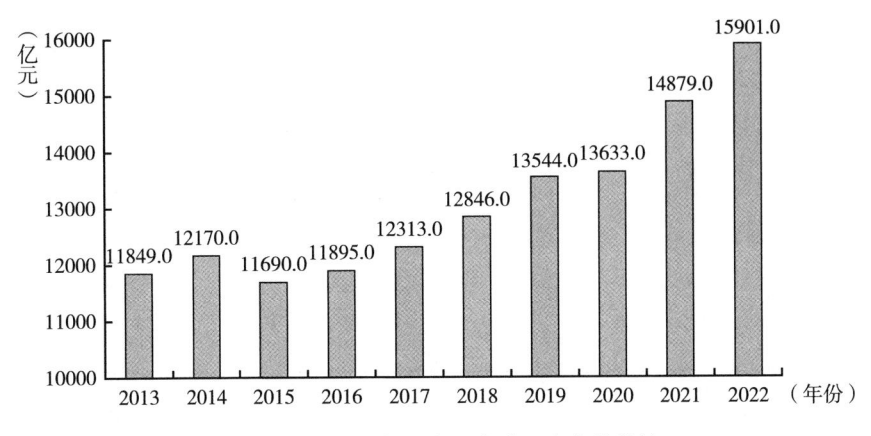

图1 2013~2022年黑龙江省地区生产总值情况

资料来源：《黑龙江统计年鉴2022》及《2022年黑龙江省国民经济和社会发展统计公报》。

（一）农业经济发展总体平稳，产量稳中有升

2022年前三季度，黑龙江省农林牧渔业总产值为2277.7亿元（见图2），较上年同期增长3.4%，其中农业总产值为801.2亿元，与上年同期相比增长幅度较大，实现了23.6%的增长，高于全国增速12.3个百分点。全省各地市均实现农林牧渔业总产值正向增长，其中鹤岗、佳木斯的增幅最为明显，分别较上年同期增长5.5%、5.2%，其他各市也均保持着较为平稳的增长态势。畜牧业生产继续保持稳定的发展态势。2022年前三季度，全省主要牲畜产量持续稳定提升，生猪出栏达1727.8万头，同比增长5.1%；猪牛羊禽肉类产量达217.4万吨，同比增长4.4%。全省耕地面积达2.6亿亩，耕地面积、黑土面积均列全国首位。2022年前三季度，全省种植面积稳中有升，品种质量趋于优化，蔬菜及食用菌播种面积达153700.0公顷，同比增长3.4%；产量达566.0万吨，增长5.8%。全省渔业总产值达109.4亿元，较上年同期增长19.4%，全省水产品产量同比增长13.7%。全省农产品质量进一步提升，黑龙江省有水稻、玉米、大豆、小麦等10个品种入选2022年全国粮油生产主导品种。总体来看，2022年黑龙江省农业发展较平稳，主要农产品供应充足。

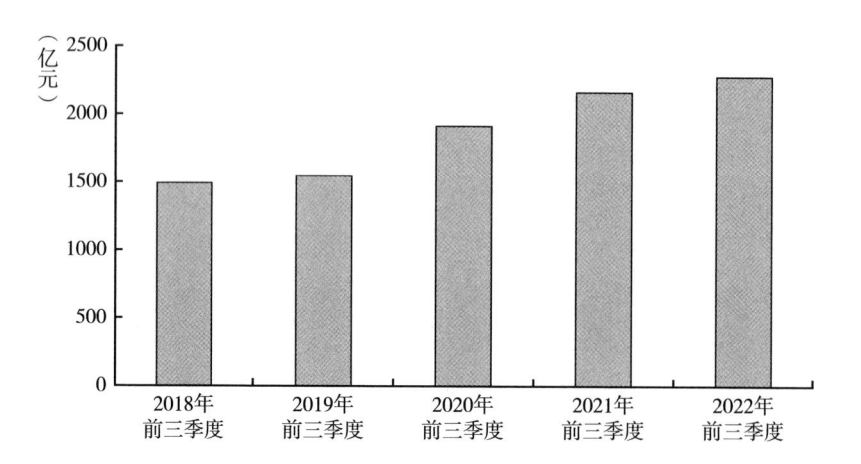

图 2　2018～2022 年前三季度黑龙江省农林牧渔业总产值

资料来源：国家统计局。

（二）工业经济实现正增长，主导产业作用显著

2022年前三季度，黑龙江省规模以上工业增加值同比增长1.0%，产品销售率（按现价折算）为96.1%。在全省各地市中，鸡西、双鸭山、绥化和齐齐哈尔的工业增加值增幅最为突出，分别为11.5%、10.3%、7.8%和7.7%。全省规模以上工业企业4273家，较上年同期增长10.7%，工业投资额较上年同期增长10.5%，高于上年增速4.8个百分点。在全省40个行业大类中，化学纤维制造业等6个行业增加值增速高于全国平均水平10.0个百分点以上。装备工业增加值增长5.6%，其中专用设备制造业、铁路船舶航空航天和其他运输设备制造业分别增长6.0%、58.6%；能源工业增加值增长2.0%，其中石油和天然气开采业、煤炭开采和洗选业分别增长1.4%、6.3%；食品工业增加值增长5.2%，其中食品制造业、农副食品加工业分别增长1.1%、4.1%。2022年3月，黑龙江省人民政府发布《黑龙江省推动工业振兴若干政策措施》，涉及财政资金的政策共15项。截至2022年10月，15项具体政策措施

全部面向企业开展实施，符合条件的企业获得相应资金支持，工业振兴奖补资金达6亿元。①

（三）服务业增速在全国靠前，现代服务业发展加快

2022年前三季度，黑龙江省服务业增加值较上年同期增长3.8%，增速高于全国平均水平1.5个百分点，位列全国第4，对经济增长贡献率为78.3%。信息传输、软件和信息技术服务业增加值同比增长10.1%，租赁和商务服务业增加值同比增长5.1%，增速分别高于全国1.3个和2.6个百分点。2022年1~8月，全省规模以上服务业企业营业收入同比增长7.2%，比1~7月加快2.9个百分点。信息服务业的基础设施建设取得进展，截至2022年10月，黑龙江移动已建设5G基站2.78万个，实现全省乡镇以上连续覆盖，实现3A以上景区、重要行政村及高速公路的覆盖，行政村覆盖率达到72%。②

（四）固定资产投资平稳增长，对高技术产业投资加大

2022年前三季度，黑龙江省固定资产投资完成额同比增长2.4%，其中建筑安装工程固定资产投资完成额同比增长3.9%，设备工器具购置固定资产投资完成额同比增长6.2%；第一、第二产业投资同比分别增长28.7%和9.8%。分领域看，2022年前三季度，基础设施投资同比增长13.6%，制造业投资同比增长12.7%。全省高技术产业投资同比增长17.5%，其中，高技术制造业投资同比增长9.8%，高技术服务业投资同比增长24.4%。2022年第三季度，全省施工项目计划总投资同比增长11.3%，新开工项目计划总投资同比增长26.6%；全省500个省级重点项目已开工497个，开工率达到99.4%；完成项目投资1856.1亿元，投资完成率达90.1%，较上年提升3.5个百分点；财政部门下达资金634.9亿元，拨付到项目单位资金582.1亿元，资金到位率达91.7%。

---

① 资料来源：黑龙江省统计局。
② 资料来源：黑龙江省统计局。

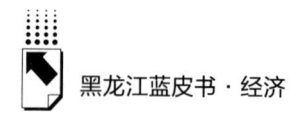

（五）消费市场展现韧性，线上消费增长较快

2022年前三季度，黑龙江省社会消费品零售总额达3678.3亿元，同比下降4.3%。哈尔滨作为省会城市，仍是全省消费的中心，社会消费品零售总额达1544.9亿元，约占全省社会消费品零售总额的42.0%，对拉动全省消费起到重要作用。在各类消费品中，限额以上单位粮油食品、烟酒、中西药品等基本生活类商品零售额同比分别增长4.9%、2.9%、2.4%；限额以上单位煤炭及制品、石油及制品等能源类商品零售额同比分别增长6.1%、1.7%；限额以上单位电子出版物及音像制品、新能源汽车等消费升级类商品零售额同比分别增长35.9%、100.0%。线上消费保持增长，全省网上零售额同比增长8.0%，其中实物商品网上零售额同比增长7.7%。

（六）财政金融物价总体稳定，居民收入平稳增长

2022年第三季度，黑龙江省一般公共预算收入完成968.1亿元，同比增长5.3%。在全省各地市中，哈尔滨、大庆两个城市的一般公共预算收入较高，分别为193.6亿元和143.5亿元，共占全省的34.8%。全省一般公共预算支出完成4162.8亿元，同比增长6.3%，其中，一般公共服务支出、教育支出同比分别增长19.1%、10.0%。另外，全省金融机构本外币各项存款余额37793.1亿元，同比增长12.0%；全省金融机构本外币各项贷款余额25553.8亿元，同比增长4.9%。2022年第三季度，黑龙江省居民消费价格同比上涨2.0%，与全国水平持平，较上年同期增幅高1.7个百分点；全省居民人均消费支出14769.0元，同比增长4.4%。其中，城镇居民人均消费支出17480.0元，同比增长3.4%；农村居民人均消费支出10836.0元，同比增长6.1%。2022年第三季度，全省居民人均可支配收入19651.0元，同比增长4.2%。其中，城镇居民人均可支配收入25531元，同比增长4.6%；农村居民人均可支配收入11119.0元，同比增长1.2%。[1]

---

[1] 资料来源：黑龙江省统计局。

（七）开放发展步伐加快，对外贸易提质增量

2022年前三季度，黑龙江省货物贸易进出口总额1901.5亿元人民币，比上年同期增长30.5%，增速居全国第6位，高于全国同期增速20.6个百分点。其中，出口额363.6亿元，同比增长17.2%；进口额1537.9亿，同比增长34.1%。2022年前三季度，全省一般贸易进出口总额1643.2亿元，同比增长36.4%，占全省外贸总额的86.4%，所占比重同比提升3.7个百分点；其中，出口额237.4亿元，同比增长17.6%；进口额1405.8亿元，同比增长40.2%。2022年前三季度，全省边境小额贸易进出口总额168.2亿元，同比增长6.6%，占全省外贸总额的8.8%；加工贸易进出口总额57.1亿元，同比下降2.2%，占全省外贸总额的3.0%。2022年前三季度，全省劳动密集型产品、农产品出口总量都有所增长，出口机电产品110.7亿元，同比下降14.0%，占全省出口总额的30.4%；出口劳动密集型产品63.1亿元，同比增长7.3%，占全省出口总额的17.4%；出口农产品54.5亿元，同比增长31.9%，占全省出口总额的15.0%。2022年前三季度，全省主要进口商品均保持增长，进口农产品158.8亿元，同比增长8.6%；进口铁矿砂60.2亿元，同比增长12.9%；进口机电产品50.7亿元，同比增长1.6%；进口锯材37.5亿元，同比增长2.6%。

（八）城市经济实现恢复性增长，各地市主要指标改善

2022年前三季度，哈尔滨和大庆作为全省经济总量最大的两个城市，依旧是推动黑龙江省经济持续稳定恢复的重要力量。2022年前三季度，哈尔滨和大庆的地区生产总值分别为4033.9亿元和2096.3亿元，分别占全省地区生产总值的38.5%和20.0%，哈尔滨、大庆两地的经济增长对全省经济恢复性增长起到了至关重要的作用。2022年前三季度，13个地市的地区生产总值总体上呈稳定增长的态势，除大庆略有降低外，各地均实现正向增长，有10个地市高于全省增长速度，依次为七台河、齐齐哈尔、鸡西、黑河、双鸭山、佳木斯、绥化、大兴安岭、鹤岗、伊春，增速分别为6.0%、5.7%、5.5%、5.4%、5.0%、4.6%、4.4%、4.4%、4.0%、3.1%（见图3）。

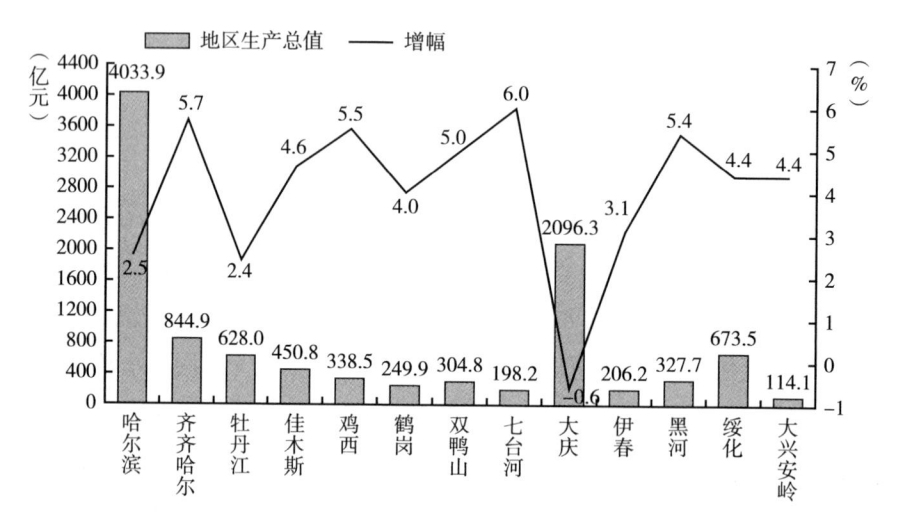

图 3 2022年前三季度黑龙江省13个地市地区生产总值及增幅

资料来源：黑龙江省统计局。

二 现阶段黑龙江省经济运行面临的主要问题

目前黑龙江省经济发展韧性较强、稳中向好，但传统产业多、新兴产业少，低端产业多、高端产业少，资源型产业多、高附加值产业少等问题仍然存在，亟待解决。

（一）经济增速仍在低位徘徊

2022年前三季度，黑龙江省地区生产总值位列全国31个省（区、市）第25名，经济增速为2.9%，低于全国平均增速0.1个百分点，增速位列全国第19位，经济总量与增速均处于低位。自2013年以来，黑龙江省经济增速一直低于全国平均水平，2013~2020年，黑龙江省经济增速整体呈下降趋势，2021年增速较上年有5.2个百分点的提升，但仍低于全国经济增速（见表1）。全省经济规模偏小，新旧动能转换相对较慢，制约着高质量发展。

表1 2013~2021年黑龙江省与全国经济增速对比

单位：%，个百分点

年份	黑龙江省 同比增长	全国 同比增长	变动幅度
2013	7.6	7.8	-0.2
2014	5.3	7.4	-2.1
2015	5.4	7.0	-1.6
2016	4.4	6.8	-2.4
2017	6.0	6.9	-0.9
2018	4.5	6.7	-2.2
2019	4.0	6.0	-2.0
2020	0.9	2.2	-1.3
2021	6.1	8.1	-2.0

资料来源：《黑龙江统计年鉴2022》及《中国统计年鉴2022》。

（二）经济结构呈现"逆工业化"

2022年前三季度，黑龙江省第一产业增加值占地区生产总值比重达11.0%，高于全国4.7个百分点；第三产业增加值占地区生产总值比重达55.3%，高于全国1.8个百分点；而第二产业增加值占地区生产总值比重达33.7%，低于全国6.5个百分点，全省工业增加值较上年增加1.0%，较上年同期增速降低了9.1个百分点，低于全国增速2.9个百分点。

从长周期性变化趋势来看，2004年全省第二产业占GDP比重为59.5%，2009年后降到50.0%以下，2014年后降到40.0%以下，2017年后降到30.0%以下，2021年仅为24.0%，与第三产业占GDP比重之间呈明显的"剪刀差"。2016年以来，黑龙江省第二产业占GDP比重低于全国7个百分点左右，工业增加值年均增速也低于全国平均水平，是影响GDP快速增长的主要因素。在现阶段，黑龙江省工业生产中高端制造业不足，低端产业过剩，目前发展仍以重化工业为主，轻工业发展落后。另外，受大宗商品价格居高不下、终端消费需求不旺、价格传导不畅、产业链供应链受限等因

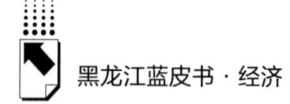

素影响，企业经营成本进一步增加，挤压工业制造业企业利润。截至2022年9月，黑龙江省工业企业达4273家，其中有1687家处于亏损状态，较上年同期增加2.4%，占总企业数量的39.5%。企业的亏损不仅导致其自身的利益受到影响，同时对于整体工业的发展造成冲击。

总体上看，黑龙江省产业结构中工业比重下滑明显，呈"逆工业化"趋势，工业增速慢、比重低、附加值低；而工业结构中则存在轻重工业比例失调等问题，工业企业的亏损也抑制工业经济的高质量发展。工业化的动力不足，难以支撑全省经济的高质量发展。

（三）农业发展质量有待提升

2022年前三季度，黑龙江省农业增加值增速回落，第一产业增加值增速为3%，比全国低1.2个百分点；生猪出栏同比增长5.1%，比1~6月回落3.7个百分点；生牛奶产量同比增长2.9%，比1~6月回落3.6个百分点；禽蛋产量同比下降3.1%，降幅比1~6月扩大2.8个百分点。黑龙江省是农业大省，全省耕地面积2.58亿亩，耕地面积、黑土面积均列全国首位，为全国农产品需求提供有力保障，但现阶段农产品品牌效应不高，大部分农产品处于中低端阶段，优质农产品、高端制造品、高品质服务供给不足，而已经闯出一定市场知名度的农林加工产品，由于品质趋同、市场趋同、组织化程度低，产业联盟未形成，没有凝聚成品牌合力。

（四）区域间发展不平衡、不充分

从区域结构来看，黑龙江省13个地市经济发展层次有较大差异，哈尔滨、大庆经济体量远大于其他地市。2022年前三季度，哈尔滨、大庆两地的地区生产总值，共占全省地区生产总值的58.5%，是带动全省经济发展的主要力量；而其他11个地市的地区生产总值占全省比重较小，尤其是七台河、大兴安岭的经济增速慢，2022年前三季度仅分别实现地区生产总值198.2亿元、114.1亿元，分别占全省的1.9%、1.1%（见图4）。总体来看，黑龙江省各地市发展差异较大，不平衡、不充分现象较突出，不利于省域内各地区之间的协调发展，对全省经济高质量发展产生制约作用。

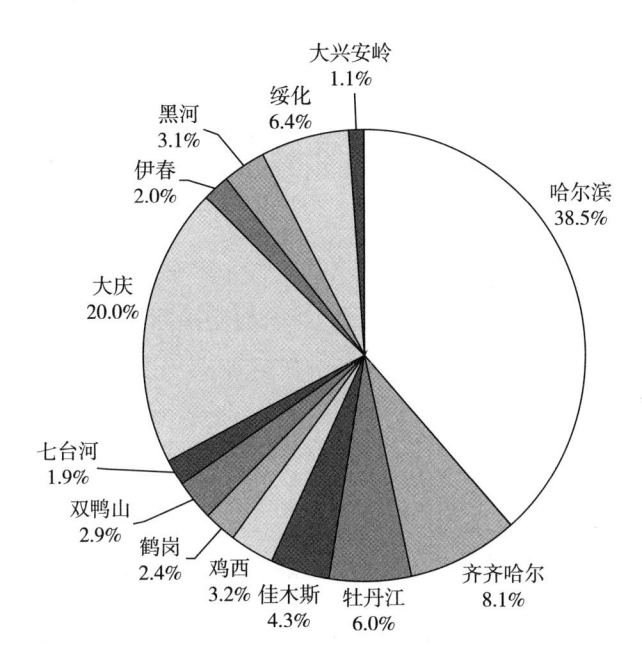

图4 2022年前三季度黑龙江省13个地市的地区生产总值占比情况

资料来源：黑龙江省统计局。

（五）财政运行仍处于低位

近年来，黑龙江省财政收入始终在全国低位徘徊，落后于全国大部分地区。2022年前三季度，黑龙江省一般公共预算收入为968.1亿元，位于全国第25位，增速5.3%，低于上年同期20.1个百分点；哈尔滨市一般公共预算收入同比下降32.5%，大庆、绥化同比分别下降1%、2.3%；哈尔滨和大庆由于财政收入体量较大，两地财政收入的下降在很大程度上导致了全省财政收入增速的放缓；鹤岗、七台河、大兴安岭等地增速较快，分别实现了33.1%、25.8%、21.7%的增速，但由于其财政收入基数小，对于全省财政收入增长的作用不大。全省一般公共预算支出达4162.8亿元，较上年同期增加6.3%，增速高于上年2.8个百分点。近年来，黑龙江省地方财政支出始终高于财政收入，在保障医疗、教育、就业等民生问题以及基础设施建设等方面存在一定压力。

三 2023年黑龙江省经济发展形势预测

2022年国内经济形势不稳定性增加，百年未有之大变局对我国经济社会发展产生了重要影响，本报告课题组综合研判国际经济形势与近年来国内经济社会发展态势，运用相关宏观经济研究理论及计量经济模型，对2023年黑龙江省经济发展相关指标进行预测分析，最终得出相关经济指标的估计结果（见表2、图5）。

表2　2021年黑龙江省主要经济指标统计值及2023年预测值

主要经济指标	2021年统计值	2023年预测值
GDP实际增长率(%)	6.1	5.2
工业增加值实际增长率(%)	7.3	2.4
社会消费品零售总额增长率(%)	8.8	12.0
固定资产投资增长率(%)	6.4	8.2
房地产开发投资完成额(亿元)	936.0	642.0
房地产开发投资增长率(%)	-4.8	4.0
出口总额(亿美元)	63.9	83.8
出口总额增长率(%)	33.5	8.0
进口总额(亿美元)	239.5	384.7
进口总额增长率(%)	40.6	22.6
CPI增长率(%)	0.7	2.3
PPI增长率(%)	12.3	5.0
地方公共财政收入(亿元)	1300.0	1340.0
地方公共财政收入增长率(%)	12.8	4.6
地方公共财政支出(亿元)	5105.0	5410.0
地方公共财政支出增长率(%)	12.6	3.5

续表

主要经济指标	2021年统计值	2023年预测值
各项存款余额(亿元)	34320.0	42265.0
各项存款余额增长率(%)	8.6	9.8
各项贷款余额(亿元)	24410.0	26757.0
各项贷款余额增长率(%)	8.1	5.4

资料来源：2021年统计值来自黑龙江省统计局。

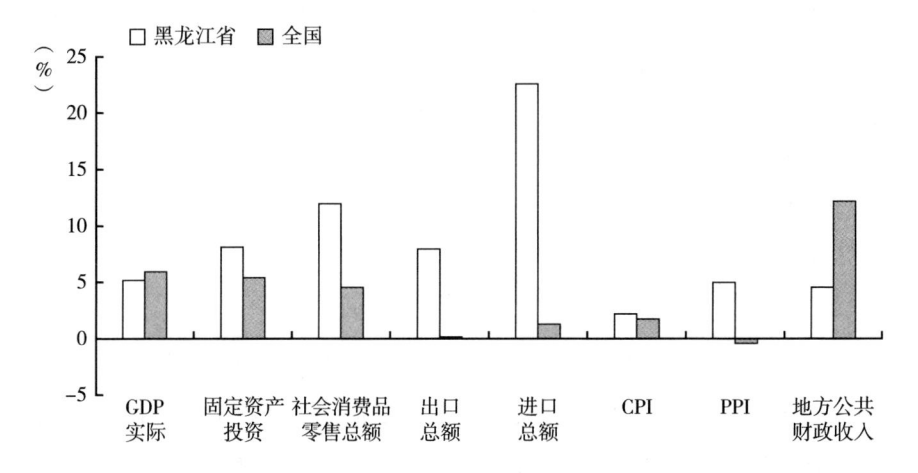

图5　2023年黑龙江省与全国主要经济指标增长率预测

注：全国预测数据来自中国科学院预测科学研究中心《2023中国经济预测与展望》。

基于以上模型预测结果及经济社会发展态势，2023年黑龙江省经济发展各项主要指标的预测及分析如下。

（一）经济保持中高速增长

随着人民各项经济社会活动逐步恢复，2023年黑龙江省经济有望开启中高速发展模式，经济呈稳定恢复的态势。根据预测结果，2023年黑龙江省的GDP实际增长率将达到5.2%，一般认为GDP在5%为中速、5%以上为中高速，因而黑龙江省经济有望实现中高速增长。

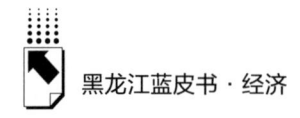

2016~2021年，黑龙江省GDP由11895.0亿元增长到14879.0亿元。黑龙江省GDP占全国GDP的比重逐年下降，但自2018年起，黑龙江省GDP占全国GDP比重的降幅日益收紧，结合2023年黑龙江省GDP实际增长率预测值及全国GDP实际增长率预测值，2023年黑龙江省GDP占全国GDP的比重有望提升。

（二）固定资产投资稳中有进

根据预测结果，2023年黑龙江省固定资产投资增长率有望达到8.2%，呈较为平稳的增长态势。自2021年起，国内房地产市场总体态势不佳，另外由于黑龙江省人口流失严重，黑龙江省房地产市场下行压力依旧不容乐观。预计2023年黑龙江省房地产开发投资完成额为642.0亿元，房地产开发投资增长率为4.0%。

（三）消费市场呈平稳恢复态势

党的二十大报告提出，"把实施扩大内需战略同深化供给侧结构性改革有机结合起来"。中央经济工作会议指出，要把恢复和扩大消费摆在优先位置。增强消费能力，改善消费条件，创新消费场景。多渠道增加城乡居民收入，支持住房改善、新能源汽车、养老服务等消费。随着各类线下消费活动日趋丰富，人们消费热情日益增加，这为消费市场的有序恢复创造了新的条件。预计2023年社会消费品零售总额将增长12.0%。

消费者物价指数（CPI）波动幅度不大，预计2023年上涨2.3%。近年来庞大的年轻消费群体逐渐推崇个性化、品质化和服务化等新消费风格，元宇宙、人工智能等产业应时代逐步兴起，为消费市场的多样化发展创造了新的条件，有望引领一批新的消费增长点。

（四）工业生产持续增长

近年来，黑龙江省工业增加值始终呈正向增长，根据预测结果，2023年工业增加值实际增长率有望达到2.4%。2023年，工业产品出厂价格指数（PPI）上涨率有望达到5.0%，黑龙江省工业产品出厂价格指数的上升，表示行业需求旺盛，价格上涨，工业经济向好发展。另外，根据2022年黑龙江省人民政府发布的《黑龙江省产业振兴行动计划（2022—2026年）》可知，2023年黑龙江省将陆续实施各类数字经济、生物经济等新兴产业相关的发展战略，助力新兴产业成为黑龙江经济发展的新引擎，推动经济高质量发展。

（五）外贸保持良好增长

根据预测结果，预计黑龙江省2023年出口总额增长率为8.0%，进口总额增长率为22.6%，整体呈增长态势。但我国外贸进出口下行压力不容忽视，自2022年起世界经济风险日益加剧，俄乌冲突、能源危机等问题导致国际经济形势日益严峻。世界经济贸易增速大幅放慢，外需提升动力不足，影响中国进出口贸易的快速发展。展望2023年，中国外贸进出口将面临多重挑战。

结合目前国内外经济发展形势及黑龙江经济社会相关远景目标计划，2023年黑龙江省经济将实现恢复性增长。黑龙江省十三次党代会制定了全省地区生产总值达到2万亿元的发展目标，这意味着今后5年全省GDP增速需年均增长6.1%。对于黑龙江省来讲，不仅要有增长高质量，更要在增长上有中高发展速度。黑龙江省经济要实现"稳中求进"，达到中高速的合理增长，才可能实现2万亿元的发展目标；稳中求进、稳中快进、提质增量，才能跟上全国现代化建设步伐。

四 黑龙江省经济发展的路径与对策

2023年，黑龙江省要坚持稳中求进总基调，既把握好"稳"的大局，把稳增长放在更加突出的位置，也要坚持"进"的大方向与目标，实现经济质的稳步提升和量的合理增长。

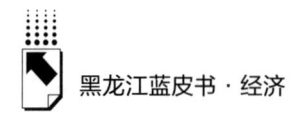

（一）产业振兴：建设现代化产业体系

黑龙江省应聚焦"4567"重点产业布局，提升全产业链水平。一是推动前沿技术突破和融合应用，以加强数字技术创新应用为主引擎，以培育壮大数字产品制造业为主动力，以全方位提升传统产业数字化赋能为主阵地，加快构建首尾相连、内外联动、线上线下融合的龙江数字经济产业集群，打造东北地区数字经济发展新龙头。二是提升生物科技创新和产业化应用能力，推动生物产业重点领域取得新突破。三是抢抓"后冬奥"时代战略发展机遇，打造冰雪经济新标杆。整合冰雪资源、布局冰雪产业、壮大冰雪经济，拓展"冰天雪地"向"金山银山"转化路径，推动"冷资源"变成"热经济"，着力打造"冰天雪地"也是"金山银山"实践地和后冬奥国际化冰雪经济示范区。四是依托大界江、大森林、大湿地、大湖泊、大草原、大冰雪、大农业等资源和四季分明的气候优势，深度挖掘黑龙江省丰富的旅游资源，推动生态产品价值加速转换，打造宜居宜行宜游宜养全城旅游康养品牌；实施全域旅游产品战略，充分挖掘释放"冰爽冬季""凉爽夏季"核心优势，建设"北国好风光、美在黑龙江"的旅游品牌体系。

（二）创新驱动：激发新经济发展活力

黑龙江省应聚焦哈大齐国家自主创新示范区、佳木斯国家农业高新技术产业示范区等园区建设，强化数字赋能、设计赋能、创新赋能。实施科技成果产业化行动计划，推进商校、院所和企业科技成果落地转化，加快规划建设环大学大院大所创新创业生态圈。支持制造业企业、职业院校等设备更新改造，开展传统制造业企业技改行动和中小企业"上云"行动，开展制造业数字化转型行动和中小企业数字化赋能行动，引导企业高端化、数字化、绿色化、服务化、安全化改造，优化产品结构，培育竞争新优势。

（三）集聚发展：构筑主导产业集群

黑龙江省应在装备制造、绿色食品、石化等行业，进一步发挥龙头企业带动作用，加快发展上下游协同配套、创新链产业链供应链贯通的优势产业集群。实施企业振兴专项行动，加快培育专精特新"小巨人"企业和制造业单项冠军企业。实施企业升级工程，支持企业规模壮大，促进小升规、规转股、股上市。发挥行业协会和产业联盟作用，培育一批产业链"链主""盟主"企业，带动链上、盟内企业增强供需协作，提升产业链稳定性和竞争力。聚力争创国家级战略性新兴产业集群、创新型产业集群、先进制造业产业集群，推进产业集群内生产要素自主有序流动、科技创新成果共通共享、大中小企业融通发展，打造良好产业生态，培育壮大生物医药、通用航空、精密超精密装备、卫星制造、生物育种、生物发酵、新材料、人工智能、信息服务等产业集群，释放产业集群倍增效应。

（四）补齐短板：加快民营经济发展

黑龙江省民营经济偏弱，应进一步拓宽民营经济发展空间，全面激发民营经济活力和创造力。全面落实市场准入负面清单制度，提升民营企业在政府采购中的份额，及时修复市场主体信用。加快实施民营企业振兴计划，培育百亿元级民营企业，打造专精特新"小巨人"企业，帮助市场主体特别是中小微企业、个体工商户恢复活力，支持贡献大、带动力强的规模以上企业发展。支持民营经济参与国资国企混改、"民参军"项目和经营性基础设施建设运营，扩大政府性融资担保业务规模，创新金融服务民营企业模式机制，畅通上市绿色通道。完善民营企业家表彰和激励机制，壮大龙江民营企业家队伍，弘扬企业家精神，营造全社会支持民营经济高质量发展的浓厚氛围，着力解决民营经济偏弱问题。

（五）扶企助企：持续优化营商环境

黑龙江省应深入贯彻落实《黑龙江省优化营商环境条例》，开好服务企业"直通车"，开展政商交流"面对面"工作，依法为企业当好"服务员""护航员""代言人"，推动政策红利更多更好地惠及企业。提升网上政务服务能力，推进政策"非申即享"，全面推行包容审慎监管执法制度，推进数

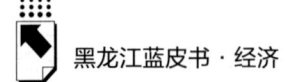

字政府建设。深化商事制度改革，优化企业开办服务流程。深入开展涉企违规收费专项整治工作，优化市场监管执法服务，维护公平竞争市场秩序，增强市场主体信心和预期。深入开展省市县三级领导包联企业（项目）工作，落实服务企业直通车机制。

（六）融入"双循环"：提升开放发展效能

黑龙江省应着力建设国家向北开放、实现双循环的"新高地"，破除制约开放发展的体制机制障碍。高标准规划建设"黑瞎子岛中俄国际合作示范区"，进一步放大自贸试验区效应，推动绥芬河、东宁等地争创国家外经贸提质增效示范试点。着力支持企业开拓国际市场，为外贸企业人员出境开展商务活动提供支持和便利。开展《区域全面经济伙伴关系协定》培训和企业对接工作，制定对接东盟、澳新行动计划，扩大与东北亚域内国家和地区经贸合作。

经济运行篇
Economic Operation Reports

B.2
2022~2023年黑龙江省农业经济形势分析与预测

陈秀萍[*]

摘 要： 2022年黑龙江省农林牧渔业发展态势较好。全省第一产业增加值增长速度回归常态，农业综合生产能力进一步加强，粮食生产实现"十九连丰"，大豆产量实现大幅度增长，林业经济发展态势向好，畜禽产品生产保持稳定发展，农业现代化水平持续提升，新型农业经营体系建设成效显著，绿色农业发展成效显著。但是黑龙江省农业发展中也存在着粮食单产水平尚需提高，粮食种植业的经济效益亟待提升，农业与第二、第三产业融合发展水平不深等问题。为促进黑龙江省农业高质量发展，本报告提出多措并举，提升粮食的单产水平；多管齐下，解决大豆"滞销"问题；促进主体融合，使产业融合和主体融合相互交织等建议。

---

[*] 陈秀萍，黑龙江省社会科学院农业与农村发展研究所，副研究员，主要研究方向为农业经济理论与政策。

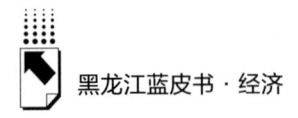

关键词： 黑龙江省　农业经济　农业高质量发展

2022年中央一号文件提出要"稳住农业基本盘、做好'三农'工作，接续全面推进乡村振兴，确保农业稳产增产、农民稳步增收、农村稳定安宁"。黑龙江省作为国家粮食安全的压舱石，更是将农业，特别是粮食产业作为龙江发展的第一重任，举全省之力发展农业。2022年黑龙江省第十三次代表大会提出"坚定不移推进农业现代化，不断提高农业产业整体素质和竞争力。坚持把发展现代农业作为振兴发展的重要内容，实施现代农业振兴计划，大力发展科技农业、绿色农业、质量农业、品牌农业，推进规模化、数字化、现代化大农业发展"。这样的发展环境进一步提升了黑龙江省农业发展速度。

一　2022年黑龙江省农业经济运行基本态势

2022年黑龙江省农林牧渔业发展态势较好，粮食总产量保持全国第一，畜产品、林产品生产保持增长态势，为保障国家粮食安全、食物安全做出突出贡献。

（一）农业经济增长速度回归常态

2022年全省第一产业增加值达到3609.9亿元，同比增长2.4%，增速比上年有所回落（见图1）。2022年黑龙江省第一产业增加值增速低于全国平均水平（4.1%），在东北四省区[①]里最低（见表1）。2021年因粮食价格增长幅度较大，全省第一产业增加值实现了跳跃式增长，高达6.6%。对比其他年份，2022年第一产业增加值增速的回落属于回归常态。

---

① 本报告中，东北四省区指黑龙江省、吉林省、辽宁省及内蒙古自治区。

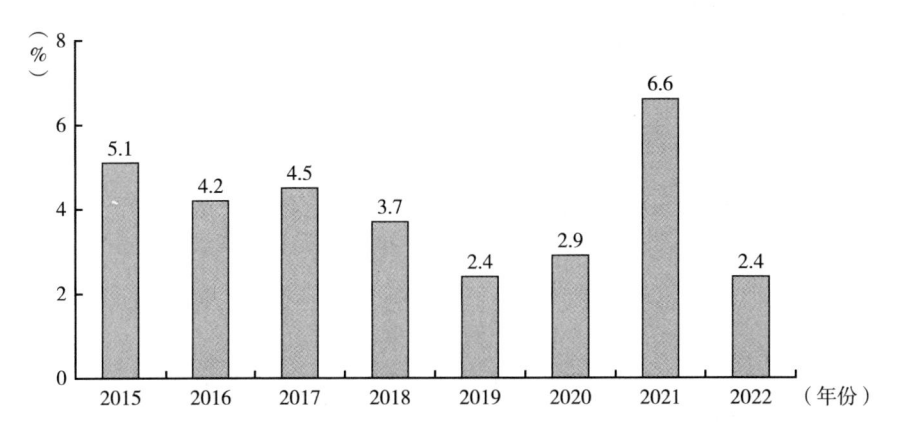

图 1 2015～2022 年黑龙江省第一产业增加值同比增长速度
（按照不变价格计算）

资料来源：2015~2020 年数据来源于《黑龙江统计年鉴 2021》，2021、2022 年数据来源于 2021~2022 年《黑龙江省国民经济和社会发展统计公报》。

表 1 2022 年全国及东北四省区第一产业增加值及增长速度

项目	全国	辽宁	吉林	黑龙江	内蒙古
第一产业增加值(亿元)	88345.0	1689.1	699.4	1153.6	2654.0
同比增长(%)	4.1	2.8	4.0	2.4	4.3

资料来源：《中华人民共和国 2022 年国民经济和社会发展统计公报》《2022 年黑龙江省国民经济和社会发展统计公报》《2022 年辽宁省国民经济和社会发展统计公报》《吉林省 2022 年国民经济和社会发展统计公报》《内蒙古自治区 2022 年国民经济和社会发展统计公报》。

（二）农业综合生产能力进一步加强

2022 年全省粮食产量、畜产品产量，林产品、渔业的生产能力进一步增强，为实现国家"稳住农业基本盘"目标和保障国家粮食安全起到积极作用。

1. 粮食生产实现"十九连丰"

2022 年黑龙江省采取稳面积、调结构、提品质、抓要害、上科技、育主体 6 项措施，全面落实粮食安全责任，严格遏制耕地"非农化"、防止

"非粮化"，确保粮食丰收。全省粮食作物播种面积达1468.3万公顷，占全国的12.4%，与上年相比增加13.2万公顷。三大粮食作物单产创历史新高，粮食总产量达到7763.1万吨，占全国粮食总产量的11.3%，连续13年位居全国第1（见图2）。2022年全省大豆种植面积扩大，但大豆属于低产农作物，因此全省粮食总产量比上年减少104.4万吨，同比减少1.3%，居历史第2。

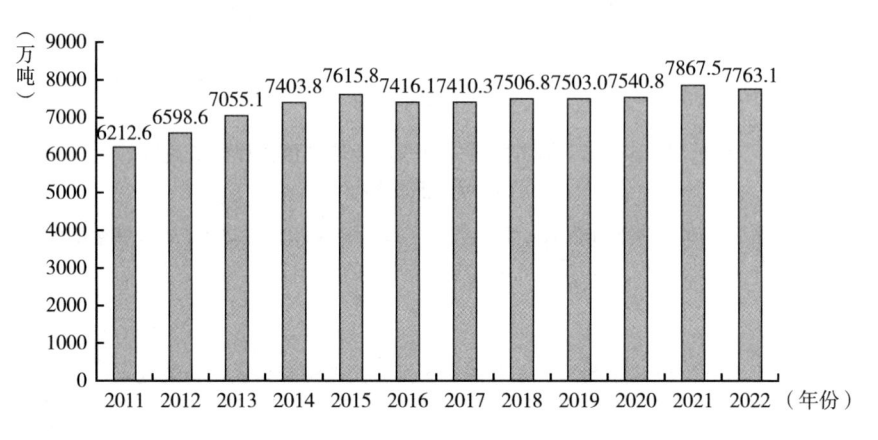

图2 2011~2022年黑龙江省粮食产量

资料来源：《黑龙江统计年鉴2021》，2021年、2022年数据来源于《2021年黑龙江省国民经济和社会发展统计公报》和《2022年黑龙江省国民经济和社会发展统计公报》。

2.大豆产量实现大幅度增长

自"十三五"以来，黑龙江省积极落实国家提出的农业供给侧结构性改革目标，粮食种植业结构向"减玉米增大豆"方向调整。2022年黑龙江省着眼国家战略需求，进一步优化调整粮食种植结构，大力实施大豆产能提升工程，开展"稻改豆"轮作试点，全省大豆的播种面积呈快速增长态势，从2015年的266.1万公顷上升到2022年的493.2万公顷（见图3）。2016~2022年黑龙江省大豆播种面积占全国的比重一直在40%以上。2022年全省大豆播种面积493.2万公顷，占全国的48.1%；大豆产量达到953.5万吨，占全国的47.0%；大豆产量比上年增加234.5万吨，比上年增长32.6%，占全国大豆增产总量的60.0%，为提高我国大豆的自给率做出了突出贡献。

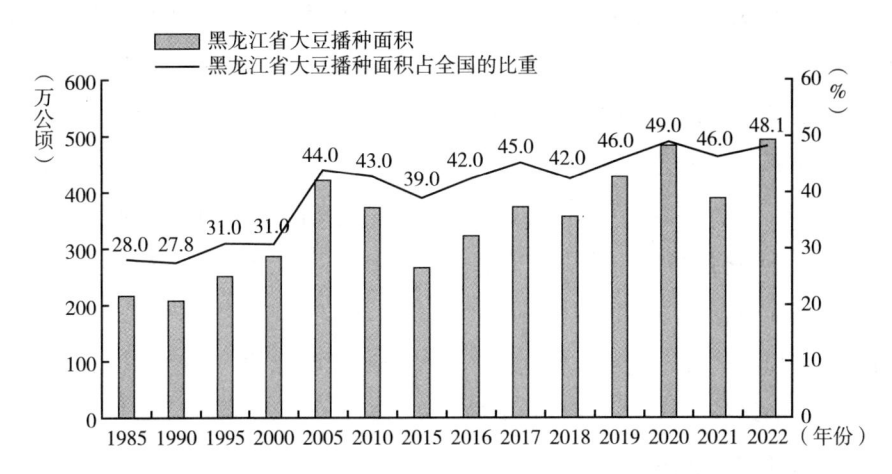

图3 1985~2022年黑龙江省大豆播种面积及占全国的比重

资料来源：《黑龙江统计年鉴2021》、《2021年黑龙江省国民经济和社会发展统计公报》、黑龙江省统计局。

3. 林业经济发展态势向好

黑龙江省大力推进林草经济的发展，2022年林下产业实现总产值814.0亿元。全年完成营造林122.6万亩，完成村庄绿化5.7万亩，落实森林抚育456.0万亩，完成草原生态修复治理22.2万亩，完成退化湿地修复1.6万亩，培育各类苗木8.7亿株，义务植树1716万株。[1]治理修复草原生态22.2万亩，退化湿地修复1.0万亩。宁安市等4个地区入选"中国天然氧吧"。[2]各地积极开展林草碳汇工作，全省开发项目达到31个，面积达到3120.0万亩。黑龙江森工集团全面提升森林抚育成效监测信息化、科技化水平，助力建设现代化新森工。

4. 畜禽产品生产继续保持稳定发展

黑龙江省出台《2022年黑龙江省大型奶牛养殖场建设补贴项目实施方

---

[1] 《全面推进全省林草事业高质量发展——2023全省林草工作会议召开》，《龙头新闻·黑龙江日报》2023年1月19日。
[2] 《全面推进全省林草事业高质量发展——2023全省林草工作会议召开》，《龙头新闻·黑龙江日报》2023年1月19日。

案》《黑龙江省鹅产业振兴行动计划（2022—2025年）》，以推动奶牛养殖业和大鹅养殖业的快速健康发展。2022年全省生猪、肉牛、家禽出栏量保持稳定发展态势，全年肉蛋奶产量达到925万吨，生鲜乳年产量超过500万吨，优质奶粉产量居全国第1位。2022年6月中旬之前，生猪养殖业处于亏损状态；6月中旬以后，猪粮比达到6∶1，生猪养殖业利润开始转正；进入12月，生猪价格又开始快速下滑，生猪养殖业利润所剩不多。由于上年生猪养殖业效益较差，很多散户已经退出。尽管生猪价格在2022年7月以后的上涨幅度较大，但粮食饲料成本上涨幅度也大，散户的返场率并不高，生猪产量的增长主要来自规模化养殖场。

5.其他农产品保持增长

黑龙江省建设冷水鱼、森林食品生产供应基地，大力发展冷水渔业养殖加工，全年水产品产量70万吨以上，同比增长13.7%。森林食品产值670亿元以上。果蔬产量680万吨以上，食用菌鲜品产量370万吨以上。寒地龙药产业正在做大做强，伊春、大兴安岭打造全省中药材产业发展先行示范区，全省中药材种植面积超过440万亩。

（三）农业现代化水平持续提升

黑龙江省积极推进"藏粮于技"战略，"通过良种化、机械化、数字化、科技化等手段提升了农业现代化水平"，[①] 2022年全省农业科技贡献率达到69.5%。

1.现代农业科技示范区建设加快

黑龙江省"创建国家级农业科技示范基地4个，建设现代农业科技示范基地138个，现代农业产业技术协同创新体系31个，农业主推技术到位率稳定在95%以上"。[②] 2022年5月，国务院同意建设黑龙江佳木斯国家农业高新技术产业示范区，黑龙江省提出"要细化、实化、特色化功能定

[①] 陈秀萍：《2021~2022年黑龙江省农业经济形势分析与预测》，载《黑龙江经济发展报告（2022）》，社会科学文献出版社，2022。
[②] 吴浩：《黑龙江省打造农业品牌体系》，《经济日报》2022年08月27日。

位，把佳木斯国家农高区打造成国家现代农业样板区、龙江'四个农业'先行区、龙江农业科技创新示范区、现代农业产业引领区、垦地融合共建试验区"。

2. 农业机械化水平居全国前列

黑龙江省推进农机农艺结合，推广大马力高端智能农业机械，集成组装技术模式。2021年全省农机总动力达到6888.4万千瓦，农作物耕种收综合机械化率达到98%以上，比全国（72%）高出26个百分点，稳居全国首位。已组建大豆、水稻、玉米、杂粮等17个产业技术协同创新体系，坚持良种良法配套，促进粪肥还田利用，全面开展测土配方施肥，推动农业绿色高质量发展。

3. 水利和标准化农田建设速度加快

近10年，黑龙江省水利投资额增幅较大。2022年1~11月，全省落实水利建设投资137.3亿元，比上年同期增加45.1亿元，增幅达49%。全省现有大中型灌区332处，设计灌溉面积达到2809.0万亩，实际灌溉面积达1890.0万亩；16个水利项目被列入国家172项和150项节水供水重大水利工程。① 2022年全省新建高标准农田1100.0万亩，至2022年末全省累计建设高标准农田达到1亿亩。

4. 种业现代化水平不断提升

2022年省财政安排资金3亿元，支持种业创新发展。加快19个国家级良种繁育基地建设，建立16个玉米、大豆、水稻、蔬菜等农作物专家育种示范基地，新审定主要农作物新品种424个。为加快优良品种推广应用，黑龙江省印发《2022年农作物优质高效品种种植区划布局》，引导广大农民应用优良食味的水稻品种、高产高蛋白高油大豆品种和高产优质适宜机收籽粒玉米品种。全省主要农作物良种基本实现全覆盖，主要农作物自主选育品种种植面积占比达到87%，主要作物良种覆盖率达到100%。

5. 数字农业、智慧农业发展加快

《黑龙江省"十四五"数字经济发展规划》提出，黑龙江省要建成现

---

① 《龙江水利这十年——水利夯实龙江高质量发展基石》，《黑龙江日报》2022年10月15日。

代数字农业全国样板，北大荒集团率先实现农业全产业链数字化、智能化，成为全国农业现代化建设排头兵。2020年黑龙江省"政企银"三方合作建设"13456"数字农业综合服务体系，打造"农业生产要素供需平台、初级农产品购销平台、大宗农产品交易平台、农产品销售平台"，为农资、农业生产、农产品收储、农产品加工销售、商业零售5类农业生产经营主体提供生产、经营、收储、销售、政务、金融6类服务。全省累计安装监测终端设备7.6万台，2022年监测深松面积达到1789.0万亩，秸秆还田面积1844.0万亩；推进统防统治植保无人飞机作业数字化监管，无人飞机保有量超过2.0万台，喷药、施肥作业面积达2.94亿亩次，两项指标均居全国首位。[1]

6. 新型农业经营体系建设成效显著

黑龙江省大力发展合作社、家庭农场等新型农业经营主体，到2022年底，全省农民合作社数量达9.5万个、家庭农场6.2万个。土地适度规模经营面积达到1.5亿亩，占全省耕地面积的57%。2022年全程托管服务面积达3035.0万亩，推进小农户与现代农业的有机衔接。尤其是北大荒集团，作为我国现代农业的先锋队，提出大力实施科技农业，打造创新链，建立创新发展引领区；建设粮食生产大基地，打造中国最大农产品制造商，打造中国最大粮食生产商，打造中国最大农地运营服务商；大力实施品牌农业，提升价值链，建设国际合作先行区，形成现代"农业航母"，打造中国最大粮食和农产品贸易商。目前黑龙江省正在构建规模化、专业化、现代化的新型农业经营体系。

（四）绿色农业发展成效显著

20世纪90年代初，黑龙江省已经开始发展绿色农业，至今绿色发展理念已经深入人心，渗透到黑龙江省农业的各个方面。"寒地黑土、绿色有机

---

[1] 《赢得一个高含金量丰收年 透视2022年我省粮食生产关键之举》，《黑龙江日报》2022年12月14日。

和非转基因"已成为黑龙江省农产品的三张金字招牌。黑龙江省"十四五"规划提出,到2025年"建成全国绿色粮仓、绿色菜园、绿色厨房和国家重要的高品质乳肉禽蛋制品加工基地"。

1. 认真落实"藏粮于地"战略,推进黑土地保护工程

黑龙江省拥有典型黑土地1.6亿亩,占东北黑土地面积的56.0%。2022年3月黑龙江省颁布实施了《黑龙江省黑土地保护利用条例》,围绕数量、质量、生态"三位一体"的保护目标和任务,全省落实七级田长338.0万余人,压实黑土耕地保护责任。因地制宜探索出黑土地保护利用"龙江模式"和"三江模式",这两个模式被列为《国家黑土地保护工程实施方案(2021—2025年)》黑土地保护主推技术模式。2021年全省落实保护性耕作面积2586.0万亩,同比增长94.4%。

2. 绿色食品产业保持良好发展态势

黑龙江省绿色(有机)食品认证面积保持增长态势,2022年达9100.0万亩,占全省耕地面积的35.6%,位居全国首位(见图4);绿色食品原料标准化生产基地面积达到6845.5万亩,也居全国首位。

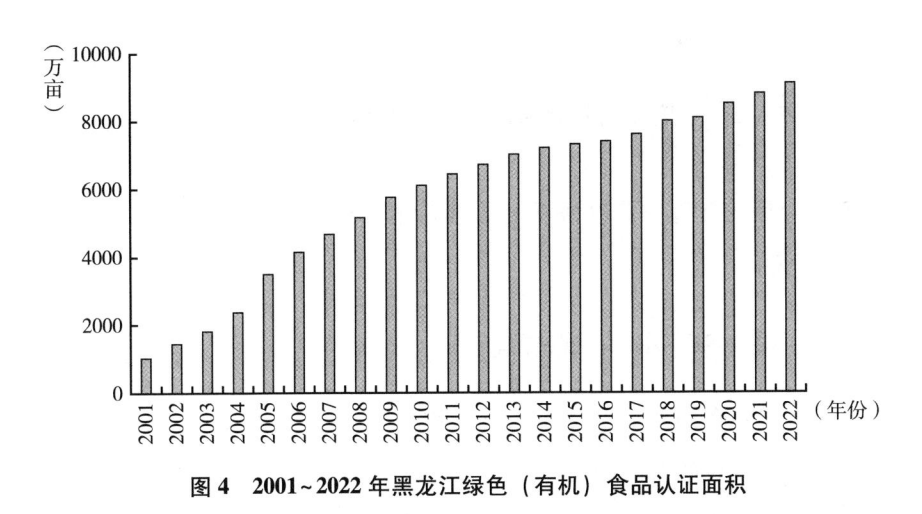

图4 2001~2022年黑龙江绿色(有机)食品认证面积

3. 化肥农药农膜"三减"行动效果明显

黑龙江省冬季气候寒冷,病虫害发生概率低,有利于发展绿色农业。同时黑龙江省积极开展"三减"行动（减农药、减化肥、减除草剂），"十三五"期间"三减"行动成效显著，全省农药化肥施用量和农用塑料薄膜使用量实现不断缩减（见表2），2015~2020年全省农药施用量和农用化肥施用折纯量分别减少26.78%和12.18%，农用塑料薄膜的使用量减少15.16%。黑龙江省耕地面积占全国的11.75%，但是，农药施用量和农用化肥施用折纯量均仅占全国的4%左右，农用塑料薄膜使用量仅占全国的3%左右，明显低于全国平均用量。可见，黑龙江省农产品的绿色化水平明显更高。

表2　2015~2020年黑龙江省农药化肥施用量和农用塑料薄膜使用量情况

指标	2015年	2016年	2017年	2018年	2019年	2020年	2020年比2015年减少（%）
农药施用量（万吨）	8.29	8.25	8.32	7.42	6.43	6.07	26.78
农用化肥施用折纯量（万吨）	255.31	252.75	251.20	245.64	223.27	224.22	12.18
农用塑料薄膜使用量（万吨）	8.31	8.26	7.98	7.74	7.18	7.05	15.16

资料来源：2016~2021年《中国农村统计年鉴》。

二　黑龙江省农业发展中存在的问题

2022年黑龙江省农业经济发展形势持续向好，但发展中也存在一些需要解决的问题。

（一）粮食单产水平尚需提高

黑龙江省粮食的单产在逐步提升，2022年全省三大农作物单产创历史新高，特别是大豆的单产增长幅度较大。黑龙江省大豆亩产常年在130公斤左右，2022年多数地区达150公斤以上，部分地区超过200公斤，创下历史新高。但受地理位置所处纬度较高、积温低、无霜期短等自然原因的影响，黑龙江与东北其他省份相比，粮食的单产还不高，省内各区域粮食单产差距也较大,粮食单产水平尚需提高。以黑龙江垦区为例,北大荒集团113个国有农牧场散落分布在黑龙江省各地,这些农牧场在自然生态方面与其他区域的差别不大,但国有农场的农业现代化水平较高,经营规模、机械化水平、良种化等方面具有优势,因此粮食单产一直较高。2022年北大荒集团水稻单产为1240.7斤/亩,小麦单产为606.1斤/亩,玉米单产为1330.8斤/亩,大豆单产为365.6斤/亩,薯类单产(折粮)为856.1斤/亩,均高于省内其他地区。这也说明黑龙江省粮食种植业的单产仍有一定的提升空间。

(二)粮食种植业的经济效益亟待提升

1.种植业结构单一,提升经济效益相对困难

黑龙江省种植业以粮食为主,2020~2022年粮食占全省农作物种植面积的比重均在97%以上,位居全国第一,但粮食种植业的经济效益并不高。2015~2021年,黑龙江省种植业增加值的同比增长速度只有2017年高于全国平均水平,其余6年均低于全国平均水平(见图5)。2020年11月国务院办公厅印发《关于防止耕地"非粮化"稳定粮食生产的意见》提

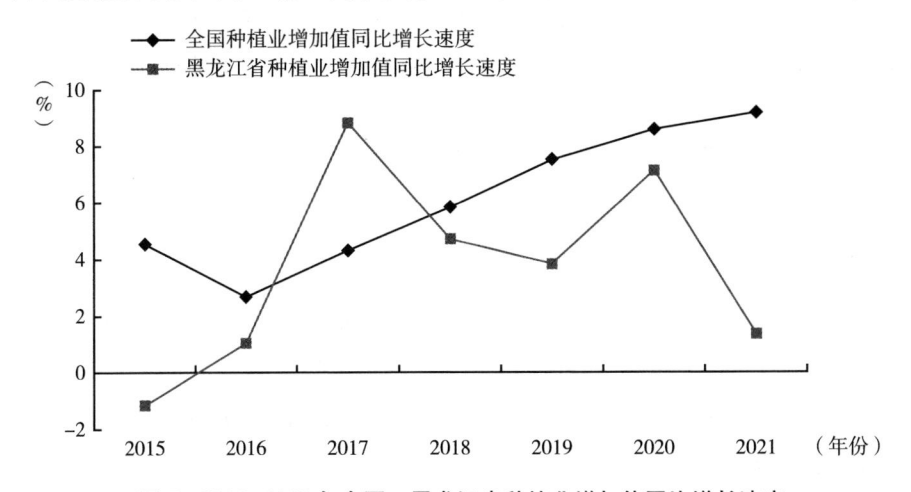

图5　2015~2022年全国、黑龙江省种植业增加值同比增长速度

资料来源:依据2016~2022年《中国统计年鉴》中数据计算得出。

出"明确耕地利用优先序"。2022年中央一号文件再次强调"永久基本农田重点用于粮食生产，高标准农田原则上全部用于粮食生产"。至2020年底，黑龙江省已划定永久基本农田1.68亿亩，高标准农田累计达1.00亿亩，这意味着黑龙江省种植业必须以粮食为主。在我国粮食价格相对稳定、土地经营面积难以大幅度提升、生产成本不断攀升的情况下，提升粮食种植业的经济效益面临较大困难。

2. 粮食种植业的经济效益出现分化，不利于国家大豆扩种计划的落实

2022年，水稻价格比上年略有上涨，但是粮食的物资生产资料价格也略有上涨。从经济效益看，水稻种植业的经济效益变化不大；玉米的市场价格涨幅较大，每吨玉米价格比上年上涨100~200元，因此玉米种植业的经济效益较好。大豆的长势较好，单产高于常年。但是，2022年秋季国产大豆价格高开低走，至2023年2月前，大豆平均价格比上年有所降低。由于价格较低，规模种植户的经济效益所剩不多，多数农户将大豆销售期往后推，处于观望状态。春节前，豆农手中尚有一半以上的大豆没有卖出，销售速度明显滞后。玉米和大豆是黑龙江省两大主要旱田作物，两者存在替代关系。从实地调研看，部分农民因大豆的经济效益较低，2023年选择种植玉米；2022年种植大豆的农民因轮作，2023年因"换茬"需要改种玉米。总体来看，农民种植大豆的积极性不高，对落实我国2023年大豆扩种目标不利。

（三）农业与第二、第三产业融合发展水平不深

1. 农业与第二产业融合深度不够

黑龙江省提出"农村一二三产业全面融合发展""推动农业全产业链融合发展"。2022年全省粮食加工率达到70%，粮食加工量超过1000亿斤，从"粮食加工量"这一指标看，黑龙江省在全国位于前列；但从"粮食加工率"这一指标来看，低于全国平均水平，比第二产粮大省——河南省的粮油加工率（80%）低10个百分点。黑龙江省粮食加工率不高，一是因为粮食产量全国第1，基数大，加工率自然低。二是我国粮食供给略有富余，国家的粮食储备主要来自商品粮较高的地区。黑龙江商品粮数量全国第1，

因此有一定数量的粮食进入国家储备，而没有进行加工，符合我国粮食供给需求状况，不属于加工滞后。但是，黑龙江省农产品精深加工发展滞后，食品精深加工的比例仅为4.8%。黑龙江省提出将食品农业农产品加工打造成万亿级的产业集群，要实现这一目标，仅依靠初加工、粗加工很难实现，走农产品精深加工才能提高农业的总产值。

2. 农业与第三产业融合广度不够

由于农产品精深加工度不足，农产品的销售量和价格受到影响，全省农村电商发展滞后。例如，"2021年前三季度全国农村网络零售额同比增长16.3%，而黑龙江省仅同比增长13.6%；全国农产品网络零售额达3043.0亿元，而黑龙江省仅为45.3亿元，不足全国的1.5%"。[1] 农业特色产品加工开发不足，产品品牌吸引力不强，导致休闲农业、旅游业对农产品销售的带动力不强，农业与旅游业未能实现互促互进。2022年河南省实现农村网络零售额1516.3亿元，同比增长7.7%，其中农产品网络零售额985亿元，同比增长8.1%，黑龙江省与之相比差距较大。

（四）高素质农业劳动力供给不足

1. 从乡村地区人口年龄构成来看，0~14岁人口所占比重过低

2010~2021年全省乡村人口减少37.00%，第一产业就业人数从868.9万人减少到538.0万人，缩减38.1%，因此户均耕地经营面积在不断扩大，规模经营主体的数量不断增加。2021年全省流转耕地面积超过1.3亿亩，占耕地面积的50%。第七次全国人口普查数据显示，全省乡村地区人口结构中0~14岁人口所占比重为9.88%，比全国低9.39个百分点（见表3），未来黑龙江农村劳动力的供给数量必将继续缩减。因此，未来黑龙江省农业劳动力持续供给是一个需要提前关注的问题。

---

[1] 陈秀萍：《2021~2022年黑龙江省农业经济形势分析与预测》，载《黑龙江经济发展报告（2022）》，社会科学文献出版社，2022。

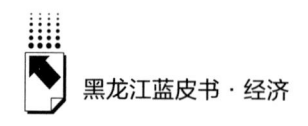

表3 全国、黑龙江省乡村地区人口年龄构成

单位：万人，%

地区	乡村人口数量	构成比重			
		合计	0~14岁	15~64岁	65岁及以上
全国	50978.76	100.00	19.27	63.01	17.72
黑龙江	1095.24	100.00	9.88	72.92	17.20

资料来源：国家统计局。

2. 从受教育水平结构看，乡村地区受过高等教育的人口所占比重较低

土地经营规模的扩大为黑龙江省"争当农业现代化建设排头兵"提供了基础。但是，规模经营需要投入更多资金，经营成本更高，面对的市场风险更大，需要更高素质的经营主体。实现农业现代化，首先需要实现农民的现代化，需要农民具备更高的综合素质发展数字农业、智慧农业。如表4所示，全省15岁及以上人口中，受教育水平为初中和小学的合计占83.41%，比全国高5.96个百分点，而受教育水平为高中、大学专科以上占比都低于全国平均水平。黑龙江省要提高现代化农业水平，必须关注高素质农业劳动力的持续供给问题。

表4 全国、黑龙江省乡村地区15岁及以上人口受教育程度

单位：人，%

地区	15岁及以上人口数量	构成比重				
		未上过学	小学	初中	高中	大学专科以上
全国	411561605	6.32	32.77	44.68	10.51	5.71
黑龙江	9869937	2.68	33.23	50.18	8.62	5.30

资料来源：国家统计局。

（五）绿色有机品牌的影响力不强

黑龙江省农业绿色有机农产品产量全国第一。寒地黑土带来的天然优势，降低了黑龙江省农产品农药、化肥、农膜的用量。以2021年为例，黑

龙江耕地面积占全国的11.8%，但化肥、农药的施用量仅占全国施用量的4.3%和4.6%，农用塑料薄膜使用量仅占全国使用量的3.0%。当今人们热衷于消费绿色有机农产品，可以说绿色有机农产品就是黑龙江省农业的"金山银山"。但是，由于绿色有机农产品品牌打造不够，影响力较弱，社会公众不够了解，黑龙江省绿色有机农产品未引起社会公众的关注，绿色优势在经济效益上也未体现出来。黑龙江省2018~2021年第一产业增加值在全国排名依次是第10、第10、第11和第11。而如果黑龙江省农产品长期优质不优价，将会影响绿色有机农业的持续发展。

三 2023年黑龙江省农业发展形势分析

（一）国际粮食供求形势仍然紧张

从需求侧看，随着全球发展水平的提高，畜产品的需求逐渐扩大，导致对粮食的需求量不断增加。从供给侧看，近年来由于强烈的拉尼娜现象，世界主要粮食出口国的种植面积减少，粮食生产受损，这也将反映到粮食产量上。2022年乌克兰粮食总产量低于常年水平。目前俄乌冲突仍在继续，欧洲的多个国家的粮食供给系统出现不畅，将从另外一个角度拉高粮价。2022年国际粮食产量直接影响2023年国际粮食市场价格，多个国际组织预测2022~2023年全球粮食供应将降至近3年来的最低点。[①]

（二）国内粮食生产形势利好

2023年我国仍将高度重视粮食安全，粮食产业发展在政策上仍处于利好态势。我国提出2023年再扩种1000万亩大豆。黑龙江省作为第一产粮大省和

---

① 《多个国际组织预测2022/2023年全球粮食供应将降至三年来的最低点》，央视新闻客户端，2023年2月9日。

第一产豆大省，保持粮食总产量和增加大豆播种面积是第一重任。2022年粮食产量较高，粮食价格处于高点，因此2023年农民种植粮食的积极性仍然较高。但是，2022年大豆价格不高，会直接影响黑龙江省2023年大豆的扩种。总体来看，国内农业生产形势较好，有利于黑龙江省现代农业的发展。

（三）2023年黑龙江省农业发展形势预测

国内外对粮食的关注度较高，我国高度重视粮食安全。黑龙江省2023年提出加快建设农业强省目标，可见2023年黑龙江省农业面对的宏观发展环境较好。预计，2023年黑龙江省粮食产业将保持稳步发展，在没有严重自然灾害情况下，粮食总产量仍然会保持全国第一。如果国家能够加大对大豆种植业的支持力度，在政策引导和鼓励下，黑龙江省大豆的播种面积会继续增长。同时畜牧业、林业、渔业也会延续上年的发展势头，保持较快增长态势。

四 促进黑龙江省农业高质量发展的对策建议

（一）多措并举，提升粮食的单产水平

一是加快现代种子工程建设，培育适合黑龙江区域的高产种子。二是提高粮食高产栽培技术水平，提高粮食生产田间管理水平。通过良种良法发挥粮食高产高效栽培技术的示范引领效应。三是加强垦地合作，让北大荒集团更多参与地方农业的生产。四是制作粮食栽培技术和生产管理方面的视频，网络技术让农民可以随时学习，并提升他们的生产管理水平。五是加强农业基础设施的建设，包括水利设施建设、高标准农田建设等，逐步改变"靠天吃饭"的现状。六是实施"藏粮于技"战略，不断强化科技对粮食生产的支撑作用。

（二）多管齐下，解决大豆"滞销"问题

2023年我国设立再扩种1000万亩大豆的目标。要实现此目标，国家需要尽快出台有效政策，解决当前大豆滞销问题，以提振农民种植大豆的信

心。一是尽快提高国储大豆的收购价，带动大豆市场价格上涨，稳住农民种植大豆的信心。二是尽快公布2023年大豆生产者补贴情况。黑龙江省每年4月下旬开始种植玉米，5月中旬开始种植大豆，1~3月则是农民的权衡选择期和生产资料采购期。因此，国家和地方政府都尽早出台大豆生产补贴政策，提高补贴标准，提升种植大豆的经济效益，保持大豆种植业对农民的吸引力。三是确立大豆加工补贴标准。可参照2017年黑龙江省饲料加工企业收购玉米的补贴办法，按照加工消耗量对大豆加工企业进行补贴，鼓励大豆加工企业进入市场收购大豆。四是扩大耕地轮作补贴面积，让更多的豆农能够拿到轮作补贴，以增加收入。

（三）促进主体融合，使产业融合和主体融合相互交织

农业与第二、第三产业融合的作用主要体现在两方面。一是，产业融合使农业全产业链的经济效益实现重新分配。如果没有第一、第二、第三产业的融合，农产品加工业属于工业，农产品加工的经济效益在"三农"之外。通过产业融合，农民可获得一部分农产品加工业的经济效益，以此增加收入。二是，产业融合能够减少农业的风险。如果没有主体融合，一旦农产品加工业经济效益较低，产业就不会发展。例如，一旦市场上出现稻强米弱、水稻加工业亏损状况，水稻加工厂就会歇业。但经营主体实现融合之后，即使农产品加工环节经济效益不高，甚至亏损，但为了减少整条产业链的风险，农产品加工企业仍然会继续生产加工。因此，从发展的角度，农业不仅要追求与第二、第三产业的融合，还要努力实现农业产业链上各类经营主体的融合，使产业融合和主体融合相互交织、共同发力，以降低农业的风险，增加农业的经济效益，增加农民的收入，推动农业高质量发展。

（四）因地制宜，加快新型农业经营体系建设

随着乡村人口的流出，农业劳动力供给问题是黑龙江省今后需要高度关注的问题，不仅要关注数量，还要关注质量的提升。发展各类新型农业经营主体，构建新型农业经营体系，不仅能实现规模经营，还能节约农业劳动力

的使用量。新型农业经营体系是一个多元化的体系，各地区因产业类型、土地规模和农业现代化水平不同，经营体系的构成也不同。一是根据农业内部产业结构选择适合本地区的经营主体，培育适合本地区的农业经营体系。二是根据产业类型选择适合的经营主体。三是在新型农业经营体系的构建过程中要适度引导。这一过程是经营主体的发展和演化过程，在这一过程中，政府要适度引导，而不是长期干涉。早期政策的引导具有积极的意义，但最终依靠市场化调节。各类主体在市场竞争中实现优胜劣汰，最终形成稳定的格局。

（五）打造绿色供应链，培育农产品绿色品牌

为了将农产品的绿色影响力展示出来，黑龙江省应当创新绿色技术，推动供应链上下游环节实现绿色转型，打造绿色供应链，培育绿色品牌，以获得绿色效益。一是保证绿色有机农产品生产基地的质量和规模。二是整体规划绿色（有机）农产品供应链，突出绿色优势，提升"产供销运加服"各环节的绿色化水平。三是推广绿色农业发展模式，加强绿色有机农产品的质量监管，提升全产业链的绿色化水平。四是做好绿色农产品的宣传，生产经营者要在此方面投入更多，地方政府也要做好区域品牌的宣传，提升品牌的绿色影响力，让绿色品牌引导消费者关注黑龙江绿色农产品。

参考文献

黑龙江省发展和改革委员会：《关于黑龙江省 2022 年国民经济和社会发展计划执行情况与 2023 年国民经济和社会发展计划草案的报告》，http://gxt.hlj.gov.cn/gxt/c106952/202302/c00_31526007.shtml，2023 年 1 月 12 日。（万吨）

《前三季度全省经济运行持续恢复》，黑龙江省统计局网站，http://tjj.hlj.gov.cn/tjj/c106736/202211/c00_31355666.shtml，2022 年 11 月 2 日。

中国绿色食品发展中心：《2021 年绿色食品统计年报》，2022。

《黑龙江：大力发展"四个农业"争当农业现代化建设排头兵》，人民网黑龙江频道，2022 年 4 月 23 日。

B.3
2022~2023年黑龙江省工业经济形势分析与预测

王力力 谢银丽[*]

摘 要： 2022年，面对复杂严峻的国际国内环境，黑龙江省经济运行面临新的下行压力，全省工业稳增长任务较为艰巨。黑龙江省委、省政府深入关注经济社会发展，狠抓国家和省支持企业各项政策措施落实，工业经济的规模、质量和效益稳中有进。本文回顾了2022年黑龙江省工业经济发展形势，分析了存在的问题，预测了全省工业经济发展趋势，并且为黑龙江省工业经济的未来发展提出了对策建议。

关键词： 黑龙江省 老工业基地 工业经济形势

一 2022年黑龙江省工业经济发展情况

近年来，黑龙江省锚定高质量发展目标，不断推进新型工业化建设，完善工业体系与布局，以产业振兴带动黑龙江振兴，奋力走出老工业基地创新发展新路子。全省工业经济规模、质量、效益稳中有升，发展势头良好。黑龙江省工业经济在经历了2021年恢复性增长之后，受国内外经济环境的巨大影响，经济发展面临较大下行压力，2022年工业经济增长势头受到制约。

---

[*] 王力力，黑龙江省社会科学院经济研究所副研究员，主要研究方向为文化产业、发展经济学；谢银丽，黑龙江省社会科学院研究生学院马克思主义中国化专业在读研究生，主要研究方向为发展经济学。

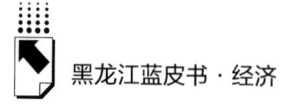

黑龙江省委、省政府通过落实稳增长一揽子政策给予税收优惠、加大财政支持力度，支撑企业生产稳步恢复，着力促进工业经济平稳运行，在稳固工业基础、推进数字化发展、突破重点领域等方面都实现了一定的进步与完善，展现了工业发展的强大生产力。

（一）工业经济整体呈小幅增长

2022年，黑龙江省以产业振兴为引领，工业经济开局良好，第一季度实现较高增长，之后平稳增长。2022年第一季度，第二产业增加值实现1101.9亿元，同比增长3.7个百分点。全省规模以上工业增加值同比增长8.1%，高于全国1.6个百分点。全省40个行业大类中，有34个行业增加值同比实现增长，增长面达85.0%。2022年上半年，第二产业增加值实现2282.2亿元，同比增长1.3%。全省规模以上工业增加值同比增长3.5%，高于全国0.1个百分点。全省40个行业大类中，29个行业增加值同比实现增长，增长面达72.5%。2022年前三季度，第二产业增加值实现3530.1亿元，同比增长1.0%。全省规模以上工业增加值同比增长1.0%；2022全年黑龙江省第二产业增加值实现4648.9亿元，增长0.9%。全年全省规模以上工业增加值同比增长0.8%（见表1）。全省40个行业大类中，化学纤维制造业等9个行业增加值增速高于全国水平10.0个百分点以上。装备工业增加值增长5.5%，其中汽车制造业、通用制造业分别增长2.2%、10.5%；能源工业增加值增长2.2%，其中石油和天然气开采业、煤炭开采和洗选业分

表1　2022年黑龙江省第二产业增长情况

单位：亿元，%

	第一季度	上半年	前三季度	全年
第二产业增加值	1101.9	2282.2	3530.1	4648.9
第二产业同比增长	3.7	1.3	1.0	0.9
规模以上工业增加值同比增长	8.1	3.5	1.0	0.8

资料来源：黑龙江省统计局网站。

别增长0.8%、6.5%；食品工业增加值增长2.9%，其中农副食品加工业、酒饮料和精制茶制造业分别增长2.1%、18.3%。工业投资增势较好。2022年1~11月，黑龙江省工业固定投资同比增长9.7%，高于全社会固定资产投资（不含农户）9.5个百分点；制造业、高技术制造业投资分别同比增长11.7%和2.3%。

（二）数字化转型升级步伐加快

近些年工业企业数字化、智能化发展势头迅猛。黑龙江省紧跟时代步伐，以数字化赋能重塑产业优势。从引导帮扶、树立标杆、法律法规等方面为工业企业的数字化转型提供支持和保障。第一，在引导帮扶方面落实数字化转型。制定了黑龙江省制造业数字化转型行动计划，对关键业务环节全面数字化规模以上企业比例达到50%的市（地）和县（市），每个完成数字化改造的企业给予10万元奖励。引导企业利用5G实施内网改造，将5G网络部署与工业互联网应用结合，在生产制造各环节开展"5G+工业互联网"应用。支持装备、石化、食品、原材料、医药、电子信息等重点行业企业开展智能化制造、网络化协同、个性化定制、服务化延伸、数字化管理、安全化生产等新模式新业态示范应用，在配套政策中提出对试点示范企业给予最高不超过200万元奖励。支持企事业单位建设国家工业互联网标识解析二级节点，对通过评估、接入20家以上企业的工业互联网标识解析二级节点，给予一次性补助500万元。组织实施黑龙江省中小企业上云赋云行动，对中小企业每年上云服务费用在5000元以上的，按照每户1000元给予云平台补助，每个云平台企业每年的补助最高不超过500万元。第二，从树立标杆方面落实数字化转型。2022年黑龙江省开展中小企业数字化示范标杆企业认定申报工作，认定50个企业为数字化示范标杆企业并对其进行奖励。出台支持黑龙江省数字化车间和智能工厂的奖励政策，从最基层开始推动工业同数字化相结合，建设省级数字化车间、智能工厂229个。第三，从法律法规方面落实数字化转型，2022年12月黑龙江省政府召开常务会议，通过了《黑龙江省促进数字经济条例（草

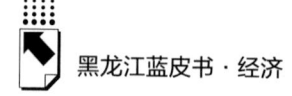

案）》，从立法角度为数字化发展制定符合黑龙江省工业发展的法律法规和条例。

（三）招商引资与项目建设取得进展

2022年，黑龙江省积极组织开展招商引资及项目建设工作，取得了丰硕成果。2022年，黑龙江省召开了全省招商引资大会，举办了亚布力论坛年会、2022世界5G大会、全国工商联主席高端峰会等12场省级招商交流活动。至11月底，黑龙江省数字经济和工业项目招商专班组织各地区共签约项目493个，签约额达2270.5亿元，其中285个项目开工。推动深圳联合飞机大型无人机、大北农现代农业食品产业园、建龙西钢钒钛、善行医疗等重点项目落地，吸引华为、腾讯、百度、中兴等知名企业入驻，推动6家深圳知名工业设计机构分公司落户哈尔滨新区。战略性新兴产业快速发展，哈飞集团研制的AC352直升机取得圆满成功，填补了我国国产民用中型直升机领域的空白，助力航空航天产业发展。电子信息产业、新材料产业创新能力也不断增强。传统优势产业加快升级，以重点项目为依托加快培育拓展新能源、化工、食品工业等产业链条。

（四）市场主体活力日益增强

黑龙江省以重点领域为突破口，实现工业长带短、优带劣，培育行业龙头。一方面，经过三年国有企业改革行动，多数国有龙头企业焕发新生。如龙煤集团2022年营业收入、利润和上缴税费分别增长30%、116%和131%，北大荒品牌进入世界品牌500强，龙江森工集团加快产业转型，中国一重改革经验获得推广。另一方面，黑龙江省通过高规格召开黑龙江省民营经济发展大会、出台振兴发展民营经济政策45条、实施民营企业梯度成长计划等措施，提升民营企业活力。2022年全省累计培育省级专精特新中小企业864家、国家级专精特新"小巨人"企业53家、省级制造业单项冠军企业48家、国家级制造业单项冠军企业8家、省级国家级小型微型企业创业创新基地76个。

（五）科技创新能力有所提升

黑龙江省坚定不移实施创新驱动发展战略，制定出台了《黑龙江省科技成果产业化行动计划（2022—2025年）》，推进高校、院所、企业三大科技成果策源地实施科技成果产业化专项行动，梳理13个重点领域68条产业链，加快推动重点产业科技成果产业化。在科技成果产业化专项行动中，全省技术合同成交额达到463.5亿元，同比增长31.4%。2022年全省高新技术企业净增867家，同比增长31.7%，总数达到3605家。2022年黑龙江省国家重点实验室等国家级科技创新平台达到79个。哈大齐国家自主创新示范区和佳木斯国家农业高新技术产业示范区正式开启，航天高端装备未来产业科技园落户哈尔滨新区。中国一重成功制造出世界最大异形加氢筒体锻件，创造了世界异形加氢筒类锻件单体重量、直径及壁厚均最大的三项纪录。哈电集团研制成功的世界单机容量最大的白鹤滩水电站全部机组投产发电。针对产业发展亟须的关键核心技术，黑龙江省开展重大科技攻关"揭榜挂帅"项目，涉及产业数字化、先进装备、再生能源、新材料等重点领域的关键技术，有40个国内外科研团队成功揭榜。

二 黑龙江省工业发展存在的主要问题

黑龙江省因自身地域特点和历史背景，工业发展不均衡，缺乏较强的经济动力，总量和效益都还有待提升，主要存在以下5个方面问题。

（一）工业总量不大，增长速度较慢

黑龙江省作为老工业基地之一，具有雄厚的工业基础。但近年来在调整产业结构的进程中，工业带来的经济增长却在逐年下降，由2012年的6037.6亿元降至2022年的4648.9亿元，占GDP的比重也由2012年的44.1%降至2022年的29.2%，减少了14.9个百分点。在全国的比较中，整体上也缺乏竞争力。无论是工业规模还是工业效益等方面都与广东、江苏、

浙江等发达地区存在较大差距。企业"大而不强""小而不精",整个产业经济效益低。在2022年中国工业百强县(市)、2022年中国工业百强区的榜单中,黑龙江省无一地区上榜,而浙江省、江苏省分别有34个和29个县域入围。

(二)结构性问题突出,转型压力较大

黑龙江省工业发展结构性问题主要存在两个方面。一方面,从产业内部结构来看,以传统产业为主的产业结构仍然没有较大改变。工业发展仍主要依靠装备制造、石化、能源等传统产业支撑,具有广阔市场前景和增长潜力的高新技术新兴产业规模小、比重低,造成内部产业结构失衡。主要原因是黑龙江省重工业比重较大,对能源矿藏等自然资源依赖更多,当自然资源面临枯竭或者产生环境污染等问题时,整体发展就进入瓶颈期,发展后劲不足。产业结构偏重、能源消费偏煤和能源效率偏低等问题也制约了黑龙江省工业企业绿色低碳转型进程。黑龙江省高新技术产业发展速度虽然较快,但整体水平相对滞后,尚未形成强有力的新经济增长点,短期内无法弥补传统主导产业衰退所带来的缺口,缺乏对经济增长的整体带动作用。另一方面,从所有制结构来看,黑龙江省工业中国有经济比重高,民营经济受技术、资金、人才等因素的制约,市场规模普遍较小、发展速度较慢。2022年中国制造业民营企业500强名单中,黑龙江仅有飞鹤乳业、建龙集团两家企业入选,与发达地区相比差距悬殊。黑龙江省工业经济市场化程度低,资源缺乏有效配置,一定程度上制约了工业经济发展。

(三)产业链条短,产品附加值较低

从产品结构来看,黑龙江省大多数企业处于价值链的中低端,过度依靠传统要素投入,产业链条短,没有形成上下游关联产业,产品技术含量不高,附加值低,整体竞争力不足。农产品、矿产品、能源产品等优势产品主要以初级加工和粗加工为主,资源优势没有有效转化为经济优势。

（四）产业集群度不高，协同发展不足

从黑龙江省产业集群化水平来看，产业资源整合不够，产业内企业在产业链上没有形成有效的紧密联系，尚未形成分工协作的良性发展格局。近年来，黑龙江省一直在积极谋划强化协作配套共建产业链供应链，以提高航空产业链供应链的本地化程度。但从全省工业发展的整体情况分析，仍然缺乏带动力强的龙头企业，专业化协作配套能力较差。企业间专业化协作水平低，上下游一体化程度差。

（五）创新能力不足，高端人才缺乏

近年来，黑龙江省工业领域尤其是装备制造业领域依托哈尔滨工业大学、哈尔滨工程大学等高校以及众多的高技术科研院所，在许多关键技术方面实现了突破，在航空航天设备、智能制造、机器人等先进装备制造业领域取得不错的进展，但是黑龙江省工业整体研发水平和创新能力与国内的发达地区相比还是存在不小的差距，表现在自主创新能力弱，在一些核心技术和关键零部件方面无法实现自主研发，主要依靠进口，容易存在"卡脖子"现象，制约着装备制造业向中高端发展。此外，黑龙江省的经济社会发展相对落后，人才支持政策与经济发达地区相比无论是薪酬待遇还是发展环境长期都处于劣势，对高科技人才的吸引力普遍较弱，本地高端人才不断外流，导致工业创新能力的后劲不足。

三 2023年黑龙江省工业经济发展趋势预测

（一）工业经济发展态势继续向好

工业是实体经济的主体，是国民经济的增长引擎。党的二十大报告提出，要坚持把发展经济的着力点放在实体经济上，推进新型工业化。2022年黑龙江省政府办公厅印发了《黑龙江省推动工业振兴若干政策措施》，制

定"工业振兴20条"，推动黑龙江工业振兴，加快产业优化升级，工业经济实现小幅增长。展望2023年，虽然经济发展的外部环境仍然较为复杂，黑龙江省工业领域发展仍然面临较大压力，但总的增长态势和发展格局没有变，持续向好的基本面比较稳定。经济复苏是大势所趋，工业生产将持续恢复，工业企业利润结构或持续改善，工业生产活动扩张保持内生动能，支撑工业增加值保持增长势头。市场预期的转好，也将有利于加快工业投资的增速。黑龙江省作为老工业基地，工业振兴是推动其全面振兴的必由之路。全省将全面贯彻落实党的二十大重大决策部署，加速推进工业经济提质增效，发展巩固壮大实体经济根基，2023年黑龙江省工业经济发展态势会继续向好。

（二）工业数字化进程将驶入快车道

当今世界，大数据、区块链、人工智能、云计算等数字技术应用火热，已经渗透到各行各业，黑龙江省工业发展也在逐步推进数字化转型。黑龙江省是新中国的工业摇篮、重要的老工业基地，拥有中国一重、哈电集团、哈飞集团、大庆油田等工业企业，还有国家级高端智能农机装备产业园、百亿级农机装备产业集群，可为数字化发展提供大量行业数据资源和丰富的应用场景。目前，黑龙江省制造业生产设备数字化率不到40.0%，数字研发设计工具普及率只有43.7%，关键工序数控化率仅为37.7%，远低于全国平均水平，工业数字化发展还拥有巨大潜力。2022年5月，华为、百度、腾讯、京东、中兴、中科6大数字头部企业同时落户黑龙江，拟签约项目38个，为黑龙江省工业数字化发展开启了新篇章，能够有效解决黑龙江省数字化龙头企业不足的情况，为黑龙江省数字化发展提供极大的推力。伴随着2023年各大项目的落地推进，黑龙江省工业数字化发展进程将驶入快车道。

（三）"双碳"目标下将倒逼绿色化发展

黑龙江省过去几十年工业经济的发展都是以资源能源的高投入和环境污染的高排放为代价，时至今日黑龙江省工业主要依赖资源性产业的现状尚未根本转变。随着我国碳达峰碳中和目标的提出，工业绿色发展步伐加快，新能源汽车、绿色智能家电、绿色建材消费持续攀升，对扩大内需、提升工业发展质量，起到了积极的推动作用。黑龙江省传统的粗放式的发展模式已难以为继。新的发展阶段下，黑龙江省必须处理好工业发展和节能减排的关系，把碳达峰碳中和纳入生态文明建设整体布局和工业发展全局，加快构建现代工业体系，加速形成工业经济绿色低碳发展的生产方式。

四 黑龙江省工业发展的对策建议

工业是黑龙江省经济的"脊梁"，工业兴则龙江兴。2023年黑龙江省要全力实施工业振兴计划，实现动力机制变革，夯实优势消除短板，走出一条质量更高、竞争力更强的工业强省之路。

（一）提升科技创新能力

科技创新能力象征着一个地区的人才、教育、科研的综合实力，是地区工业经济高质量发展的重要保障。习近平总书记来东北考察之时，也多次提到科技自立自强。黑龙江省拥有较多的高校和科研院所，科研实力较强，因此，应集中优势资源助力科技创新能力提升。一是推进产学研用深度融合。聚焦国家战略需求和产业发展趋势，落实和完善"揭榜挂帅"组织机制，发挥企业作为出题者的作用，引导高校、院所与企业开展联合攻关，在数字经济、高端制造、能源化工、新材料等重点领域攻克一批"卡脖子"关键核心技术难题。二是落实科技成果产业化行动计划，完善全省科技成果库、科技成果转化数字平台和技术交易服务平台建设，实现科研与项目的精准对接。三是扶持壮大科技创新主体。实施科技型企业的梯次培育计划，加大对高成长性科技企业的政策支持力度。落实"龙江人才振兴60条"，实施"头雁"、"春雁"和"龙江学者"计划，不断优化人才成长和发展环境，千方百计吸引和留住人才。四是促进各类创新平台提质增效。高质量打造和

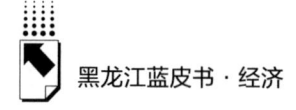

建设环大学大院大所创新创业生态圈、航天高端装备未来产业科技园、中俄能源创新研究院、哈大齐国家自主创新示范区、哈尔滨新一代人工智能创新发展试验区等各类创新平台，完善服务功能，促进黑龙江省科技创新能力与质量的双重提升。

（二）构建现代化工业体系

黑龙江省要坚持把实体经济作为经济发展的着力点，围绕工业重点领域产业链进行延链补链强链，不断推动产业结构优化升级，加快构建现代化工业体系。一是升级传统产业，"向资源开发和精深加工要发展，向优势产业和产品延伸升级要发展"。黑龙江省应围绕工业重点领域产业链进行延链补链强链；推动工业向高端化延伸。做强农副产品加工产业链，积极发展畜产品精深加工，提高农产品加工转化率，打造全国领先的绿色食品产业集群。促进油化工、煤化工、煤电产业链条拓展延伸，发展高端精细化学品和化工新材料，推动能源化工产业向高端迈进。二是推动战略性新兴产业发展。把握产业发展趋势、国家战略和市场需求，推动新材料、航空航天、高端装备、冰雪产业等战略性新兴产业快速发展，打造经济发展增长极。

（三）加快企业转型升级

黑龙江省要抢抓科技革命发展机遇，充分发挥老工业基地的比较优势，加速推进黑龙江省工业的数字化、绿色化、服务化转型升级，推进全省工业振兴发展。一是推动数字技术在工业企业的应用，以黑龙江省自贸试验区、哈尔滨新区等载体为依托，深入实施制造业数字化转型专项行动，重点布局发展集成电路、智能装备等数字制造产业链条，着力实现数字制造的产业协同化、集群化发展。加快"5G+工业互联网"的应用，推进产业融合创新发展。支持引导更多企业进行数字化改造、网络化协同、智能化升级，提升黑龙江省工业数字化水平。第二，加快绿色发展。深入推进工业节能减排，调整工业能源消费结构，全面完善能源管理，健全能源消费体系。通过建设绿色工厂、构建绿色供应链、创建绿色园区、推进工业产品绿色设计、推进清洁生产，进一步完善绿色制造体系。加强工业部门可再生资源的规范化管理，大力推进工业固体废弃物综合利用，发展再制造业，建立健全回收体系，帮助企业实现循环生产和工业回收相结合，延展可再生资源产业链，促进循环经济模式的发展。三是发展服务型制造业。从产业经济领域的"微笑曲线"来看，服务处于价值链的高端，而生产加工却处于低端，生产所创造的价值约占整体价值的1/3，而服务所创造的价值约占2/3。黑龙江省要推动制造企业从原来单纯的制造端向创意设计等产业链前端延伸、向售后服务等产业链后端拓展，推动生产型制造向服务型制造转变，扩大工业企业盈利空间，重塑竞争优势。

（四）加强开放协作与交流

黑龙江省工业经济要打破个体、区域的界限，融入世界发展新格局。一是要以俄罗斯为重点市场，打造对俄进出口产品加工聚集区。充分发挥全省资源优势与地理优势，加快发展木材加工、粮食加工产业，积极开发满足俄罗斯市场需求的服装类、家电类、五金类、日化类等产品，并扩大出口。保持与俄罗斯等传统优势市场合作的同时，开拓延伸"一带一路"沿线主要国家等潜力市场。二是积极参与国内产业分工，主动融入重点区域发展。深化与京津冀、长江经济带、粤港澳大湾区、东北三省、对口合作省份在工业领域的合作，完善区域合作机制，创新合作方式，实现合作共赢。三是围绕省内龙头企业，加强省内上下游产业链与供应链的配套协作，带动相关中小企业协同发展，以点带面打造若干产业集群。

B.4
2022~2023年黑龙江省服务业形势分析与预测

赵 勤*

摘 要： 2022年，黑龙江省服务经济承压运行，总体保持稳步增长，新动能正在积蓄，消费市场基本稳定。但服务业恢复压力明显，接触性服务消费减少，生产性服务业发展质量不高，服务消费复苏缓慢，服务企业实力弱，人口因素负向影响加深。2023年，黑龙江省服务业将呈恢复性增长的发展态势，接触性服务行业回暖，房地产业继续处于调整期，新业态新模式加快发展，消费潜力进一步释放。推进服务业高质量发展，应提振服务业发展信心，加快释放消费潜力，推动生产性服务业向高端延伸，促进民营经济市场主体发展壮大，集聚创新力量。

关键词： 黑龙江省 服务业 民营经济

2022年，面对需求收缩、供给冲击、预期转弱三重压力和超预期因素冲击，黑龙江省重点关注经济社会发展，深入落实国务院稳经济一揽子政策和接续措施，聚焦省第十三次党代会提出的"六个龙江"和"八个振兴"，制定出台了"稳经济50条"政策措施，打出拉动经济增长的"政策组合拳"，积极推进消费复苏，服务经济承压运行，总体保持稳步增长。

---

* 赵勤，黑龙江省社会科学院研究员，主要研究方向为产业经济和农村区域发展。

一 2022年黑龙江省服务业运行情况分析

（一）服务业运行稳步恢复

2022年，黑龙江省服务业运行总体平稳，保持恢复态势，实现增加值7642.2亿元，同比增长3.8%，高于全国平均水平1.5个百分点，也分别高于辽宁、吉林0.4个、5.0个百分点，拉动全省经济增长1.9个百分点，对经济增长贡献率达到68.3%。分季度看，第一季度服务业复苏势头良好，增速达到5.0%；受市场主体经营困难等影响，第二季度服务业增速放缓，下降至3.2%；随着稳经济相关政策的落地显效，第三、第四季度服务业运行有所改善，增速也提高至3.8%。[①] 批发零售、住宿餐饮、营利性服务业纳统企业新增819家。2022年1~11月，全省规模以上服务业企业营业收入同比增长7.8%。

（二）服务业内部行业"四升二降"

服务业内部各行业呈"四升二降"态势。其中，批发和零售业实现增加值1294.3亿元，同比增长0.6%；金融业实现增加值1127.1亿元，同比增长3.1%；交通运输仓储和邮政业实现增加值553.1亿元，同比增长3.0%；其他服务业实现增加值359.3亿元，同比增长7.0%；住宿和餐饮业实现增加值210.1亿元，同比下降1.1%；房地产业实现增加值695.1亿元，同比下降3.7%（见表1）。从内部各行业占服务业比重来看，金融业、其他服务业所占比重分别比上年同期提高了0.20、5.04个百分点，批发和零售业、交通运输仓储和邮政业、住宿和餐饮业、房地产业分别下降0.52、0.15、0.08个百分点。

[①] 资料来源：黑龙江省统计局。

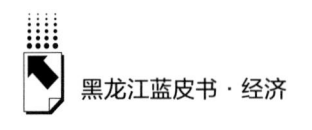

表 1 2022年黑龙江省服务业内部各行业发展情况

单位：亿元，%

行　业	增加值	同比增长	占服务业比重
批发和零售业	1294.3	0.6	16.94
交通运输仓储和邮政业	553.1	3.0	7.24
住宿和餐饮业	210.1	-1.1	2.75
金融业	1127.1	3.1	14.76
房地产业	695.1	-3.7	9.10
其他服务业	359.3	7.0	49.21

资料来源：黑龙江省统计局。

分行业看，金融业增幅较大。截至2022年末，全省金融机构本外币各项存款余额达38782.5亿元，同比增长13.0%；本外币各项贷款余额达25358.0亿元，同比增长3.9%。

交通运输业总体平稳。全年主要交通运输方式累计完成货物周转量达2185.0亿吨公里，同比增长5.3%。其中，铁路运输货物周转量有较大幅度提高，累计完成969.3亿吨公里，同比增长9.8%。

邮政业增长明显。全年寄递业务量累计完成114294.9万件，同比增长9.4%；邮政业务收入153.7亿元，同比增长6.9%。其中，快递业务量累计完成72638.1万件，同比增长20.1%；快递业务收入89.5亿元，同比增长7.4%，分别占邮政业务总量、总收入的63.6%和58.2%。

通信业快速增长。全年累计完成电信业务总量261.2亿元，同比增长24.9%。互联网用户达到4267.3万户，其中移动互联网用户3136.9万户（5G用户1130.6万户），固定互联网用户1130.4万户；物联网用户达到1323.6万户。

房地产业继续走低。房地产开发投资继续走低，全年完成额为628.64亿元，同比下降32.8%。房地产开发企业房屋施工面积9968.3万平方米，同比下降7.2%，其中房屋新开工施工面积991.44万平方米，同比下降43.0%；商品房市场成交量大幅下降，商品房销售面积和销售额分别比上年同期下降31.3%、33.6%。

（三）新动能正在不断积蓄

2022年，黑龙江省委省政府围绕数字经济、生物经济、冰雪经济、创意设计产业，打造"换道超车"新引擎。互联网、大数据、云计算、区块链、人工智能等数字技术应用场景不断拓展，促进了数字商贸、平台直播、电子商务等新业态、新模式快速发展，服务业发展新动能正在不断积蓄、发展壮大。2022年，黑龙江省信息传输、软件和信息技术服务业增加值同比增长10.8%，增速高于全国平均水平1.7个百分点；租赁和商务服务业增加值同比增长6.4%，增速高于全国平均水平3.0个百分点；网络零售额达到720亿元，同比增长11.0%；创意设计企业营业收入同比增长60.0%以上。

（四）固定投资呈现负增长

受市场需求减弱、投资信心不足等多重影响，服务业投资呈下降态势。2022年，全省服务业固定资产投资同比下降6.3%，分别比农业、工业低了19.4个和18.1个百分点。从投资领域看，房地产投资占有较大比重，且投资持续下降。在哈尔滨太平国际机场二期扩建及哈绥铁高铁、铁伊高铁、北黑铁路、鹤哈高速、5G通信工程等项目带动下，交通运输通信基础设施投资同比增长7.1%。哈尔滨四季冰雪项目陆续展开，冰雪经济等领域投资增长比较明显。

（五）消费市场基本稳定

2022年，为稳定消费预期，有效释放消费潜能，黑龙江政府加大消费券发放力度，开展了家装建材、特色餐饮、年货大集等促消费活动，稳定增加汽车、家电等大宗消费；加快农村寄递物流体系建设，实现了快递进村基本全覆盖，激发县乡消费积极性。全省实现社会消费品零售总额5210.0亿元，同比下降6.0%（见图1），其中城镇社会消费品零售总额4565.3亿元，同比下降5.9%，农村社会消费品零售总额644.7亿元,同比下降6.4%。实物商品网上零售额同比增长4.9%,占社会消费品零售总额的比重也进一步提高。从季度数据看,消费市场疲软,市场规模低于上年同期水平,社会消费品零售总额增速逐季下滑。从商品类别看,基本生活类消费需求稳定增长,限额以上单位中西药品、煤炭及制品、蔬菜等商品零售额同比分别增长6.3%、15.4%、15.5%;升级类消费需求加快释放,文化办公用品类、家具类、电子出版物及音像制品类、新能源汽车等消费升级类商品零售额分别增长10.8%、17.2%、38.3%、110.0%。

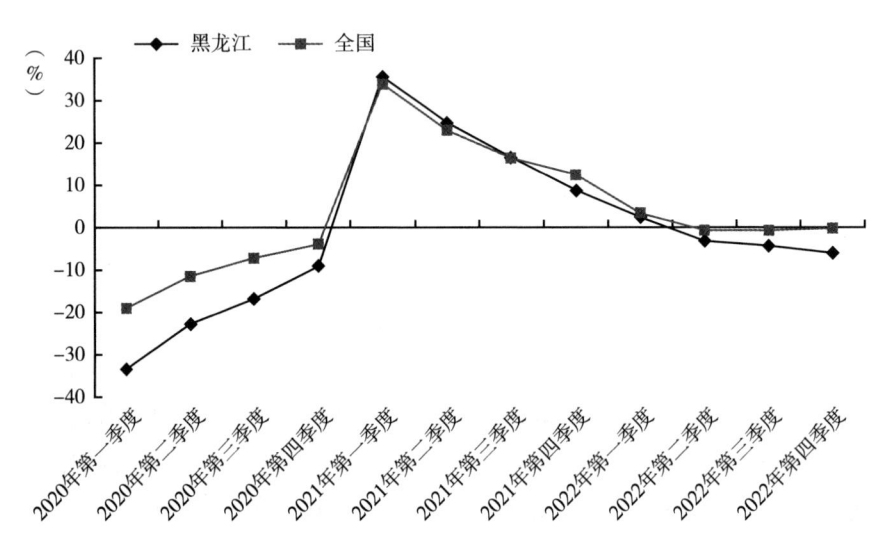

图1 2020~2022年全国及黑龙江省社会消费品零售总额各季度累计增速

资料来源:国家统计局和黑龙江省统计局。

(六)服务业用电量平稳增长

2022年,全省服务业累计用电量达到222.1亿千瓦时,同比增长5.3%,高于全社会用电量增速0.7个百分点。从服务业内部行业看,除租赁和商务服务业用电量增速大幅下降外,其他各行业用电量均有不同程度增长。其中,信息传输、软件和计算机服务业用电量增幅最大,同比增长

15.3%；公共服务及管理组织服务业、住宿和餐饮业用电量分别增长7.4%、6.4%；交通运输仓储和邮政业、批发和零售业、金融业、房地产业用电量分别增长5.4%、4.1%、3.4%、2.6%。公共服务及管理组织服务业、批发和零售业、交通运输仓储和邮电业这3个行业用电量占服务业用电量的比重达67.5%（见表2）。

表2 2022年黑龙江省服务业用电量增长情况

单位：亿千瓦时，%

行业	用电量	同比增长	占服务业用电量比重
交通运输仓储和邮政业	34.4	5.4	15.5
信息传输、软件和计算机服务业	21.5	15.3	9.7
批发和零售业	48.8	4.1	22.0
住宿和餐饮业	14.5	6.4	6.5
金融业	3.0	3.4	1.4
房地产业	13.5	2.6	6.1
租赁和商务服务业	4.0	-18.0	1.8
公共服务及管理组织服务业	66.7	7.4	30.0

资料来源：《2022年12月黑龙江省统计月报》。

二 2022年黑龙江省服务业运行中的主要问题

（一）服务业恢复压力明显

尽管2022年全省服务业基本保持稳步恢复，但与2021年相比，服务业增速和占比呈"双下降"态势。服务业增速由第一季度的5.0%下降至第二季度的3.2%，随着各项助企纾困政策的落地见效，第三、第四季度出现小幅回升，达到3.8%，但与上年同期相比，增速下降了2.5个百分点。服务业增加值占地区生产总值的比重降至48.1%，与上年同期相比下降了1.9个百分点，为近年的最低水平，低于全国平均水平4.7个百分点，也分别低于辽宁省、吉林省2.4个、3.6个百分点。

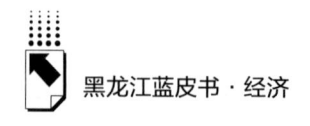

（二）接触性行业继续承压

受外部环境影响，居民社会交往和节日消费仍呈"非常态化"，商业零售、住宿餐饮、交通客运、文化娱乐、旅游康养、会展等服务消费减少，接触性、聚集性服务业继续承压，难以全面恢复，对经济增长的贡献率也在下降。同时，疫情防控政策也在一定程度上制约了交通、物流发展，进而也抑制了一部分线上消费。

（三）生产性服务业质量不高

尽管近年来黑龙江省生产性服务业增长较快，但总体上滞后于经济社会发展要求，仍处于成长期，总量不高、结构不优、融合不足等问题突出。生产性服务业规模不大，占服务业增加值比重不到50%。从行业看，交通运输业、物流业、金融业等规模较大，发展也相对成熟；信息传输、软件和信息技术服务业，工业设计服务业，节能环保服务业，科学研究和技术服务业等新兴服务业还处于发展初期；生产性服务业与现代农业、先进制造业融合程度不深，对产业发展、经济增长的牵引作用不强。以软件业务为例，2022年1~11月，全省规模以上信息传输、软件和信息技术服务业企业累计完成软件业务收入308782.0万元，居全国28位，比2021年下降1位。

（四）服务消费需求不足

目前，消费者对就业、收入及消费意愿的信心不足，服务消费预期转弱，服务消费复苏缓慢。居民服务消费低迷的一个重要原因是受到城乡居民收入水平的制约。2022年，全省居民人均可支配收入为28346.0元，比全国水平低了8537.0元，居全国第22位；城镇居民人均可支配收入为35042.0元，比全国平均水平低了14241.0元，居全国第31位；农村居民人均可支配收入为18577.0元，比全国平均水平低了1556.0元，居全国第22位。2020年以来，生活用品支出成为城乡居民生活消费支出的重点，食品烟酒类、衣着类、居住类支出占人均消费性支出的一半以上,医疗保健、交通通信、教育文化娱乐等服务支出占比不高,服务消费有效需求不足。

(五)服务企业实力不强

长期以来,黑龙江省服务企业规模偏小、实力偏弱。2022年,黑龙江省仅有东方集团、倍丰农业生产资料集团、省农业投资集团3家企业入围中国服务业企业500强榜单,分别排在第93位、第346位、第368位。其中,黑龙江倍丰集团在中国服务业企业500强中的位次逐年下降,由2015年的第208位下滑至2022年的第346位。2022年,黑龙江省百强服务企业的最低门槛为营业收入6.76亿元,比2021年减少了0.02亿元,仅为同期中国服务业企业500强入围门槛的9.79%。在黑龙江省百强服务企业中,仅有5家企业营业收入超过300.00亿元,17家企业营业收入在100.00亿~300.00亿元,而这22家服务企业大多数是国有企业,民营企业占比低。

(六)人口因素负向影响加深

人口要素是经济社会发展的基础。人口规模、人口结构影响着地区服务消费和服务业发展。2015年以来,黑龙江省人口一直是负增长。2021年,全省常住人口为3125万人,比2020年全国第七次人口普查减少了60万人,且65岁以上老龄人口占比超过15%。人口数量减少、老龄化程度加剧,不但在一定程度上制约了居民服务消费需求的增加,也使劳动密集型服务业缺少劳动力投入。此外,随着一些服务业中高端人才外迁、高校毕业生省外就业,知识技术密集型服务业缺少专业人才支撑。

三 2023年黑龙江省服务业发展形势分析

从国际看,受通货膨胀、货币紧缩政策、地缘政治冲突等影响,全球经济复苏步伐将减缓,有可能面临滞胀局面,主要经济体面临的经济衰退风险加大。外部环境不稳定、不确定、难以预料因素增多,服务业发展环境日趋

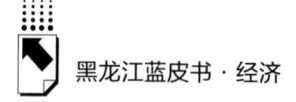

复杂严峻。但同时，新一轮科技革命和产业革命深入发展，经济数字化、智能化、绿色化转型加速推进，全球产业链供应链面临调整重构，也有助于推进服务业高质量发展。

从国内看，我国经济发展虽然仍面临着需求收缩、供给冲击、预期转弱三重压力，但经济韧性强、发展潜力大，拥有全球最完整的产业体系和潜力最大的内需市场，经济发展长期向好的基本面没有改变。国家持续实施积极的财政政策和稳健的货币政策，加大宏观政策调控力度，加强各类政策协调配合，将恢复和扩大消费摆在优先位置，加快建设现代化产业体系，优化民营企业发展环境，经济运行将整体好转，服务业发展环境条件也更为有利。

从省内看，黑龙江省已经进入高质量发展阶段。随着稳经济政策措施落地见效，扩大内需战略同深化供给侧结构性改革将有机结合，在一定程度上提振市场信心，推进经济运行整体好转。这些都有利于"加快构建优质高效的服务业新体系，推动现代服务业同先进制造业、现代农业深度融合"，不断增加服务供给，促进服务消费。

综合考虑需求与可能，2023年黑龙江省服务业将迎来恢复性增长，预计服务业增加值增长在6%以上；接触性服务业稳步恢复，批发零售、住宿餐饮、文化旅游、客运等行业回暖，呈恢复性增长；房地产业继续处于调整期，房地产市场有望企稳复苏；新业态新模式加快发展，新动能不断释放；消费潜力进一步释放，社会消费品零售总额增长在9.0%左右。

四 对策建议

（一）提振服务业发展信心

服务业高质量发展事关现代化强省建设全局，事关城乡居民共同富裕。推进服务业高质量发展，首先要改善社会心理预期，提振发展信心。一是深刻突出服务业发展的战略重点。要坚持发展是第一要务，通过抓招商、上项目、扩投资、促销费，加快推进服务业恢复性增长。二是不断拓展服务业发展潜力与空间。顺应经济数字化、智能化、绿色化发展的大趋势，全面认识服务业加快发展、集聚发展、创新发展、绿色发展、融合发展、开放发展趋势，把握全球产业链、供应链调整重构的大势，充分发挥比较优势，强化数字赋能、设计赋能、创新赋能，加快推进服务业向数字化、平台化、融合化、品牌化、标准化转型。三是抢抓用好政策措施带来的新机遇，加快推动服务业高质量发展。例如，抢抓国家以超长期国债方式支持特别重大的长周期项目投资的机遇，加快实施建设沿边铁路等重大交通基础设施项目；抢抓国家布局实施一批重大科技项目的机遇，争取建设更多国家重大科学工程、国家重点实验室、国家工程中心等创新平台，引导创新要素向服务业集聚，推动服务业量的合理增长和质的有效提升。需要强调的是，提振服务业信心，还要用好国家和地区一系列稳经济、稳主体、稳就业等政策措施。

（二）推动消费潜力加快释放

消费不仅事关民生保障，而且也是畅通国内大循环的关键环节和拉动服务业增长的重要动力。要把恢复和扩大消费摆在优先位置，加快释放消费潜力，推动消费扩容提质升级。一是改善消费条件。改善城市消费基础设施，高质量推进大型商超、商业步行街、特色商业街建设；改造升级农贸市场、菜市场、便民消费服务中心；加快建设便民生活圈，健全社区商业配套设施；完善电子商务和快递物流配送体系，加快发展冷链物流。加快建立完善以县城为中心、乡镇为重点、村为基础的县域商业体系，深入实施"数商兴农""快递进村""互联网+""农产品出村进城"等工程，加强农产品产销对接。二是增强消费能力。继续落实推动经济全面恢复增长政策措施，保市场主体稳就业，拓宽灵活就业渠道，鼓励个体经营、非全日制就业形式，支持居家就业、远程办公、兼职就业等新就业形态发展，做好高校毕业生等青年群体就业创业。稳步提高城市工薪阶层、农民工收入水平，加快乡村富民产业发展，稳步增加对农民的补助补贴，拓宽农民增收致富渠道。合理增加文化教育、医疗卫生、养老育幼等公共服务支出，扩大保障性租赁住房供给，健全基本生活救助制度和专项救助制度等。三是创新消费场景。要充分

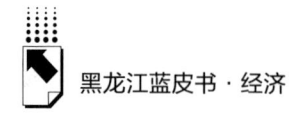

挖掘本地资源禀赋，特别是重视文化品牌、科技手段在场景打造中的作用，着力打造和设计多元融合的消费场景，进一步激发市场的活力，推动消费潜力释放。

（三）推动生产性服务业向高端延伸

围绕新需求、新市场，加快推进生产性服务业向专业化和价值链高端延伸。一是明晰产业导向政策。针对信息技术服务、科技服务、金融、设计创意、现代物流、商务服务、节能环保服务等一些带动性强、发展前景好的产业，制定出台相应发展规划，确定发展目标、发展路径、产业布局和扶持政策，使之成为新的经济增长点。二是推进数字化转型。将大数据、移动互联网、物联网、云计算、人工智能、区块链等数字技术引入生产性服务业，不断加强基础设施建设，创新生产性服务产品，丰富生产性服务业态，构建生产性服务平台，提高服务资源配置效率，提高研发、制造、服务等多环节的协同及集成发展能力。三是健全深度融合机制。聚焦构建"4567"现代产业体系和打造189个重点产业链，梳理出一批国内外生产性服务业领军企业和机构，加大对产业链关键环节生产性服务业的招商引资力度，加快建设一批重大项目、重点企业和平台载体，提高生产性服务业供给质量。深化制造业与服务业融合，加快制造业数字化转型，推动制造业主辅分离，培育服务业的"智造"元素；深化现代农业与现代服务业深度融合，加快农业生产服务一体化转型，大力发展农业社会化服务，推动农业"接二连三"；深化服务业内部融合，推动"互联网+""设计+""旅游+""养老+""文化+"等跨界融合发展，提升服务业信息化、市场化、社会化发展水平。

（四）促进民营市场主体发展壮大

深入落实《中共黑龙江省委　黑龙江省人民政府关于振兴发展民营经济的若干意见》，营造尊商重商的社会氛围，促进民营服务业市场主体发展壮大。一是拓展民营服务企业发展空间。全面落实市场准入负面清单制度，对带有市场准入限制的显性和隐性壁垒开展全面清理；发挥市场机制作用,提升民营服务企业在政府采购中的份额;加大基础设施和公用事业领域开放力度,支持民营资本参与经营性基础设施建设运营;鼓励支持民营服务企业在新产业、新业态、新模式、新消费领域等方面创新发展。二是支持民营服务企业做大做强。扩大服务业发展引导资金的投入规模和应用范围,对重点企业给予贴息和补助。建议对成功实现"个转企"并纳入规上、限上企业统计的服务企业,给予一定的奖励;对制造业、农业完成主辅分离、登记为法人企业并纳入规上、限上企业统计的服务企业,给予一定的奖励;对首次纳入规上、限上服务企业,给予一定的奖励;对年销售额(营业额)首次迈上10亿元、100亿元、300亿元、500亿元的服务企业,给予一定的奖励。三是落实好包联企业机制。发挥各级干部包联企业机制作用,建立"快速通道"和"绿色通道",畅通问题反映渠道,主动为民营服务企业解难题、办实事,推动纾困惠企政策落实,为企业成长创造有利条件。

(五)汇聚服务业创新力量

创新是经济高质量发展的不竭动力。针对黑龙江省服务业发展质量不高、专业人才不足、创新能力不强等问题,应通过不断强化人才支撑、搭建创新平台、加强战略协同,汇聚服务业高质量发展的创新力量。一是加快服务业创新人才培养与引进。加大对现有服务业从业人员的培训力度,加大对服务业相关专业高校毕业生创新创业支持力度,围绕服务需求变化,在金融、物流、商贸会展、科技服务、软件和信息技术服务、创意设计、人力资源等重点领域开展分级分类精细化培训。进一步畅通服务业人才集聚渠道,优化人才发展环境,完善人才引进政策,多维度、全方位吸引高校毕业生、科技工作者、归国留学人员等投身服务业相关领域,支持鼓励以合作、兼职、承担项目等方式柔性引进紧缺人才和急需人才。二是搭建服务业创新平台。服务业创新平台是集聚创新资源、汇聚创新人才、开展服务创新的有效载体。要瞄准服务业发展数字化、智能化、绿色化、标准化趋势,围绕龙江现代服务业发展战略需求,优化顶层设计,聚力推进一批跨学科、跨产业、跨主体的创新平台建设。三是强化战略协同。推进"政产学研用"上下联动，整合跨边界、跨领域、跨组织的服务业创新力量，建立交流合作机制、协商机制；支持有能力的服务业龙头企业牵头组建服务行业创新联合体，联合科研院所、高校、行业上下游企业等承担重大攻关项目，围绕产业链布局创新链，优化配置创新力量，共享创新资源，打造创新集群。

参考文献

习近平：《高举中国特色社会主义伟大旗帜　为全面建设社会主义现代化国家而团结奋斗——在中国共产党第二十次全国代表大会上的报告》，http://cpc.people.com.cn/n1/2022/1026/c64094-32551700.html，2022年10月26日。

黑龙江省发展和改革委员会：《关于黑龙江省2022年国民经济和社会发展计划执行情况与2023年国民经济和社会发展计划草案的报告》，http://www.hljnews.cn/ljxw/content/2023-02/07/content_672666.html，2023年2月7日。

国务院办公厅：《关于进一步释放消费潜力促进消费持续恢复的意见》，中国政府网，http://www.gov.cn/zhengce/zhengceku/2022-04/25/content_5687079.htm，2022年4月25日。

中共中央办公厅、国务院办公厅：《关于推进以县城为重要载体的城镇化建设的意见》，中国政府网，http://www.gov.cn/zhengce/2022-05/06/content_5688895.htm，2022年5月6日。

B.5
黑龙江省财政运行形势分析与对策

孙晓红*

摘　要： 受国内外经济社会形势变化复杂的影响，在经济下行的压力面前，黑龙江省各级财政面临的挑战是巨大的。在收入增长不明显的情况下，一般公共预算支出需求不断增加。黑龙江省仍处于转型期和体制机制改革的深化期，新旧动能转化滞后以及消费投资拉动作用减弱，加之省内人口流失和老龄化加剧等原因，预计财政收入下行压力仍然存在，财政支出增长态势仍将持续。但也要看到，黑龙江省财政收入在全国表现向好趋势，有发力空间。随着中央经济工作会议召开，社会信心回归，2023年，黑龙江财政应继续兜住三保底线、防范社会保险基金风险，防范化解地方财政债务风险、用好用足地方债，激发国有资本经营动能、完善黑龙江国有金融资本平台，规范项目预算管理、引导项目投资向新基建转变，开发促进内需的新动能、支持恢复激发消费能力，加快数字财政建设、做好与数字税收衔接。预计2023年黑龙江财政收入将持续恢复且增势良好。

关键词： 黑龙江省　财政收入　财政支出　财政运行

---

* 孙晓红，黑龙江省社会科学院经济研究所副所长，高级会计师，主要研究方向为会计学、财政学。

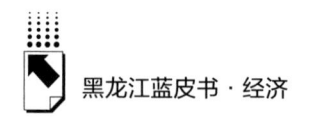

一 2022年黑龙江省财政基本情况[①]

（一）一般公共预算收支情况

黑龙江省财政厅官网公布的数据显示，2022 年黑龙江省一般公共预算收入完成 1290.6 亿元，剔除组合式税费支持政策因素后同比增长 9.3%，[②] 黑龙江省一般公共预算支出 5452.0 亿元，同比增长 6.8%。

2022 年黑龙江省一般公共预算税收收入完成 793.3 亿元，自然口径下同比下降 8.8%。黑龙江省一般公共预算税收收入在 2022 年呈总体下降态势，部分月份下降明显，后期缓和上升的势头明显（见图 1）。2022 年 3 月

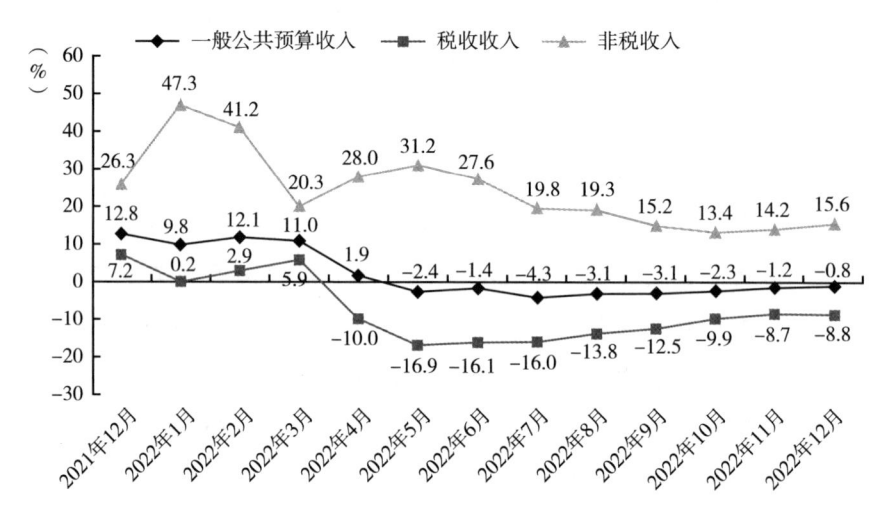

图 1　2021 年 12 月~2022 年 12 月黑龙江省一般公共预算收入分月累计增幅（自然口径）

资料来源：黑龙江省财政厅网站。

---

① 资料来源：黑龙江省财政厅网站政务公开专栏《关于黑龙江省 2022 年预算执行情况和 2023 年预算草案的报告》。
② 该部分组合式税费支持政策是指减免、缓缴、退税等多种形式多领域的一揽子减税降费政策举措。按照财政部剔除留抵退税口径计算，全省一般公共预算收入增幅为 5.4%。

黑龙江省退税政策使税收收入大幅下降，带动一般公共预算收入呈下降趋势，至11月和12月，下降趋势有所缓解。

2022年黑龙江省非税收入完成497.3亿元，同比增长15.6%。2022年黑龙江省的非税收入保持较快增长，增幅呈波动向下趋势，但同比增幅仍保持较高态势，2022年3月以后增长幅度放缓，这主要是各级财政部门在全面落实降费政策基础上，依法依规加大国有资源处置力度所带动的。2022年，黑龙江省国有资源（资产）有偿使用收入完成236.9亿元，增长37.7%；行政事业性收费收入完成52亿元，下降16.3%。

（二）政府性基金预算收支情况

2022年黑龙江省政府性基金预算收入152.9亿元，同比下降58.7%，主要是市县土地出让收入减收。政府性基金降幅主要由国有土地使用权出让收入大幅下降拉动，房地产紧缩政策叠加经济下行压力，地方政府"土地财政"难以为继。政府性基金预算支出552.3亿元，同比下降26.9%，主要是市县土地出让收入减收相应减支。

（三）国有资本经营预算收支情况

2022年黑龙江省国有资本经营预算收入35.2亿元，与上年同期相比增长7.8倍，主要是部分市（地）一次性转让国有企业股权增收。国有资本经营预算支出36.2亿元，与上年同期相比增长2.2倍，主要是收入增长相应支出增加，国家"三供一业"移交补助资金集中支出。

（四）法定债务情况

截至2022年末，黑龙江省法定债务限额7410.6亿元，法定债务余额7290.9亿元。从发行和使用情况来看，黑龙江省共发行债券1272.9亿元。按类别划分，发行一般债券736.0亿元，发行专项债券536.9亿元。按品种划分，发行新增债券772.0亿元，主要用于交通基础设施等重点领域新建、续建项目建设；发行再融资债券500.9亿元，主要用于偿还到期债券本金。

黑龙江省地方政府法定债务到期还本付息额共761.4亿元，其中，本金512.2亿元，利息249.2亿元，均已按期偿还。

近5年来，受投资拉动作用减弱等因素影响，黑龙江省债券发行规模呈减少趋势（见表1）。2022年，黑龙江省新增债务发行额专项债券占比达到60%，与上年同期相比增加4个百分点。从发行结果来看，多为收费公路专项债券、棚改专项债券、城乡发展专项债券等专项债。2022年12月，黑龙江省债务余额在全国36个统计的发行债券的省（区、市）中排名24，①位居中等偏下。同期黑龙江省财政收入在全国排名也是中等偏下，加之专项债比例增加，可收益专项债扩容提供一定收益性偿债来源，黑龙江省政府从制度层面健全债务管理机制，可以推测现阶段黑龙江省整体偿债风险在可控范围内。但从长期来看，地方债务到期规模逐年增加和地方财政支出的不断增加，也给地方财政收入带来一定压力。

表1 2018~2022年黑龙江省政府债券情况

单位：亿元

指标名称	2022年	2021年	2020年	2019年	2018年
0301 债券发行额小计	1272.9	1387.0	1351.0	905.0	1238.0
030101 一般债券发行额	736.0	780.0	815.0	628.0	945.0
030102 专项债券发行额	536.9	606.0	535.0	277.0	294.0
0302 新增债券发行额	772.0	886.0	934.0	673.0	485.0
030201 新增一般债券发行额	339.0	398.0	475.0	422.0	281.0
030202 新增专项债券发行额	433.0	488.0	459.0	251.0	204.0
0304 再融资债券发行额	500.9	501.0	417.0	233.0	203.0
0401 债券还本额小计	512.0	522.0	417.0	233.0	260.0
0501 债券付息额小计	249.2	222.4	181.2	155.5	103.7
0601 债务余额	7291.0	6535.0	5685.0	4749.0	4116.0
060101 一般债务余额	4766.0	4434.0	4051.0	3574.0	3188.0
060102 专项债务余额	2525.0	2101.0	1633.0	1175.0	929.0

资料来源：中国地方政府债券信息公开平台网站。

---

① 资料来源："中国地方政府债券信息公开平台"月度数据分地区债券余额查询结果。

二 黑龙江省财政运行情况现状与分析

（一）黑龙江省财政收入较为平稳

黑龙江省财政收入在 2018~2022 年表现良好（见图 2）。其中一般公共预算收入在 2018~2020 年略有下降，2020~2021 年开始上升，2022 年较 2021 年略有下降，但近 5 年呈总体平稳上升的态势。在艰难的经济条件和人口流失等不利因素下，取得这样的成绩实属不易。

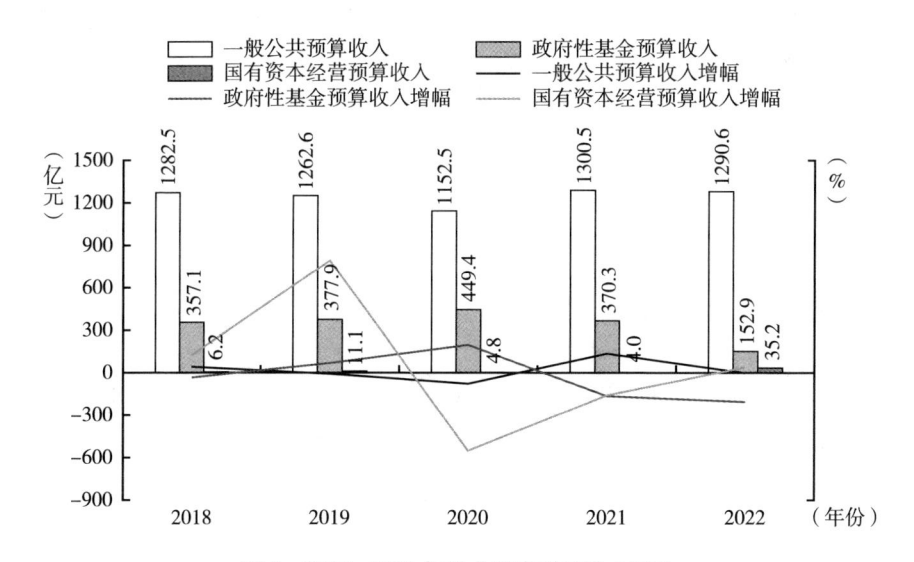

图 2　2018~2022 年黑龙江省财政收入对比

资料来源：黑龙江省财政厅网站。

政府性基金预算收入自 2020 年后明显下降。在房地产经济复苏前景表现黯淡的情况下，地方财政土地出让收入面临制度改革，因此，政府性基金预算收入的下降表现非常明显，2023 年或稍有反弹，但未来仍会处于低谷。国有资本经营预算收入近 5 年来波动明显，2020 年出现大幅下降，2021 年仍处于下降趋势，但降幅有所减少。2022 年大幅上升，是前 4 年总和的

1.35倍。国有资本经营保底作用不断突显，政府性基金预算收入的下降空间由国有资本经营预算在一定程度上给予了弥补。房地产经济衰退带来的影响部分可以通过国有资产、国有资本经营进行化解。黑龙江省落实国务院《关于全面推开划转部分国有资本充实社保基金的通知》，截至2020年末，对22家省属企业和市属企业国有资本共98.69亿元进行划转，基本完成了划转国有资本充实社保基金工作。[①] 通过划转部分国有资本充实社保基金，人民群众可以共享国有企业发展成果，且促进改革和完善基本养老保险制度，增强制度的可持续性。国有资本经营收入对地方财政收入结构调整的作用正逐步体现。

观察2018年第四季度至2022年第四季度黑龙江省税收收入情况可知，2021年第四季度税收收入较2019年第四季度下降5.8%，2022年第一季度较上年同期增长7.0%，第二季度较上年同期下降12.0%（见图3）。国家税务总局、黑龙江省税务局2022年第四季度税收收入分行业、分税种统计情

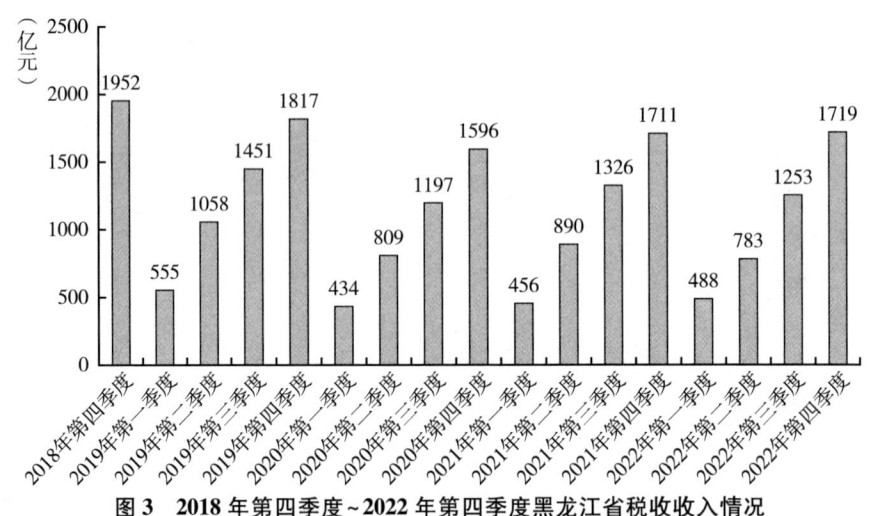

图3 2018年第四季度~2022年第四季度黑龙江省税收收入情况

资料来源：国家税务总局黑龙江省税务局网站。

---

① 资料来源：黑龙江省人民政府网站龙江要闻专栏动态《我省划转部分国有资本充实社保基金工作基本完成》。

况显示，黑龙江省第二产业实现税收收入1043亿元，占当年税收收入的61.0%，第三产业实现税收收入670亿元，占当年税收收入的39.0%。与以前年度相比，第三产业税收收入下降较大，2018~2021年第三产业税收收入占比均在50%左右，平均占比为49.5%，到2022年第三产业税收收入占比下降了10个百分点左右。总体来看，黑龙江省税收收入略有下降，结构变化较大，总体处于平稳态势。

综上可见，单从收入角度看，增值税和土地增值税等为主的税收收入降低，非税收入同比增长降幅减缓，整体一般公共预算收入稳中有降；政府性基金收入受房地产经济拉动下行明显；国有资本经营收入稳健提升。总体来看，黑龙江省财政收入处于较为稳定的状态。

（二）黑龙江省财政收入在全国表现向好，支出负担较重

2022年，黑龙江省一般公共预算收入与2021年相比略有下降，但与2018年基本持平，比2019年所有增长（见图4）。从近10年总体看来，黑龙江省一般公共预算收入的发展趋势呈波动态势，在经济下行的环境下仍有反弹上升的机会。

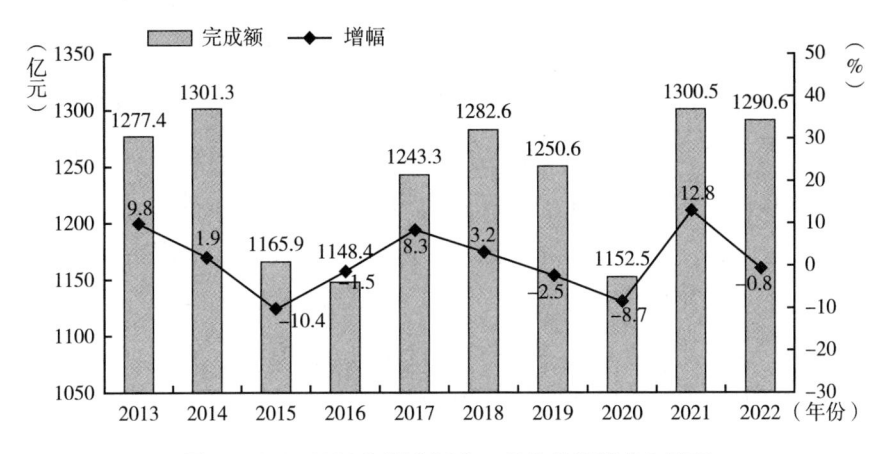

图4 2013~2022年黑龙江省一般公共预算收入情况

资料来源：黑龙江省财政厅网站。

本文通过选取2022年1~8月全国31个省（区、市）主要财政指标，包括预算收入、收入自然口径增长、收入同口径增长、预算支出、支出同比增长、2021年常住人口数，及经过计算得出的财政盈余、地方财政自给率、人均财政收入和人均财政支出，来对比黑龙江省的财政情况（见表2）。可以看出，截至2022年8月，黑龙江省财政盈余-2841.01亿元，在全国31个省（区、市）中排在第20位；黑龙江省预算收入847.50亿元，排在第25位；收入同口径增长6.39%，排在第15位；人均财政收入2712.00元，排在第27位；黑龙江省预算支出3688.51亿元，排在第20位；支出同比增长率7.70%，排在第13位；人均财政支出11803.00元，排在第11位；地方财政自给率23.00%，排在第27位。

由以上数据可见，黑龙江省预算收入绝对值在全国表现不好，地方财力较弱，但同口径增长率比预算收入排名上升10个名次，预算收入增长率超过全国一半省（区、市），增长率指标在全国处于中上游，预算收入有向好态势。黑龙江省第十三次党代会召开后，全省上下有了更明确的发展方向，在实施创新驱动发展战略、培育壮大振兴发展新动能等方面提出了新要求，高新技术企业陆续落地黑龙江。2022年全省税收收入同比增长0.4个百分点，基本与2021年持平；在经济下行等不利因素作用下增值税增幅由正转负，但同时第二产业税收收入同比增长21%，[①] 新兴制造业落地黑龙江带来的利好会渐渐表现出来。

黑龙江省预算支出比预算收入排名高出5个位次，黑龙江省财政负担重，预算支出的增长率也高于收入的增长率，未来预计自给压力还会增大。从地方财政自给率指标分析，黑龙江省的地方财政自给率排名第27位，除了西藏和青海，仅超过吉林和甘肃，且非常接近，在收入表现增长的同时，人均财政支出排到全国第11位，一方面支出规模本身大，一方面常住人口流失严重，这些都是造成人均财政支出过高的直接原因。综上，在全国比较中黑龙江省财政表现出低收入高支出的现状。

---

① 资料来源：国家税务总局黑龙江省税务局税收统计专栏《2022年第四季度税收分行业、分税种完成情况表》。

表2 2022年1~8月全国31个省(区、市)一般公共预算收支盈余等情况

排名	地区	预算收入(亿元)	收入自然口径增长(%)	收入同口径增长(%)	预算支出(亿元)	支出同比增长(%)	2021年常住人口数(万人)	财政盈余(亿元)	地方财政自给率(%)	人均财政收入(元)	人均财政支出(元)
1	上海	5217.83	-14.24	-6.37	5106.10	5.58	2489.43	111.73	102.00	20960.00	20511.00
2	天津	1167.63	-24.94	-14.25	1645.92	-14.56	1373.00	-478.29	71.00	8504.00	11988.00
3	宁夏	317.09	1.79	22.83	1090.21	13.09	725.00	-773.12	29.00	4374.00	15037.00
4	海南	540.54	-15.88	-4.62	1329.76	2.96	1020.46	-789.22	41.00	5297.00	13031.00
5	北京	3840.41	-8.79	1.34	4795.18	6.09	2188.60	-954.77	80.00	17547.00	21910.00
6	青海	210.25	-6.55	23.03	1188.31	7.24	594.00	-978.06	18.00	3540.00	20005.00
7	山西	2417.69	28.38	39.80	3505.86	9.11	3480.48	-1088.17	69.00	6946.00	10073.00
8	福建	2449.02	-5.63	3.93	3569.22	7.12	4187.00	-1120.20	69.00	5849.00	8525.00
9	西藏	117.66	-11.48	12.45	1323.11	5.95	366.00	-1205.45	9.00	3215.00	36151.00
10	浙江	6245.78	-6.35	3.13	7870.18	13.54	6540.00	-1624.4	79.00	9550.00	12034.00
11	重庆	1299.36	-15.32	-6.91	2970.17	3.95	3212.43	-1670.81	44.00	4045.00	9246.00
12	内蒙古	2054.65	31.73	42.20	3775.33	16.03	2400.00	-1720.68	54.00	8561.00	15731.00
13	吉林	528.07	-37.34	-24.64	2437.77	3.52	2375.37	-1909.7	22.00	2223.00	10263.00
14	陕西	2294.46	17.60	29.73	4470.34	15.15	3954.00	-2175.88	51.00	5803.00	11306.00
15	辽宁	1700.47	-11.40	-0.06	3885.32	7.94	4229.40	-2184.85	44.00	4021.00	9186.00
16	甘肃	592.79	-4.46	13.35	2829.90	10.51	2490.02	-2237.11	21.00	2381.00	11365.00
17	贵州	1136.55	-10.33	6.19	3565.87	10.62	3852.00	-2429.32	32.00	2951.00	9257.00

续表

排名	地区	预算收入（亿元）	收入自然口径增长（%）	收入同口径增长（%）	预算支出（亿元）	支出同比增长（%）	2021年常住人口数（万人）	财政盈余（亿元）	地方财政自给率（%）	人均财政收入（元）	人均财政支出（元）
18	江西	2173.38	2.11	9.43	4726.75	3.75	4517.40	-2553.37	46.00	4811.00	10463.00
19	新疆	1223.11	17.03	37.05	3828.23	4.44	2589.00	-2605.12	32.00	4724.00	14787.00
20	黑龙江	847.50	-3.11	6.39	3688.51	7.70	3125.00	-2841.01	23.00	2712.00	11803.00
21	江苏	6212.74	-14.03	-3.16	9189.49	0.39	8505.40	-2976.75	68.00	7304.00	10804.00
22	广西	1127.00	-12.49	0.57	4132.24	4.24	5037.00	-3005.24	27.00	2237.00	8204.00
23	山东	5026.06	-6.41	5.07	8067.97	7.79	10169.99	-3041.91	62.00	4942.00	7933.00
24	湖北	2305.89	-8.13	4.21	5436.41	7.51	5830.00	-3130.52	42.00	3955.00	9325.00
25	河北	2870.01	-4.59	7.10	6020.03	4.51	7448.00	-3150.02	48.00	3853.00	8083.00
26	安徽	2540.88	-0.52	9.78	5714.64	11.58	6113.00	-3173.76	44.00	4157.00	9348.00
27	云南	1187.84	-17.34	7.78	4522.73	3.18	4690.00	-3334.89	26.00	2533.00	9643.00
28	广东	8671.69	-10.87	-1.43	12023.68	3.65	12684.00	-3351.99	72.00	6837.00	9479.00
29	湖南	1996.30	-7.71	4.69	5662.01	9.28	6622.00	-3665.71	35.00	3015.00	8550.00
30	河南	2988.16	-2.54	10.90	7307.58	-1.22	9883.00	-4319.42	41.00	3024.00	7394.00
31	四川	3125.54	-2.83	7.48	7578.32	8.02	8372.00	-4452.78	41.00	3733.00	9052.00

资料来源：各省（区、市）统计局。

（三）黑龙江省财政支出压力增大，民生领域需求强劲

在收入增长不明显的情况下，黑龙江省一般公共预算支出需求不断增加（见图5）。2022年黑龙江省财政主要支出6040.5亿元，同比增长2.9%，与2018年相比增长16.4%。黑龙江省财政支出近年来一直呈增加趋势，特别是在民生领域，2022年黑龙江省在基本民生方面加大投入力度，预算执行报告显示，2022年全省财政民生支出占一般公共预算支出比重达87.1%。

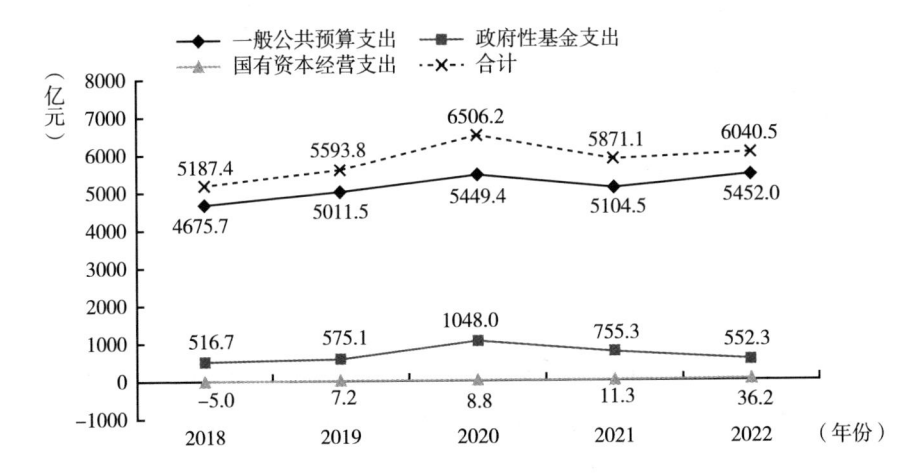

图5 2018~2022年黑龙江省财政主要支出情况

资料来源：黑龙江省财政厅网站。

从支出结构上看，以公布的2022年1~6月支出明细分析，排在第1位的社会保障和就业支出达885.41亿元，占1~6月支出的33.0%，同比增长10.3%。排在第2位的农林水占总支出的12.7%，同比增长30.9%，是增长最明显的。农林水作为第一产业，是与民生密切相关的产业，加大第一产业的投入力度是国际形势和国内政策共同作用的必然要求。2022年1~6月黑龙江省财政支出排在前5名的都是与民生相关的支出，此外民生方面的投入主要表现在稳就业保就业、改造城镇老旧小区、落

实社会保障政策、落实城乡居民基本医疗保险财政补助政策、发放低保金、特困供养金等补助救助、生态环境保护和平安黑龙江建设等民生实事方面。

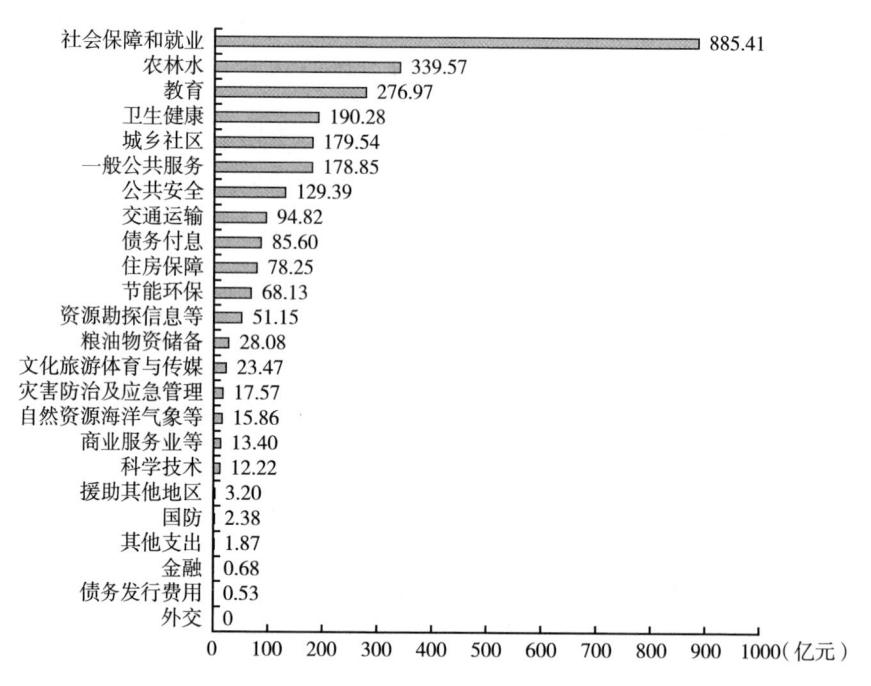

项目	金额（亿元）
社会保障和就业	885.41
农林水	339.57
教育	276.97
卫生健康	190.28
城乡社区	179.54
一般公共服务	178.85
公共安全	129.39
交通运输	94.82
债务付息	85.60
住房保障	78.25
节能环保	68.13
资源勘探信息等	51.15
粮油物资储备	28.08
文化旅游体育与传媒	23.47
灾害防治及应急管理	17.57
自然资源海洋气象等	15.86
商业服务业等	13.40
科学技术	12.22
援助其他地区	3.20
国防	2.38
其他支出	1.87
金融	0.68
债务发行费用	0.53
外交	0

图6 2022年1~6月黑龙江省一般公共预算支出结构

资料来源：黑龙江省财政厅网站。

三 黑龙江省财政运行趋势分析

（一）财政收入下行压力仍然存在

结合前面分析可见，随着我国双循环新发展格局的构建，黑龙江省仍处于转型期和体制机制改革的深化期，新旧动能转化滞后以及消费投资拉动作用减弱，省内人口流失和老龄化加剧，预计财政收入下行压力仍然存在。受国际形势变化复杂的影响，国内的安全形势依然严峻，积极的财政政策仍是主导，经过前几轮大规模减税降费，减税空间逐渐缩小，政策效应更倾向于巩固与落实，特别是近几年减税降费规模迅速扩大，政策合力进一步释放，释放的政策效应可能会带来更大财政收入基数，导致真正的财政收入增长维持在较低水平线上。对于增值税收入，黑龙江省的下降空间在缩小，当然不排除增速边际上升的可能。对于政府性基金收入，未来我国仍然坚持"房住不炒"的政策基调，国有土地使用权收入将持续低位运行，不同地区的政府性基金收入差异将进一步扩大。随着减税降费政策的实施，"十四五"期间税收收入增速仍然会低于经济增速，减税效果继续显现。可以预期地方收入分配格局也不会产生太大的变化，国内外不稳定、难预料因素增多，落实完善减税降费措施将给财政增收带来困难，财政收入下行压力未来仍然存在。

（二）财政收入具有回升向好的态势和能力

根据黑龙江省统计局公布的1~12月数据，2022年黑龙江省财政收入占GDP的比重为8.1%，比2021年增加了0.6个百分点；分析地方财政依存度[1]指标可知，2022年国家统计局数据测算国家财政依存度指标为16.8%，黑龙江省尚未达到其一半。[2] 可见黑龙江省财政财力不强，从另一角度来分析，这也与财政资金投入方向有关，黑龙江省财政资金投入一般在涉农、民生、教育等方面，对GDP有贡献，但对财政收入贡献不大，另外黑龙江省资源型、高附加值行业比重低，也是财政依存度较低的原因。在2022年1~8月全国各省（区、市）的财政收入对比中，黑龙江省财政收入处于下游，但增长率排名处于上游，可见增长态势明显。黑龙江省财政收入具有回升向好的能力，随着产业结构转型，黑龙江从根本上扩大税

---

[1] 该部分使用的财政依存度指标是指财政收入占GDP的比重，该指标反映国家或地方的财力是否充足，是评价经济运行质量的重要指标之一。
[2] 资料来源：黑龙江省统计局网站统计信息专栏月度数据《2022年1~12月数据》和《2021年1~12月数据》；国家统计局网站数据专栏《中华人民共和国2022年国民经济和社会发展统计公报》。

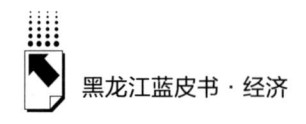

基，提高地方财政自给率指日可待。以2022年现有数据来看，预计将上升至中游，处于增长过程中。

（三）财政支出增长态势仍将持续

从黑龙江省2023年预算安排可以看出，黑龙江省一般公共预算支出预算安排5250.0亿元，同比增长9.0%。政府性基金预算支出安排237.5亿元，同比增长27.7%。此外社会保险基金预算支出安排3395.5亿元，同比增长10.4%。财政支出增长态势仍将持续，增长速度并未放缓。从表2也可以看出，黑龙江省财政支出同比增长率为7.70%，排在全国第13位，人均财政支出11803.00元，排在第11位。相对于具有增长态势的财政收入来说，财政支出的增长更快。未来黑龙江省财政支出还有以下增长点，一是保障改善民生支出只增不减，除了三保支出是底线不能减少，在城乡居民基本医疗、普惠性教育支出、困难群体帮扶以及棚户区和老城改造等方面需要大量财政支持。特别是随着老龄化日益严重和劳动力人口外流，未来养老基金出现缺口将是财政支出面临的新的挑战。二是重点项目和政策落地资金，重点项目成果转化成效缓慢释放，未来一段时间将是财政支出高增长点。三是促进消费拉动内需，促消费支出需要财政买单，落实专家及人才激励政策，引进、留住、用好创新人才需要真金白银。近年来黑龙江省一般公共支出，尤其是行政支出、三公经费等一直在压缩，再压缩的空间有限。未来一段时间，黑龙江省财政支出的压力仍然较大，地方财政自给率仍将不足，节流的空间有限，应在开源上做好工作。

四 黑龙江省财政改革对策建议

（一）继续兜住三保底线，防范社会保险基金风险

第一，加强各级地方财政、部门结转结余资金管理，建立定期清理机制，重视结转结余资金的预算编制和执行进度。财政政策在继续落实退税减

税降费等措施的同时，应切实盘活存量空间，利用好结转结余资金，释放一部分结转结余资金为保底支出缓解压力。第二，严控一般性支出，继续压减非刚性支出，继续严格控制三公经费规模，坚持过"紧日子"，促进地方财政三保经费可持续增长，建立财力约束下三保支出适当增长机制。第三，加强财政资金传导运行监测，省级财政应对基层三保预算审核、刚性程度排序和预算执行、库款流动等情况及时关注，出现问题及时协助解决。在兜三保支出的同时，要高度重视社会保险基金风险。2023年社会保险基金的预算收入和支出安排分别增长11.0%和10.4%，[①] 近年来社会保险基金不断增长，而黑龙江省人口出生率低、人口流出量高，老龄化人口比率还在不断增加。一方面，退休潮、老龄化，叠加黑龙江适龄劳动力的快速转移，地方社会保险基金给付能力面临巨大压力。另一方面，全球经济环境不乐观等因素导致企业出现中断缴费等问题，造成社会保险基金收入减少，也使地方社会保险基金给付率不断下降，因此，社会保险基金风险应该得到重视，这也是三保工作的重要组成部分。探索国有资本充实社保基金对促进改革和完善基本养老保险制度、增强制度的可持续性具有积极意义。

（二）防范化解地方财政债务风险，用好用足地方债

一是重视隐性债风险，查清存量。排查地方隐性债务，并全面掌握隐性债存量，坚决遏制新增政府隐性债务，抑制隐性负债增长。二是用好用足法定债。一方面，要严格债券项目资金事前、事中、事后绩效目标和绩效指标实现程度的全过程监管、评估和评价，对偏离预期绩效目标、指标的，及时叫停、止损降损。同时，加强债券项目资金预算执行进度监管，进一步缩短项目申报、债券发行、资金直达的时限，全力保障项目预期产出和效益得以实现。另一方面，全面开展债券项目事后绩效评价。各地要委托具备绩效评价能力的第三方机构和绩效评价师，开展专项债券项目全覆盖、全要素的绩

---

① 资料来源：黑龙江省财政厅网站政务公开专栏《关于黑龙江省2022年预算执行情况和2023年预算草案的报告》。

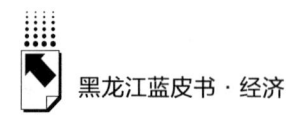

效评价。关注地方债的使用，建立有效的监督体系，专款专用，避免闲置和滥用，提升投资回报率，增强偿还能力。

（三）激发国有资本经营动能，完善黑龙江国有金融资本平台

从加强国有金融资本管理入手，开发多样性的国有金融产品，加强政策引导和宣传，让市场金融机构保持对接，有利于市场主体的金融政策落实到位，让更多符合条件的中小微企业都能享受到政策红利。积极探索生态银行建设，黑龙江省碳交易和"双碳"经济通过金融管理方式运行，让黑龙江丰富的自然资源和碳汇资源变为经济优势。提升金融科技手段，推动金融创新，构建和完善市场化信用服务、金融产权交易和担保增信体系，建设金融基础设施与服务板块。

（四）规范项目预算管理，引导项目投资向新基建转变

传统基础建设投资在一定程度上具有对冲经济下行的作用，但随着我国基础建设的逐步完善以及"双碳"政策要求，传统基建修复经济基本面的能力正在减弱。对于黑龙江省这样的传统工业基础较好的省份，传统基建带来的优势正在消失，未来必定要从新基建入手。以"到2025年基本建成新型数字基础设施"等为政策目标，培育新的经济增长点。一是，新增专项债向新基建领域倾斜，优先考虑党中央、国务院明确的重点领域以及有一定收益的新基建领域。二是，多元化融资，整合不同类型投资者的资源优势和投资诉求，构建弹性灵活的融资结构。三是，关注新基建开发运行过程，将新基建同产业开发、地区发展政策结合起来，为创新发展铺路。此外，在鼓励和支持新基建项目创新发展的同时，也要规范其财政预算管理。严格项目审核把关，对项目的合规性、成熟度、融资成本与收益是否平衡等进行科学评测，区分轻重缓急，严管批建程序。量力而为，项目安排不能超过财政承受能力和经济发展水平。运用大数据、信息化等手段，贴身掌握项目建设运营情况，及时掌握财政资金使用、项目建设进度、运营管理等情况，逐步形成全生命周期管理。

(五)开发促进内需的新动能,支持恢复激发消费能力

拉动消费一般可以从增加收入和降低成本两个方面进行。一是通过减税降费减轻企业负担,释放企业活力,从而可以增加就业或提高职工工资,让居民敢消费。二是降低消费成本,大部分地方政府通过发放消费券等手段带动消费增长。只有经济向好,居民对地方经济有信心,生活安定富足才有能力消费,形成螺旋上升的良性循环。首先,可以与脱贫工作相结合,利用现有脱贫工作资源,以乡村为依托,开发农村特色产品、东北特色食品等,并对省内相对贫困地区的脱贫消费投放电子消费券。在消除绝对贫困的基础上,围绕相对贫困地区地域特色,利用直播探索农产品采摘消费、种植体验式消费、民族传统手工艺品消费、乡村旅游消费等多样化消费模式,这样既能开拓黑土市场,又能巩固脱贫成果。其次,以具有文旅资源的城市为中心,形成多个圈层,开拓文化旅游消费。目前,国内文化旅游消费在逐渐复苏,应不断深挖城市内部的文化内涵与独特底蕴,利用独特的城市风情、发展沿革、民族文化与红色文化等,开发文创产品,制定适合不同人群的特色旅游线路,通过各种平台宣传和销售,更好地促进文旅消费层次与消费结构的提质增效。最后,完善养老消费市场,包括居家养老、医护健康养老等生活照顾服务等。

(六)加快数字财政建设,做好与数字税收衔接

2022年黑龙江省预算管理一体化系统正式上线,已经基本实现各级财政数据纵向贯通、业务标准统一。在预算管理与执行方面,预算一体化系统整合了预算管理各环节业务,但在执行过程中还存在与账务系统衔接不够,分行业特点不能满足,凭证库和业务索引不清晰,自有账户资金与银行系统构建不完善等问题,需要进一步补充和完善。在政府购买行为和行政成本管控方面,尚存在利用率和货物、服务丰富程度不够的问题,政府采购的运营环境还需要进一步优化。在财政收入管理方面,随着金税四期上线运营,未来需要在完善预算一体化的基础上与税务系统进行有效连接,保证资金稳定

运行，从而提高组织财政收入的质量和效率。数字财政管理相较传统财政管理具有显著的优势，但同时也存在很多风险。首先，一般意义上的财政运行风险不会因数字化管理而全部消除，但会因数字管理而隐藏或变形。其次，财政管理涉及的行业性质多样，管理层级多，在数字财政执行过程中有很大的技术不适配等未知风险，建立预判机制和替代方案尤为重要。最后就是信息安全风险，各层级财政财务数据依赖于互联网和数字技术，很大程度上存在信息泄露和技术依赖等风险。因此，应谨慎改革细致执行积极防范风险，遇到问题解决问题，以更加适应实践工作，更加符合财政运行规律，使数字财政工程越来越完善，更好适应数字财政建设的需要。

B.6
黑龙江省居民收入分析与预测

邢 明[*]

摘 要： 2022年黑龙江省经济运行总体平稳，在省委省政府的经济政策支持下，GDP同比增长2.7%。2022年黑龙江省居民收入同比增长4.4%，高于同期GDP增速。随着影响居民收入的不可抗拒因素减弱，黑龙江省的经济活力和居民收入将大幅度提升，预计2023年黑龙江省居民收入增长7.5%以上。因此，本报告提出持续改善居民人居环境，加强本土产品的宣传和消费，利用金融手段促进经济增长和居民增收等建议。

关键词： 黑龙江省 居民收入 人居环境

一 黑龙江省居民收入情况

2022年黑龙江省地区生产总值同比增长2.7%。初步核算2022年黑龙江省居民人均可支配收入同比增长4.37%，其中，城镇居民收入同比增长4.1%，农村居民收入同比增长3.8%，增速均低于同期全国水平。

（一）2022年黑龙江省居民收入保持增长态势

2022年黑龙江省居民收入保持增长态势，但增速低于全国水平，总体上保持稳定向好。2022年全国居民人均可支配收入为36883元，同比增长

---

[*] 邢明，黑龙江省社会科学院农业与农村发展研究所副研究员，主要研究方向为农业农村发展问题与民营经济问题。

5.0%，同期黑龙江居民人均可支配收入为28346元，同比增长4.4%，黑龙江居民人均可支配收入是全国水平的76.7%，低于上年0.6个百分点。2016~2022年全国居民人均可支配收入和黑龙江居民人均可支配收入分别为23821元和19838元、25974元和21206元、28228元和22726元、30733元和24254元、32189元和24912元、35128元和27159元、36883元和28346元。2016年黑龙江居民人均可支配收入是同期全国居民人均可支配收入的83.3%，2017~2022年分别为：81.6%、80.5%、78.9%、77.4%、77.3%、76.7%，差距持续扩大（见表1）。

表1 2016~2022年全国及黑龙江的城乡居民收入及比较

单位：元，%

项目	2016年	2017年	2018年	2019年	2020年	2021年	2022年
全国居民人均可支配收入	23821	25974	28228	30733	32189	35128	36883
黑龙江居民人均可支配收入	19838	21206	22726	24254	24912	27159	28346
黑龙江与全国相比	83.3	81.6	80.5	78.9	77.4	77.3	76.7
全国城镇居民人均可支配收入	33616	36396	39250	42359	43818	47412	49283
黑龙江省城镇居民人均可支配收入	25736	27446	29191	30945	31115	33646	35042
黑龙江与全国相比	76.6	75.4	74.3	73.0	71.0	70.9	71.1
全国农村居民人均可支配收入	12363	13432	14617	16021	17131	18931	20133
黑龙江省农村居民人均可支配收入	11823	12665	13804	14982	16168	17888	18577
黑龙江与全国相比	95.6	94.3	94.4	93.5	94.4	94.5	92.3

资料来源：《黑龙江统计年鉴2022》。

2022年黑龙江省城镇居民人均可支配收入达到35042元，比上年增长4.1%，同期全国城镇居民人均可支配收入为49283元，同比增长3.9%。2016~2022年，全国城镇居民人均可支配收入和黑龙江省城镇居民可支配收入分别为：33616元和25736元、36396元和27446元、39250元和29191元、42359元和30945元、43818元和31115元、47412元和33646元、49283元和35042元。黑龙江省城镇居民可支配收入分别为同期全国城镇居民人均可支配收的76.6%、75.4%、74.3%、73.0%、71.0%、70.9%、71.1%。

2022年黑龙江省农村居民人均可支配收入为18577元，同比增长3.8%，同期，全国农村居民人均可支配收入20133元，同比增长6.3%。2016~2022年，全国农村居民人均可支配收入和黑龙江省农村居民可支配收入分别为：12363元和11823元、13432元和12665元、14617元和13804元、16021元和14982元、17131元和16168元、18931元和1888元、20133元和18577元。黑龙江省农村居民人均可支配收入分别为同期全国农村居民人均可支配收入的95.6%、94.3%、94.4%、93.5%、94.4%、94.5%、92.3%。①

（二）各地市收入差异情况

黑龙江省各地市之间的收入差距和波动明显。黑龙江省各地市城镇居民可支配收入差距较大，13个地市城镇居民人均可支配收入最高与最低的城市比为1.75∶1。根据2021年统计数据，黑龙江省城镇居民人均可支配收入最高的是大庆市，达到42891元，超过省会哈尔滨市（3110元）；鹤岗市城镇居民人均可支配收入最低，为24521元，地市间收入差距巨大。2021年黑龙江省13个地市中收入水平靠前的大庆、哈尔滨和牡丹江三个城市均出现城镇居民人均可支配收入下降的情况。人均收入较低的七台河市也出现了城镇居民人均可支配收入下降的情况。一些以煤炭和森工为基础的资源型城市，其城镇居民人均可支配收入增长缓慢，这些地方仍没有形成有效拉动经济和收入增长的主导产业。对俄口岸城市，城镇居民人均可支配收入略高于传统资源型城市。2021年以来，对俄贸易大幅增长，因此，也带动当地

---

① 资料来源：2016~2022年《黑龙江省统计年鉴》。

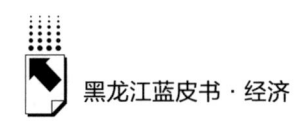

居民收入不断提高。农村居民人均可支配收入中最高的城市是哈尔滨市，为19631元，最低的是七台河市，为15473元，其比值为1.25∶1。①

二 黑龙江省居民收入分析与预测

（一）城镇居民收入小幅提升

2022年，黑龙江省城镇居民人均可支配收入与全国城镇居民人均可支配收入的比值为71.1%。2021年这一比值为70.9%。黑龙江省城镇居民人均可支配收入同比增长4.1%，同期全国城镇居民可支配收入增长3.9%。黑龙江省城镇居民人均可支配收入小幅提升，主要得益于黑龙江省大力推进的经济政策。一是黑龙江省大力促进民营经济发展，引导和加强全社会对民营经济在推动经济发展、提出新的增长引擎、设立新的产业布局等方面积极布局经济政策，强调民营经济是建设新龙江的战略根基，民营经济对构建"4567"现代产业体系具有重要意义。全省上下积极回应广大民营经济体反应和关切的问题，转变工作作风服务民营经济，极大地提振了民营经济发展的信心，并将民营经济健康发展的指标列入地方考核体系。二是持续改善营商环境，2022年开始，全省上下大力推进改善营商环境，提出打造一流营商环境，推进市场化、国际化、法制化的营商环境建设，为全面振兴全方位振兴提供基本制度保障。后续推出修改后的《黑龙江省优化营商环境条例》，补充了解决历史遗留问题、增加"守信践诺"等内容，从制度上保障优化营商环境的推进机制。三是经济运行平稳。2022年黑龙江省地区生产总值为15901.0亿元，克服重重困难实现2.7%的正增长。其中，第二产业增加值为4648.9亿元，实现0.9%正增长；第三产业增加值为7642.2亿元，实现3.8%的正增长。

2022年，黑龙江省克服经济下滑等不利影响，工业领域中的化学纤维

---

① 资料来源：《黑龙江省统计年鉴2021》。

制造业等9个行业增加值增速高于全国水平10个百分点以上；装备工业增加值增长5.5%；能源工业增加值增长2.2%；食品工业增加值增长2.9%。12月，黑龙江省规模以上工业增加值同比增长2.0%，增速高于全国0.7个百分点。工业增加值的快速增长是带动城镇居民收入增加的重要因素。①

（二）农村居民收入潜力大

2022年黑龙江省农林牧渔业增加值为3609.9亿元，同比增长2.4%。粮食产量稳定价格波动不大；主要畜牧产品产量继续保持稳定增长态势。全年猪牛羊禽肉类产量为311.5万吨，同比增长4.1%；生猪出栏2317.3万头，同比增长4.0%；全省蔬菜及食用菌产量为759.8万吨，同比增长4.7%，播种面积达16.3万公顷，同比增长3.5%；全省水产品产量同比增长2.3%。农业生产稳中向好，主要农产品生产稳步提升，带动黑龙江省农村居民经营性收入稳步提升。2022年1~9月，黑龙江省居民交通和通信类消费上涨6.4%、居住类消费上涨2.0%、食品烟酒类消费上涨1.7%、衣着类消费上涨1.0%、其他用品和服务类消费上涨1.0%、教育文化和娱乐类消费上涨0.9%、医疗保健类消费上涨0.6%、生活用品及服务类消费上涨0.4%。2022年全年黑龙江省农村居民人均可支配收入18577.0元，同比增长3.9%，同期，全国农村居民人均可支配收入为20133.0元，同比增长6.3%。黑龙江省农村居民人均可支配收入增速低于全国增速2.4个百分点，但是主要农产品产量持续稳定增长，保证了农村居民收入增长的稳定。②

（三）黑龙江省居民收入预测

2023年黑龙江省在大力推进改善营商环境和促进消费的重要政策支持下，地区生产总值将进一步提升，对俄罗斯贸易也会随着其需求的增加而不

---

① 资料来源：中国经济网。
② 资料来源：2022年《黑龙江省国民经济和社会发展统计公报》。

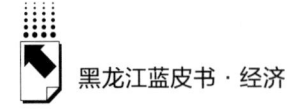

断提升。国内国际的经济形势还存在诸多不确定因素，但是国内经济总体趋稳且稳中有升的总体目标可以实现。农业产品生产数量继续保持提升势头，农业基础投入继续保持稳定增长的态势，种植业养殖业结构持续优化和调整以适应市场，农业生产形势不会有波动，粮食产量也有望实现增收。国内农产品价格波动和国际经济形势会降低一些农业生产积极性，但影响并不显著。预计2023年末，黑龙江省人均可支配收入将突破29000元，农村居民可支配收入将突破19500元，城镇居民人均可支配收入有望达到37000元。

三 对策建议

（一）持续改善居民人居环境

改善营商环境是招商引资的前提，改善居民人居环境是吸引人、留住人的前提。黑龙江省常住居民的流失是制约黑龙江发展的因素之一，想要留住人首先靠经济、政策、教育、医疗等外在因素吸引，其次靠文化吸引，黑龙江省实现经济发展和振兴的保障就是吸引人、留住人。改善居民人居环境，让百姓满意舒服才能更好地创造价值。一是把保障和改善民生作为公共财政优先方向，如老、破小区的改造、供暖设备的维护、断头路断头桥的维修等。二是由居民制定物业管理规则，加强社区管理自主性，减少物业企业和居民之间的矛盾。物业企业按照非营利机构管理和运营，制定业委会和社区监督物业管理的法规，让居民舒服满意。

（二）加强本土产品的宣传推广和消费

经济发展繁荣和居民增收的根本是靠本土产品的增加值来实现。第三产业的繁荣也是靠本土以外的消费来提档升级。提高黑龙江优质农产品的附加值，鼓励农产品就地加工提档升级，在农业合作社的基础上给予合作社创业优先权，在现行法规的基础上最大限度地鼓励涉农创业，实施涉农企业试产制，带动广大农民创业致富。鼓励以企业带农户的形式销售传统手工产品，鼓励电商直播带动产业发展,同时,放宽鼓励政策,加大本土产品宣传推广力度,鼓励公职人员在非公职时间推广代言本地优质产品,鼓励全民营销、亲情营销,促进本地生产制造业繁荣发展。

(三)促进消费和增加居民收入一起抓

随着国内国际形势的变化,经济和人民生活会迎来一次转机。各地促进消费鼓励消费的政策不断推出,不仅可以促进经济发展和商品流通,还可以有效地促进企业增收和居民增收。促进居民潜在消费,改善居民生活水平,提高消费档次需要提振消费信心和提高商品品质以及售后保障,不能刺激了居民消费却使居民得不到应有的商品或服务。尤其是与居民生活关系密切的商品,如商品房、汽车等,政府和企业要本着让消费者舒心满意的主旨促进商品流通,严格提防以次充好假冒伪劣产品流入市场。

(四)利用金融手段促进经济增长和居民增收

一是利用金融手段,采取减免利息、放宽还款期限、延长保护期等措施,促进经济增长和居民增收。二是金融杠杆、招商引资、改善营商环境"三措并举",把对企业的直补资金以无息贷款、担保金或贴息贷款的形式发放,有效避免权力寻租、企业骗补等情形出现。三是做好金融扶持政策的普及和宣传工作,利用新媒体让每个经济体熟知政策。

B.7
黑龙江省推动实现高质量就业研究

栾美薇[*]

摘　要： 结构合理的就业结构、充分的就业机会、公平的就业环境、和谐的劳动关系和具备高素质的劳动技能是实现更高质量就业的有力支撑。根据黑龙江省目前的就业情况和特点，本文主要从就业容量、结构性矛盾、困难群体和创业带动就业等方面进行剖析，并从就业环境、就业结构、就业培训、重点群体等角度提出实现高质量就业的对策建议。

关键词： 高质量就业　黑龙江　人才素质

党的二十大把就业作为增进民生福祉、提高人民生活品质的关键，让人人都有通过勤奋劳动实现自身发展的机会，这为做好当前和今后一个时期的就业工作指明了前进方向。就业不仅具有数量层面的概念，也具有质量层面的含义。国务院印发的《"十四五"就业促进规划》将"推动更高质量和更充分的就业"作为新时期中国就业工作最为主要的目标，旨在充分促进中国就业的扩容提质，从数量和质量两个层面同时实现新时期就业水平的提升。黑龙江省坚持将就业摆在"六稳""六保"首位，深入实施就业优先政策，为稳就业保就业提供了根本保障。千方百计稳定扩大就业，提升就业质量，是党坚持以人民为中心的发展思想的具体体现。

---

[*] 栾美薇，黑龙江省社会科学院经济研究所助理研究员，主要研究方向为人力资源与环境。

一 黑龙江省就业形势分析

就业是经济运行的核心指标,不仅是民生问题,也是发展问题。人民有就业才有收入,生活才有希望,稳定就业,加快推动实现更高质量就业是稳定经济、发展经济基本盘的重要基础。2022年,黑龙江省经济发展受外部环境影响,总体发展增速放缓,就业局势总体保持稳定,维持了良好的就业局面。

(一)城镇新增就业稳步增长

2020年黑龙江省城镇新增就业37.5万人,完成年计划的150.0%;2021年新增就业41.9万人,完成年计划的140.0%;2022年1~9月新增就业30.1万人,完成年计划的100.3%,预计2022年新增就业不低于2021年水平。

(二)重点群体就业稳定

2022年黑龙江省应届高校毕业生总量达26.50万人,同比增加21.92%,创历史新高,就业去向落实率80.94%;全省实名制登记应届离校未就业毕业生7.21万人,同比增加62.1%,实现就业6.74万人,离校未就业毕业生就业去向落实率达97.54%,同比降低0.9个百分点。全省脱贫人口务工规模达20.64万人,已超过2021年全年20.58万人的规模,提前完成2022年19.7万人的目标。全省失业人员实现再就业31.65万人,完成年计划17.00万人的186.2%。帮扶就业困难人员实现就业10.03万人,完成年计划5.00万人的200.6%。全省开发公益性岗位安置就业困难人员1.05万人,消除零就业家庭438.00户。[①]

---

① 资料来源:黑龙江省人力资源与社会保障厅网站公开数据,黑龙江省统计局网站公开数据。

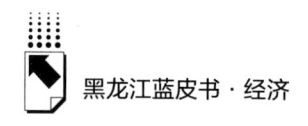

（三）调查失业率稳中有降

2020年、2021年和2022年黑龙江省失业率年平均水平分别为6.5%、6.1%和6.1%，2022年全国平均水平为5.6%，黑龙江省与全国平均水平差距缩小至0.5个百分点，并首次低于吉林省0.4个百分点，高于辽宁省0.2个百分点，为历史最好水平。

（四）劳动力市场供需活跃

2020年、2021年和2022年1~9月各类用人单位通过公共就业服务机构登记招聘123.8万人、148.4万人和113.9万人，同比分别增长28.0%、19.9%和9.7%，劳动者登记求职95.6万人、123.6万人和93.9万人，同比分别增长11.8%、29.2%和15.7%。[①]

二 黑龙江省推动实现高质量就业存在的问题

虽然目前黑龙江省就业形势总体稳定，但受国际环境复杂多变等因素的影响，全省经济发展面临需求收缩、供给冲击、预期转弱三重压力，城镇就业人员持续增加，就业结构性矛盾仍然较为突出，高校毕业生等重点群体的稳就业任务艰巨繁重，就业形势稳中有忧、稳中向好。

（一）企业吸纳就业能力下降

国际形势变化对经济市场生产经营者和劳动者都造成较大冲击，尤其是服务业受到的影响短期内难以快速解除。中小微企业、批发零售等部分生活类的行业市场需求不足，恢复速度迟缓，提供的就业岗位减少，现有岗位的失业风险及不确定性增强；互联网、教育培训等行业部分企业的用工需求下降。

---

① 资料来源：黑龙江省人力资源与社会保障厅网站公开数据。

（二）就业结构性矛盾较为突出

劳动者技能水平与岗位要求匹配度存在错位现象，高科技人才供给不足。在2022年春季招聘会上，新能源、航空航天、集成电路、医疗器械、生物制药、工业自动化等高端制造业用人需求暴增，同比增幅超过40%，制造业人才、高技能人才需求量存在较大缺口。从劳动力市场供求结果来看，计算机程序设计员、质量管理工程技术人员等高技术岗位的求人倍率在5.0以上，而服务人员、仓储管理员等普通岗位求人倍率不足0.6，"招工难"和"就业难"并存的现象有加剧的趋势。并且全省新就业人员中灵活就业人员占比较大，存在流动性大、持续性差，就业质量不高等现象，就业稳定性较差。

（三）重点群体就业压力加大

高校毕业生方面，2022年黑龙江省登记的应届离校未就业毕业生达7.10万人，同比增加58.70%，规模远超上年。较多毕业生热衷报考机关事业单位，应聘民营企业的热情不高，据统计，2022届高校毕业生选择到国有企业和机关、事业单位就业的分别占53.79%和47.01%，较2021届分别增加18.79和27.01个百分点，毕业生就业呈"无业可就"和"有业不就"的现象。困难群体方面，黑龙江省人口老龄化程度较高，人口老龄化程度位居全国第三，目前已进入中度老龄化阶段，大龄劳动者知识技能无法与现代产业发展需求相匹配，就业难现象进一步加剧；国企改革等历史遗留问题造成下岗失业人员较多，就业困难人员中大龄失业人员占比87.20%，他们的就业技能单一，就业渠道窄，就业机会少，稳定就业难度大。总体来看，黑龙江省重点群体稳就业任务艰巨繁重。

（四）推动就业创业动能减弱

黑龙江省返乡就业创业难度加大，从第七次全国人口普查情况来看，黑

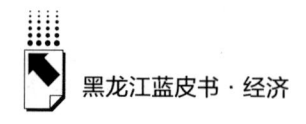

龙江省总人口达3185.00万人，比第六次全国人口普查时减少646.00万人，下降16.87%，相比经济发达地区，黑龙江这种人口流出省份对劳动力回乡创业就业的吸引力不足，推动返乡创业就业工作高质量发展的难度较大。同时，受国际形势影响，青年群体创业难度不断增加，创业带动就业能力下降，就业创业开展受到限制。

（五）摩擦性失业加剧

黑龙江省冬季漫长、气候寒冷，吸纳就业人员较多的农产品加工业、建筑业进入歇业期，摩擦性失业多发。加之"机器换人"使部分劳动者短期内面临转岗甚至失业风险，产业转型升级使一些传统行业面临转型阵痛和规模性裁员，生产线的工人等体力劳动者岗位数量逐渐降低，文员岗位等普通白领工作也受到影响，就业稳定性降低，失业率上升。

三　黑龙江省推动实现高质量就业的对策建议

做好就业工作、实现就业目标，不仅要关注就业规模的扩大，还要关注就业质量的提升。要以习近平新时代中国特色社会主义思想为指导，深入贯彻党的二十大精神，实现更高质量的就业。黑龙江省十三次党代会强调，要做好重点群体就业创业工作，激励更多高校毕业生留在龙江创业，让各方面就业人员各得其所安居乐业。要创造"拴心留人"的条件，让各类人才安心、安身、安业，充分发挥就业的基础性根本性作用，开发更多优质就业岗位，以充分就业吸引更多人力资源，以高质量就业留住高质量人才，巩固人才"水土"。

（一）在稳经济增长的基础上扩大就业

扩大就业，提升就业质量要靠经济发展，要千方百计稳定经济增长，稳住就业的根基。一是要强化就业优先政策，实施扩大内需战略。不断强化就业优先政策，并将其置于宏观政策层面，在制定重大政策的同时进行其对就业的影响评估,在推动实现经济高质量发展过程中推动就业扩容提质。实施扩大内需战略,发挥投资带动就业作用,持续加大招商引资力度,引入更多优质市场主体吸纳就业。二是推动龙江产业振兴,增加就业岗位。实施制造业降本减负行动,促进制造业高质量就业。在产业转型升级和消费升级方面,应构建一套完善、优质、高效的服务产业新体系,并由此扩大服务业的就业容量。深入推进农业供给侧结构性改革,打造具有较强综合竞争力的现代农业产业经济带,拓展农业就业空间。加快实施数字经济、生物经济、冰雪经济、创意设计产业发展规划,形成产业链条的梯次转移,扩大全社会就业容量。

(二)坚持创业引领带动就业

创业是提供就业的主要途径,灵活就业是就业的"蓄水池",在稳定就业和扩大就业方面有着重要影响。不断推动创业创新的持续发展,能够最大化的激发市场活力、提高社会创造力,从而带动就业,扩大就业容量。一是打造市场化法治化国际化营商环境,纵深推进"放管服"改革,深化"证照分离"改革,推进"照后减证",持续提升市场主体准入便利度。推进创新创业政策协同,提高创业扶持政策含金量,落实创业担保贷款、创业培训、场地支持、租金减免、税收优惠、创业补贴等政策,提高政策便利度和获得感。二是激发重点群体如大学生、农民工等的创业活力。在学生创业方面,继续大力实施大学生创新创业课程安排计划,对于留学回国人员创业,启动支持计划、"头雁"行动;在农民工返乡创业方面,实施乡村振兴计划、农村创业创新带头人培育等行动,多措并举全面吸引各类人才返乡入乡创新创业。三是提升公共就业服务能力。创新开展就业援助月、"春风行动"、大中城市联合招聘等专项服务活动,举办"校园行、乡村行、边境行、煤城行"特色招聘行动,通过不断强化就业服务,打造完善的创业服务体系。在服务队伍建设方面,提高服务质量,为创业者提供政策咨询、项目推介、开业指导等专业化的服务。继续实施创业培训计划,提高劳动者创业能力。

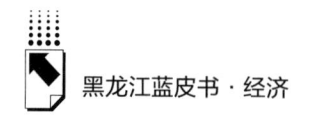

（三）着力保障重点群体就业

就业关系千家万户的生计，是老百姓获得幸福感的重要体现之一，重点群体就业的背后更是千万家庭的希望，就业有路径，生活才有保障。坚持市场化、社会化就业与政府帮扶相结合，促进重点群体多渠道就业创业。一是继续做好高校毕业生等青年就业工作。2022年黑龙江省应届高校毕业生总量26.5万人，同比增加21.92%，创历史新高，未来两年黑龙江省高校毕业生总量将持续增长，因此，要继续把高校毕业生就业摆在就业工作首位，实施"五个扩大"即扩大研究生招生、专升本规模，扩大应征入伍比例，扩大全省事业单位招聘规模，扩大公务员考录规模，扩大选调生、"三支一扶"等基层就业项目规模，为高校毕业生提供更多高质量政策性岗位。健全校内、校外资源协同共享的高校毕业生就业服务体系，推动就业服务提前进校园，将校内就业服务适当向后延伸，引导鼓励更多高校毕业生留省就业。推动高校与民营企业签署校企合作促就业协议，发挥民营企业吸纳就业的主渠道作用。二是保障农民工尤其是近期脱贫人口的就业。完善外出务工和就近就业的路径，由此来不断提高农业人口的劳动收入。在帮扶政策方面，可以积极推广以工代赈方式，优先吸纳农村低收入人口参与农村基础设施建设及后期的维修工作，不拖欠劳动报酬。全面提高农民工个人素质，制定进城农民工职业技能提升计划。健全重点群体就业帮扶长效机制，在帮扶政策方面、资金方面、力量方面都要有一定的持续性，不断提升劳动技能，将脱贫人口就业规模稳定下来，防止规模性返贫现象发生。三是开展困难群体精准就业援助。针对就业困难群体，应分类制订援助计划并提供差异化援助举措，全力保障失业人员的基本生活，保证失业保险金和最低生活保障及时发放。对于在市场渠道无法实现就业的困难人员，政府要及时提供公益性岗位进行兜底安置，保障其基本生活。

（四）强化职业培训提高人才素质

提高劳动力市场供需匹配度可以有效提升就业质量，改善劳动力要素质量,缓解人力资源供需之间的结构性矛盾。一是全面开展职业技能培训。制定终身职业技能培训制度,全面提升劳动力职业技能,使其适应市场需求,强化就业导向的作用,尤其在重点群体、重点行业方面加强专项培训,为经济的高质量发展和产业转型升级提供强有力的人才支撑。大力发展技工教育,继续推动政校企技能人才培养联盟建设。二是构建一套完整的技术技能人才培养体系。实施"技能龙江"行动,在人才培养、使用、评价和激励方面完善机制,努力建设高素质劳动者大军。深化职业资格制度改革,建立并推行职业技能等级制度,鼓励用人单位和社会培训评价组织按照规定开展职业技能等级认定。

(五)提升公共就业服务能力

完善的就业服务体系是实现更高质量就业的有效路径之一,应着力完善城乡统筹的公共就业服务制度,提供覆盖全民、贯穿全程、辐射全域、便捷高效的全方位公共就业服务。常态化开展"就业援助月""民营企业招聘月"等"10+N"系列专项活动,以"春风行动"云聘会和就业服务进基层为载体,打造龙江春、秋两季特色服务活动。落实全省人社系统聚力服务招商引资企业落地发展十条措施,把"人社专员"服务队伍打造成龙江助企发展的"金字招牌"。持续加强全省就业创业一体化服务平台建设,全面推行"互联网+公共就业服务"模式,不断完善线上线下一体化的服务体系,统筹推进就业创业、困难帮扶、补贴申领等业务"一站办理",逐步实现就业领域服务事项"一网通办",加快公共就业服务智慧化升级、智能化管理,为实现更加充分更高质量就业提供有力支撑。

(六)健全就业风险防范机制

就业形势越复杂严峻,越要防范和化解风险。一是完善就业形势分析研判机制。健全就业统计分析研判体系,快速建立一套系统完备、全面的

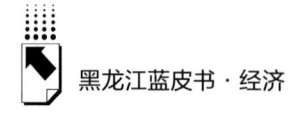

就业统计网络体系，将劳动力市场、企业主体和劳动者个体三方信息全覆盖，保障信息传递畅通，由此统计数据可以全面反映就业增长、失业水平、市场供求状况等信息。二是完善就业风险预警处置机制。健全就业监测预警体系，加强风险评估，推动全省区域内进一步完善失业风险预警制度。

产业发展篇

Industrial Development Reports

B.8
黑龙江省种业发展研究

宋静波[*]

摘　要： 种子作为农业的芯片，是主动适应社会转型升级、人民生产和生活方式转变，引领农业生产和发展方式变革，促进中国特色农业现代化建设的关键一环。目前我国三大主粮基本实现良种全覆盖。我国已经成为当之无愧的种业大国，然而，还没有成为种业强国，种业不强既有基础科技不够发达的内因，也有持续遭受外来围堵的外因。黑龙江省要夯实保障粮食安全根基，建设农业强省，种业必须先行。本文从加强种质资源保护利用、完备种质品种创新体系、增强种业企业核心竞争力等方面提出黑龙江省种业发展的对策建议。

关键词： 黑龙江省　种质资源　种业

---

[*] 宋静波，博士，黑龙江省社会科学院农业和农村发展研究所助理研究员，主要研究方向为区域经济、农业经济。

未来农业的竞争关键是种子的竞争，要从源头上解决和保障粮食安全，首先必须要解决种子问题。党的十八大以来，我国种业发展迈出重要步伐，种业发展进入新时期。2020年9月，习近平总书记指出，在农业方面，我国的很多种子大量依赖国外进口。2020年中央经济工作会议明确指出，解决种子和耕地问题，应开展种源"卡脖子"技术攻关，立志打一场种业翻身仗。2021年习近平总书记做出了必须把民族种业搞上去，把种源安全提升到关系国家安全的战略高度的重要指示批示。中央一号文件明确提出，种业是国家战略性、基础性核心产业，要打好种业翻身仗，大力推进种源等农业关键核心技术攻关。2022年政府工作报告明确强调，要"加快推进种业振兴，加强农业科技攻关和推广应用"。目前，我国农作物资源保存总量超过52万份，位居世界第2，区域性良繁基地建设加快，农作物自主选育的品种种植面积占95%以上，做到了中国粮主要由中国种，小麦、水稻、玉米三大主粮基本实现良种全覆盖，口粮绝对安全。黑龙江省认真贯彻落实习近平总书记关于"下决心把民族种业搞上去"的重要指示，紧紧围绕"加快现代种业发展、建设种业强国"这个目标，不断改革创新、攻坚克难，推进种业发展取得重大成就。

一 黑龙江省种业发展主要成效

（一）种质资源保护利用不断加强

2021年5月，黑龙江省出台了《黑龙江省人民政府办公厅关于加强农业种质资源保护与利用的实施意见》，在全省全面启动种质资源普查和收集工作。这是黑龙江首个专门聚焦农业种质资源保护与利用的重要文件，填补了省级层面对种质资源保护与利用管理的空白。黑龙江寒地作物种质资源库是我国唯一的寒地作物种质资源库，目前共保存野生大豆、玉米、水稻等作物种质资源超5万份，资源库中还保存着黑龙江特有的野生大豆资源2000余份。2022年5月寒地作物种质资源库扩建完成，种质资源保存容量从8

万份提升到20万份，保存能力得以进一步提升。① 此外，北大荒垦丰种业种质资源库也保存了各类种质资源9万余份。

（二）种业科技创新水平显著提高

黑龙江省实施科技种业自主创新科技计划，2016~2020年累计完成国家和省级项目99项，其中，"龙粳31"连续多年成为我国水稻第一大品种，年最大种植面积达1692.34万亩，累计推广面积近2亿亩。依托现有83家农业科研育种单位、现有15个国家和省级重点实验室以及包括寒地玉米种植资源中心在内的24个国家级与升级工程技术研究中心，种业科技创新的支撑体系初步形成。加强创新合作，与中国农业大学以及中国农业科学院作物科学研究所等科研院所联合开展育种技术创新攻关。同时注重优良品种示范评价，建立了110个农作物优良品种示范科技园区，对主要粮食作物如玉米、大豆等新品种进行展示，优良品种推广步伐逐年加快。

（三）供种安全保障能力明显提升

截至2022年4月，黑龙江省共审定推广主要农作物新品种1289个，②常规粳稻、大豆、马铃薯育种处于全国领先水平。2016~2020年审定大豆新品种330个。2021年，黑龙江主要农作物自主选育品种种植面积占比87%，全省主要农作物良种覆盖率达到100%。③ 建设国家级良种繁育基地16个，④其中国家级玉米制种大县4个，国家区域性大豆基地8个、水稻良种繁育基地3个。建设10个作物专家育种示范基地，借助南繁基地优势，省内选育的绝大部分主粮作物品种育种周期由过去10年以上缩短到3~5年，供种安全保障能力不断提升。

---

① 资料来源：人民网，http://gs.people.com.cn/n2/2022/0520/c183342-35277433.html。
② 资料来源：中国共产党新闻网，http://cpc.people.com.cn/n1/2022/0428/c64387-32410779.html。
③ 资料来源：中国经济网，http://m.ce.cn/ttt/202212/12/t20221212_38284251.shtml。
④ 资料来源：《2022年黑龙江省政府工作报告》。

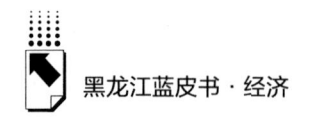

（四）种业企业主体培育持续推进

扶优企业、培育企业主体是打好种业翻身仗的关键一招。2022年8月农业农村部办公厅印发《关于扶持国家种业阵型企业发展的通知》，根据企业规模、创新能力和发展潜力等关键指标，从全国3万余家种业企业中遴选了69家农作物种业企业、86家畜禽种业企业、121家水产种业企业，集中力量构建"破难题、补短板、强优势"国家种业企业阵型，加快打造种业振兴骨干力量。黑龙江共有4家企业入选，其中北大荒垦丰种业同时入选水稻强优势阵型和大豆、玉米补短板阵型，龙科种业同时入选大豆和玉米补短板阵型。黑龙江农垦震达兴凯湖大白鱼研究所、中国水产科学研究院龙江水产研究所入选水产种业阵型。这些入选企业作为国家企业扶优的重点，必将在科技、资源、技术乃至人才方面实现集聚，为种业创新提供多方位支撑。

全省不断加大各项支持力度，种业企业数量从2016年的286家快速增长至2020年的428家。[①] 北大荒垦丰、齐齐哈尔富尔农艺以及龙科种业3个企业已经闯入全国50强。2015年1月，垦丰种业在全国中小企业股份转让系统成功挂牌，正式登陆国内资本市场，2016~2019年连续4年入选新三板创新层企业。同时加大创新平台与人才引进力度，创新能力不断提升的同时，加强研发实力，利用市场化机制，用人引人，种业企业发展势头越来越好。

（五）种子行业发展环境得以优化

黑龙江省关于种业发展的法律法规基本完善，从源头抓治理，种业市场监管力度不断加强，以《中华人民共和国种子法》为核心，以《中华人民共和国植物新品种保护条例》《农业转基因生物安全管理条例》《植物检疫条例》等为主体，以《农作物种子生产经营许可管理办法》《主要农作物品

[①] 资料来源：《2021年中国农作物种业发展报告》，中国农业科学技术出版社，2021。

种审定办法》等一系列法律法规体系为遵循，辅以地方性法律法规，协调共进，营造种业振兴良好的发展环境。

黑龙江先后印发《黑龙江省人民政府办公厅关于深化种业体制改革提高创新能力的实施意见》《黑龙江省2021年保护种业知识产权专项整治行动实施方案》等法律法规，加强种子检验检测和市场监管，严厉打击制假售假、套牌侵权等违法行为。从源头抓起，从制种基地开始，通过采取田间抽检，入库抽查等方式方法，稳定种企的种子合格率。同时构建联合执法机制，通过开展"三打一整治"行动，切实规范治理种子市场秩序。

二　黑龙江省种业发展存在的问题

（一）优质种质资源保护力度仍然较弱

当前严重依赖进口的大豆，其种源实际上来自中国。1995年之前，中国拥有全球90%以上的野生大豆豆种，且一直是大豆净出口国。2000年，美国孟山都公司到中国考察，中方送给其一颗野生大豆种子。孟山都凭借最尖端的技术，从中检测出高产和抗病基因，通过转基因技术复制，在全球101各国家和地区，抢注了专利。中国作为为其提供基种的国家，也需要交纳专利费。目前，全球种业行业前10强在内的70多家国际种业巨头，均已经大规模进入中国市场。国外的大批种子已经大量在国内田间地头使用，而且，不可避免地加剧我国野生以及自育种质资源流失的风险。黑龙江省虽然是我国种质资源较为丰富的地区，但是，长期以来，支撑资源收集的经费缺少持续性与稳定性，搜集方法在某些层面上有所欠缺，黑龙江省种质资源表型鉴定、深度挖掘等工作存在不足。除了农作物，其他特有生物种质资源也存在很多问题。当前，黑龙江省畜牧业转型升级进程加速，规模化养殖快速发展，农村散养户大量退出，特别是近年来受非洲猪瘟、禁养限养的影响，原有的畜禽遗传资源生存和利用状况发生了很大变化，地方畜禽品种灭失风险加剧。部分畜禽、水产遗传资源还没有建立起保种场、保护区，现有保存

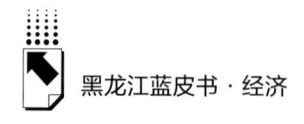

体系存在较大系统性风险，微生物资源更是如此。因此，建立健全种质资源保护体系迫在眉睫。

（二）各类种子企业竞争能力亟待加强

近年来，黑龙江省种子企业数量增长较快，但是大多企业能力不强，2020年，黑龙江拥有的种业企业数量排全国第6，[1] 但是黑龙江省种企至今未有一个在主板上市，竞争能力弱，总体实力仍待增强。种业企业缺乏商业化育种资源与技术力量，无法对现代育种模式开展研发创新。2020年，中国种子协会认定中国种业骨干企业共57家，黑龙江省仅有2家入选，分别是北大荒垦丰和齐齐哈尔富尔，与江苏、河南等地区的骨干企业数量相比相差较大。在2020年全国种业企业人员数量排名与种业企业科研人员数量排名中，黑龙江省进入前10，但均排在第7位，并不靠前。2020年全国种子企业总资产超过2亿元的企业共205家，而黑龙江省未有一家。[2]

（三）种业育种创新关键技术仍在跟跑

当前，世界种业正迎来以基因编辑、人工智能等技术融合发展为标志的新一轮科技革命。继农业经济、工业经济、数字经济之后，生物经济已经成为第四个经济形态。习近平总书记指出，核心技术受制于人是我国最大的隐患。生物技术对农业发展的影响，堪比数字信息技术对工业发展的影响，会带来许多革命性和历史性变化。除此之外，在基础理论成果中，我国缺乏进化论、经典遗传学、分子遗传学、生物统计学、数量遗传学等创造性贡献，在技术上，我国缺乏创造变异、选择变异、固定变异或者稳定变异等技术发明。黑龙江省在农业生物育种研发和应用上存在一定差距，当前国际一流种业已经由分子育种3.0时代迈入"常规育种+生物技术+信息化"智能设计育种4.0时代，而黑龙江省种业仍处于常规育种阶段，处于表型选择育种

---

[1] 资料来源：《2021年中国农作物种业发展报告》，中国农业科学技术出版社，2021。
[2] 资料来源：《2021年中国农作物种业发展报告》，中国农业科学技术出版社，2021。

2.0时代向分子育种3.0时代的过渡期,种业育种创新能力不强,分子育种技术以及基因编辑等现代生物育种技术仍处于跟跑阶段。黑龙江省农产品加工核心菌种也主要来自进口,导致加工成本居高不下。[1] 目前批准应用于婴幼儿食品的益生菌菌株有9种,但大多都来自国外。

(四)种业知识产权制度仍然不够完善

2022年,新修订的《中华人民共和国种子法》颁布后,黑龙江省种业自身及面临的外部环境都迅速发生了变化,尤其是在经营方式上实现了从计划经济向市场经济的全面转型,技术创新方面也取得了突飞猛进的发展。但是,以品种权保护为核心的种业知识产权制度体系未能及时做出相应的调整和变革,使得现行制度相对滞后、不能适应新品种保护事业发展需要的问题变得越来越突出。随着重组DNA技术的诞生,科学家可以在分子水平上对基因进行细致操作、改动,即将外源基因通过体外重组,导入受体细胞之内,进而在受体细胞内实现复制、转录、表达,最后筛选出符合要求的新品种。于是生物育种技术将植物种子变成了一个非常复杂的技术综合体,这种变化的过程又成为一个拥有很多关键技术环节的系统工程。其中每个环节,都可能是一项创新性的劳动成果,都需要专利、品种权、商业秘密等不同类型的知识产权进行平行或者交叉保护。而我国的知识产权保护制度过于陈旧、笼统,没有对如此复杂的技术类别、环节、项目进行分门别类、细致入微的全程保护。

三 黑龙江省种业发展的对策建议

(一)全面加强种质资源保护利用

一是深入开展全省种质资源普查与收集。按照农业农村部《关于开展

---

[1] 郭瑞、李军:《种业中国》,陕西科学技术出版社,2021。

全国农业种质资源普查的通知》要求，全面启动农作物、畜禽、水产等种质资源普查、收集、鉴定与保存工作，紧密结合黑龙江省农业种质资源分布状况，全面系统谋划、做好各项宣传、精准有效推进，实时跟踪普查进展，确保普查操作规范，数据精准。全面摸清黑龙江省种质资源家底，切实做到没有遗漏。二是加快推进种质资源库建设。除农作物外，加强畜牧水产等保种场、保护区与复份库建设，建设地区综合性微生物菌种和细胞资源长期备份库，扩大寒地作物种质资源中期库规模，建成全国有影响力、公益性与现代性相结合的标准化寒地种质资源库，构建农业种业资源全方位发展格局。做到普查与保护共同推进，对新发现的种质资源进行有效保护，以防资源得而复失，切实做到普查全覆盖，保护无遗漏。三是加强种质资源鉴定与评价。依托中国科学院、中国农科院、中国农业大学等国家级科研院所与高校，黑龙江省科学院、黑龙江省农科院、东北农业大学、东北林业大学等省内科研院所与高等院校，以及优势种业企业，搭建种质资源鉴定与评价平台，开展农作物种质资源精准鉴定和全基因组水平鉴定评价，加快新品种的选育及改良，建立起全省统筹、分工协作的农业种质资源鉴定评价体系，对种质资源表型与基因型进行全面而精准的评价。

（二）加紧完备种质品种创新体系

一是加快生物育种技术研发与攻关。黑龙江省要抢抓先机，顺势而为，提前布局，积极申报国家级生物育种重大项目，以数字农业为引领，以生物育种为重点，推动传统育种与生物育种融合、与数字技术叠加，以形成自主知识产权的生物育种技术为主攻方向，加快靶向育种、精准育种、智慧育种，把生物育种培育成农业发展新动能、高质量发展的新增长点。二是深入推进生物育种联合攻关。充分发挥省内科研院所及高等院校的优势作用，联合国家级科研育种团队，开展农作物、畜禽、水产、林草等育种重点攻关，推进重点育种项目协同与研发应用一体化建设，将生物技术、信息技术、人工智能技术以及传统育种技术相结合，加快培育高产高效、绿色优质、专用特用新品种。三是加强种业科技成果的推广与应用。谋划建立东北地区种业管理大数据平台,探索推广应用新品种科技成果转化新路径,率先建成全国数字化育种推广先导区。加强种业交流,加快构建市场主导种业科研成果转化机制,在鼓励科研成果就地转化的同时,积极对接外部企业促进成果转化,即时开展新品种展示示范与跟踪评价,加快推进良种推广与应用。

(三)着力增强种业企业竞争力

一是扶持重点优势企业率先发展。重点扶持具有产业主导能力的"育繁推一体化"企业以及承接国家级种业基地建设的企业。对进入国家种业企业阵型的企业给予重点政策倾斜。采取"上市基金+战略投资者"方式,率先推动北大荒垦丰主板上市,加快形成航母型企业领军、特色优势企业骨干、专业化平台企业支撑的梯次发展格局,加快打造全国种业"硅谷"。二是引导种业企业集群式发展。充分调动种子企业积极性,发挥种企各自优势,通过市场机制优化和调整企业布局,实现各类资源优势互补,用强企提携弱企,实现集群式发展、抱团式发展。坚持市场化、商业化育种发展路径,鼓励本地种子企业兼并重组、强强联合,打造一批"育繁推"一体化种业集团。三是鼓励科技资源向企业流动。推进科研单位与种业企业的深度合作,通过聘用、项目合作等方式,引导科研院所和"育繁推一体化"种业企业,合建国内领先的现代化公益性开放式的生物育种平台。深化种业科研体制改革,鼓励从事商业育种的科研单位或人员采取兼职、挂职、技术参股等方式参与种业企业服务。

(四)构建种业发展健康良好环境

一是加强种业知识产权保护。持续推进资源保护、品种攻关、企业培育、基地建设等全链条知识产权保护,为推动种业振兴提供基础支撑。严格落实属地责任,从行政执法、司法保护、行业自律等环节完善保护体系,构建全链条保护格局,严厉打击侵害种业知识产权行为,鼓励支持原始创新。加大种业知识产权司法保护力度,出台相关司法解释,明确司法裁判规则,依法惩治各类种业侵权行为,解决举证难、侵权赔偿额低等问题。加大品种

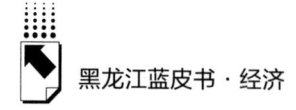

权保护力度，提高主要农作物品种审定标准，开展非主要农作物登记品种清理，为推进黑龙江省种业健康发展持续提供坚强法治保障。二是强化种业市场监管服务。加强品种审定监管，修订优化并严格执行主要农作物品种审定标准，大幅减少同质化和存在重大风险隐患的品种。开展非主要农作物品种清理工作，做好品种认定和展示评价，依法严格处理违法违规登记行为。加强种企监管，将非主要农作物种子种苗生产经营企业和主要农作物种子生产经营企业一并纳入监管范围。三是加强监测保障体系建设。规范境外引种检疫审批工作，加强境外引入物种检测与风险评估管理，实行分级管理，有效预防外来物种入侵。建立省市县三级种质资源监测和管理平台，构建监测、评价和高效管理技术体系，实现重要种质资源动态监测和高效管理。

参考文献

靖飞、王玉玺、宁明宇：《关于农作物种源"卡脖子"问题的思考》，《农业经济问题》2021年第11期。

马淑萍：《现代农作物种业发展的里程碑》，《中国种业》2019年第3期。

胡冰川：《全球农产品市场的一般性解释框架》，《世界农业》2020年第6期。

蒋圣华：《开启农业种质资源保护与利用新篇章》，《中国农村科技》2020年第5期。

刘霁虹：《农作物种质资源保护和开发利用存在的问题及对策》，《种子科技》2021年第5期。

B.9 黑龙江省奶业发展研究

苏惟真*

摘　要： 国家提出奶业振兴以来，民族奶业得到高质量发展。奶业多数指奶牛养殖环节，其连接着上游的饲料种植与下游的乳制品加工。黑龙江省作为全国的奶业主产区，近年来牛奶产量、奶牛存栏量均增长缓慢，生鲜乳价格稳定上涨，当前，黑龙江省奶业生产出现单产水平不高、饲料成本高居不下、养殖者处在弱势地位等问题，对此，本文提出加快粮饲结构调整、积极培育适度规模奶牛养殖主体、提高饲养管理水平、优先保证养殖环节的利益、推行生鲜乳喷粉补贴政策等建议，以推动黑龙江省奶业高质量发展。

关键词： 奶业　奶牛养殖　黑龙江省

近年来，国内奶牛养殖产业的利润空间始终很低，受上游饲料价格上涨与奶价下行的叠加成本上升影响，原料奶供大于求，经常出现"奶剩"的现象，奶牛养殖散户逐渐退出行业，奶牛存栏数增长缓慢。从2017年开始，国家对奶业的发展予以高度重视，并且聚焦上游的奶源建设，为了振兴民族奶业，在奶牛养殖方面加大扶持与补贴力度。2017年中央一号文件中提出"重点支持适度规模的家庭牧场"，2019年中央一号文件中提出"加强优质奶源基地建设，升级改造中小奶牛养殖场"，2022年中央一号提出"加快扩大奶业生产规模"，可见近年来上游奶源建设逐见成效，未来将进一步聚焦

---

* 苏惟真，黑龙江省社会科学院农业和农村发展研究所助理研究员，主要研究方向为农业经济。

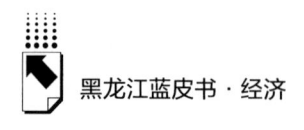

规模化奶源建设。黑龙江省是全国的奶业主产区，加快扩大奶业生产规模对其畜牧业高质量发展具有重要意义。

一 黑龙江省奶业发展现状

国际公认的"黄金奶源带"是北纬40度至北纬47度，这些地区不仅适宜养殖奶牛，并且牛奶产量大、质量高。我国的四大"黄金奶源带"主要分布在内蒙古、新疆、东北以及河北，这些地区集中了全国70%的奶牛以及超过全国60%的原料奶。黑龙江省地处北纬43度至北纬53度，是世界公认的"黄金奶源带"和"黄金玉米带"，黑龙江省奶业发展始终居于全国前列。

（一）奶业生产总体平稳

1. 牛奶产量保持平稳

2013~2022年，全国牛奶产量整体呈波动上升态势，但黑龙江省的牛奶产量总体呈波动递减态势，从2013年的518.2万吨下降到2022年的501.2万吨，减少3.3%（见图1）。具体来看，2013~2015年，基于较高的奶价和良好的养殖效益，黑龙江省牛奶产量呈增长态势，并于2015年达到近10年最高点，产量为570.5万吨。2016~2018年，黑龙江省奶牛养殖行业处于转型升级期，受奶业规模化趋势影响，奶牛存栏量快速下降，加之国内乳制品消费市场疲软，牛奶产量减少16.49%，并在2018年快速降到近10年最低点，为455.9万吨。2019年，在奶业振兴政策的推进下，牛奶产量由下降转为平稳上升态势。2021年产量达到500.3万吨，位居全国第2名，位列内蒙古之后。2022年产量为501.2万吨，同比增长0.18%，全国排名第3位。

2. 奶牛存栏量增长缓慢

由图2可知，黑龙江省奶牛存栏数从2013年的153.0万头降低到2022年的110.3万头，减少27.9%。具体来看，从2013年开始，奶牛存栏量连

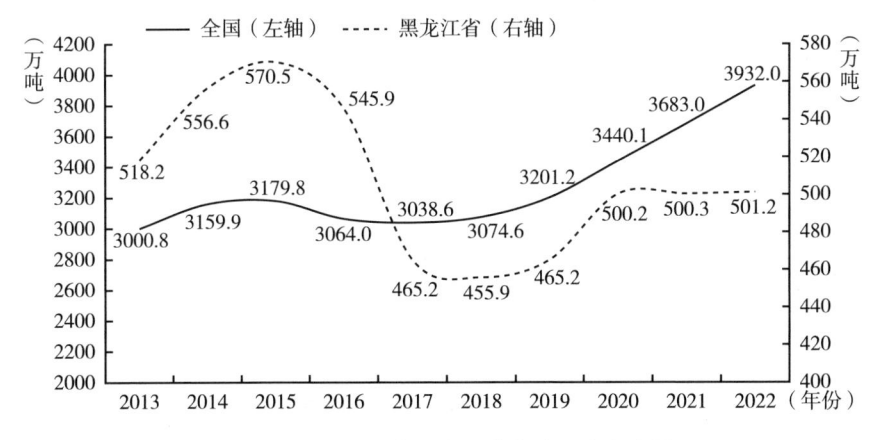

图 1 2013~2022 年黑龙江省与全国牛奶产量

资料来源：《中国奶业年鉴 2022》、国家统计局。

续 5 年下降，在 2018 年达到近 10 年最低，下降了 31.4%。之后开始缓慢上升，到 2021 年奶牛存栏量为 109.7 万头，比 2020 年减少 2.2 万头，占全国总量的 10.2%，位居全国第 4 位，位列内蒙古、河北、新疆之后。2022 年奶牛存栏量增长了 0.6 万头，达到 110.3 万头，全国排名保持第 4 位。由此可见，黑龙江省奶牛存栏量保持平稳，增长缓慢。

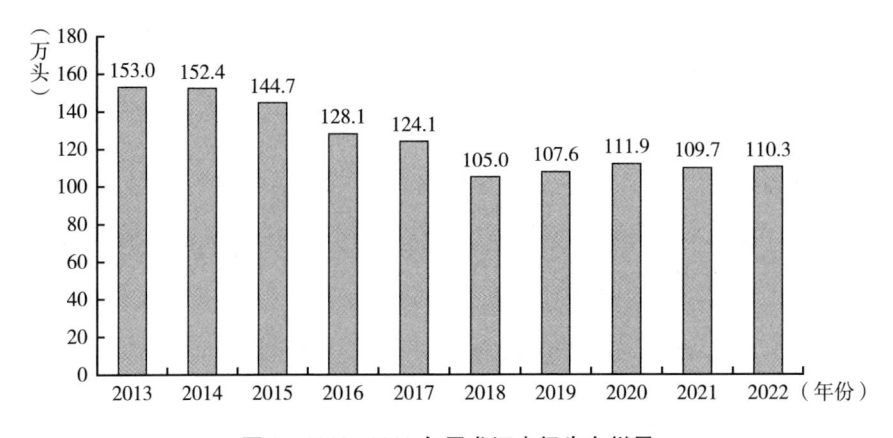

图 2 2013~2022 年黑龙江省奶牛存栏量

资料来源：《中国奶业年鉴 2022》、国家统计局。

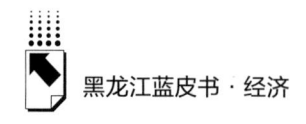

3. 牛奶主产区分布集中

按区域分布看，黑龙江省主要牛奶生产地区集中在齐齐哈尔、大庆、绥化和哈尔滨，均位于省内西南部。这些地区处于奶牛生产最佳的地理位置，并且具有丰富的草原资源和粮食资源，为奶牛养殖提供了坚实的物质基础。具体来看，齐齐哈尔位于北纬47度，是全球公认的"黄金奶源带"，优越的地理位置为黑龙江省奶业发展创造了强大的支撑。如表1所示，2021年齐齐哈尔牛奶产量为127.4万吨，同比增长23.6%，占全省总量的25.5%，位列全省首位，全国第2，仅次于呼和浩特。奶牛存栏量同比增长13.9%，占全省总量的27.0%。2021年大庆牛奶产量同比增长16.6%，奶牛存栏量同比增长13.7%，位居全国第6。绥化牛奶产量61.8万吨，比2020年的48.8万吨增长了26.6%，是全省牛奶主产区中增长最快的一个，但奶牛存栏量同比减少2.4%。2021年哈尔滨牛奶产量同比增长17.9%，奶牛存栏量同比减少4.2%。

表1 2020~2021年黑龙江省主要牛奶生产地区情况

单位：万吨，万头

地区	2020年 牛奶产量	2020年 奶牛存栏	2021年 牛奶产量	2021年 奶牛存栏	全国排名
齐齐哈尔	103.1	23.7	127.4	27.0	2
大庆	81.5	21.2	95.0	24.1	6
绥化	48.8	12.4	61.8	12.1	12
哈尔滨	37.4	11.9	44.1	11.4	16

资料来源：《中国奶业年鉴2022》、国家统计局。

尽管2021年全省牛奶产量基本与2020年持平，奶牛存栏量较2020年小幅降低，但是省内这四个主要产区的牛奶产量占全省总产量的比例由2020年的54.1%增加到2021年的65.6%。

（二）奶牛养殖水平持续提高

1. 养殖规模逐渐扩大

从规模养殖（奶牛存栏大于或等于100头）来看，近年来，国家鼓励奶牛养殖向规模化发展。如表2所示，2021年黑龙江省规模牧场数为460

个，近几年数量变化不大。但牧场的平均规模由2018年的900头上升至2021年的1000头，这说明黑龙江省牧场的规模化、标准化水平得到提高。黑龙江省先后实施"现代示范奶牛场建设项目""两牛一猪项目""牛场升级改造项目""大规模奶牛场建设项目"等一系列扶持项目，极大地调动了养殖主体的积极性，并且规模化养殖场的优势和潜力已经逐渐展现出来。

表2 2018~2021年黑龙江省规模养殖情况

单位：个，头

项目	2018年	2019年	2020年	2021年
规模牧场数	462	452	452	460
平均规模	900	1000	1000	1000

资料来源：《中国奶业年鉴2022》、国家统计局。

2021年黑龙江省奶牛存栏1000头以上的牧场102家，奶牛存栏共34.8万头，占全省31.7%；生鲜乳产量共191.5万吨，占全省38.2%。奶牛存栏10000头以上的牧场6家，奶牛存栏共8万头，占全省7.3%；生鲜乳产量共43.6万吨，占全省8.7%。近些年，规模化养殖的净利润呈增长的趋势，2021年规模养殖场头均效益超4000元。

2. 规模化养殖场单产水平较高

2021年成母牛单产14吨以上的牧场，全国仅有两家，分别是北京首农畜牧邢台分公司与黑龙江青冈山东屯奶牛场。黑龙江省成母牛单产12吨以上的牧场共10个，11吨以上的牧场共23个，10吨以上的牧场有27个（见表3）。这些单产水平高的牧场大多是设施先进、管理规范的大型规模牧场。黑龙江省成母牛占比达60%。

3. 养殖企业实力雄厚

企业牧场是由大型奶业加工企业为满足自身生产需要而建立的，一是为了保证生鲜乳质量安全与大幅提高单产水平；二是为了降低原料奶采购成本。目前，黑龙江省主要的企业牧场有原生态牧业、龙佳牧业、哈尔滨完达山奶牛养殖中心（见表4）。

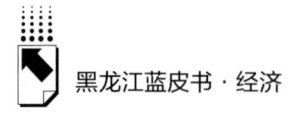

表3　2021年黑龙江省高产牧场排行榜

单位：头，吨

牧场名称	存栏数	成母牛数量	成母牛单产
黑龙江青冈山东屯奶牛场	1145	518	14.16
林甸悠然牧业（永合牧场）	8149	3774	12.63
林甸悠然牧业（红旗牧场）	4979	2657	12.48
九三农垦鑫海奶牛场	843	477	12.09
北安农垦龙嘉牧场	2082	1176	12.08
牡丹江农垦千牧奶牛场	1583	760	12.08
绥化市裕达牧业	2234	1092	12.08
龙佳生态牧业	7946	4307	12.06
佳木斯富锦市田野牧业	1400	632	12.04
牡丹江农垦安兴奶牛场	1870	945	12.03
北安农垦金奥牧场	1724	1029	11.72
雀巢DFI牧场	3040	1090	11.69
克东永进原生态牧业	8500	4100	11.68
甘南瑞信达原生态牧业	11800	5800	11.60
原生态克山瑞信诚牧业	10300	6100	11.56
克东和平原生态牧业	5500	4500	11.44
林甸众晔奶牛养殖场	3140	2053	11.20
北京首农畜牧兰西分公司	3706	1963	11.19
黑龙江红兴隆农垦犇犇奶牛场	2063	979	11.18
齐齐哈尔石庆国家庭牧场	2035	905	11.12
克东瑞信达原生态牧业	11000	7600	11.12
牡丹江农垦隆盛奶牛场	4422	2266	11.08
哈尔滨完达山军川牧场	1918	964	11.03
黑龙江九三农垦鑫源牧场	1392	778	10.80
光明牧业米特利奶牛场	2838	1673	10.66
光明牧业哈川奶牛场	2269	1068	10.59
完达山奶牛养殖场	4423	2324	10.34

资料来源：《中国奶业年鉴2022》、国家统计局。

表4 2021年黑龙江省主要养殖企业情况

企业名称	牛场数（个）	总存栏（万头）	成母牛（万头）	牛奶产量（万吨）	成母牛单产（吨）
原生态牧业	9	8.02	3.64	41.5	11.5
龙佳牧业	2	0.94	0.53	5.92	12.06
哈尔滨完达山奶牛养殖中心	3	0.94	0.42	4.22	10.6

资料来源：《中国奶业年鉴2022》、国家统计局。

（三）生鲜乳价格创新高，与全国价差大幅缩小

生鲜乳的价格主要由市场供需动态决定，同时也受质量、成本等因素的影响。如图3所示，2017年以来，黑龙江省生鲜乳收购价格稳步上涨。具体来看，2022年黑龙江省生鲜乳收购价格为每公斤4.06元，比2021年的收购价格（3.92元）高3.57%。根据黑龙江省农业农村厅数据，2023年第一季度的生鲜乳收购价继续保持2022年第四季度的每公斤4.10元。

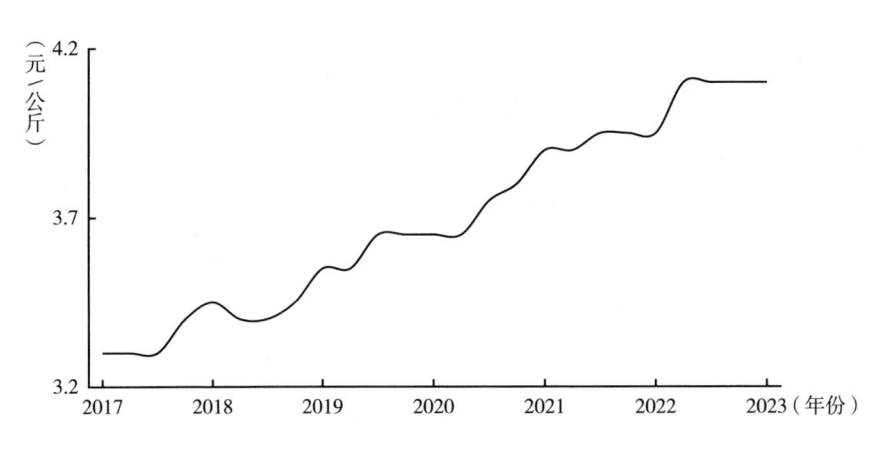

图3 2017~2022年黑龙江省生鲜乳收购价格变化情况

资料来源：黑龙江省农业农村厅。

与全国相比，2021年黑龙江省生鲜乳收购价格始终低于全国平均水平。如图4所示，2021年全国生鲜乳收购价格为每公斤4.29元，比黑龙江省的生鲜乳

收购价格（3.92元）高9.44%。根据农业农村部的数据，2022年全国生鲜乳收购价格为每公斤4.16元，比黑龙江省的生鲜乳收购价格（4.06元）高2.46%，可见，黑龙江省的生鲜乳价格逐渐趋于全国平均水平，价格差距逐渐缩小。

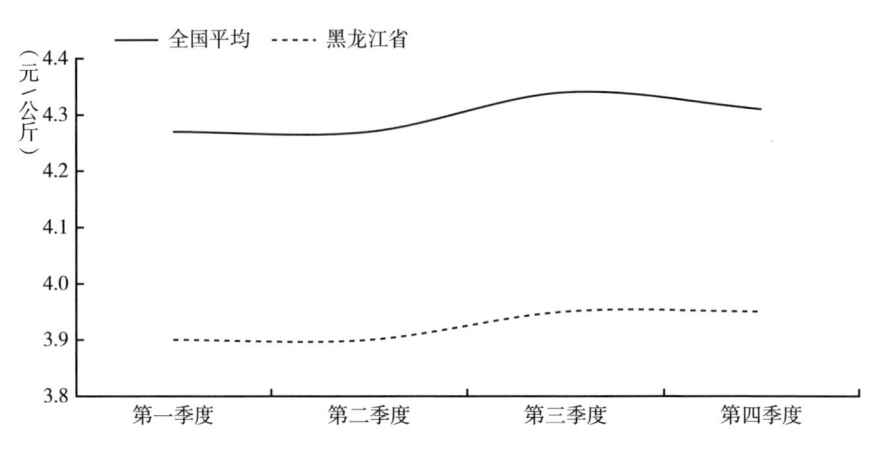

图4 2021年全国与黑龙江省生鲜乳收购价格

资料来源：农业农村部。

二 黑龙江省奶业发展中存在的问题

"十三五"期间黑龙江省奶业得到长足发展，奶业产业素质显著提升，进入"十四五"时期，2022年出台的《关于加快畜牧业高质量发展的意见》中，明确了到2025年全省奶牛存栏150万头，生鲜乳产量730万吨，实现产值330亿元的发展目标。并且相继推出了多种补贴政策，如《2022年黑龙江省奶牛良种补贴项目实施方案》《2022—2023年黑龙江省奶业生产能力提升整县推进项目实施方案》等，加快推进奶业高质量发展。面对复杂国际形势等变化，黑龙江省要实现奶业产业振兴，仍面临较大挑战。

（一）养殖成本处于高位，养殖效益下降

奶牛的养殖成本以饲料成本、固定资产折旧成本和人工成本为主，

其中饲料成本约占养殖成本的70%。豆粕、玉米和苜蓿是奶牛饲料中重要的组成部分，近年来，它们的价格持续走高，并且依赖进口，驱动牛奶生产成本上涨。国家奶牛产业技术体系分析显示，2022年青贮和长干草类的粗饲料价格会上涨15%~20%，这必将给奶牛养殖业带来更大的挑战。2022年，原料奶全年平均生产成本为每公斤3.82元，同比增长5.5%。

（二）奶牛养殖者在奶业产业链中处于弱势地位

一方面在当前生鲜乳阶段性过剩压力下，部分乳品生产企业对生鲜乳限量甚至拒收的现象频繁发生。大规模养殖场通过供应链优势等还能平抑一部分压力，但中小规模养殖场的生产能力可能受到较大冲击。随着国内的大型加工企业向养殖端布局，大规模养殖场的数量将不断增多。在原料奶出现阶段性过剩时，这些大型的乳制品加工企业一定会优先保护自有奶源基地的生产能力，因此中小规模养殖场在行业不稳定情况下，将面临更大的困境，同时生产能力也会受到较大冲击。另一方面从整个产业链分析，奶源供应环节的投入约占整个奶业产业链的60%，加工环节占25%，流通环节占15%。而从利润分配来看，这三个环节的利润分配比例为1∶3.5∶5.5，利益分配不均导致产业发展根基不稳定。

（三）单产水平不高

从单产水平看，黑龙江省成母牛单产保持稳定提高，2019年与2020年单产水平是8.0吨，2021年提高到8.5吨。尽管单产水平得到逐年增长，但与全国主要省份相比，成母牛单产水平仅位列全国第13名，排名第1的上海市单产为10.3吨。从全国主要的奶业大省来看，内蒙古、河北、新疆的单产水平也并没有排在前列，单产水平不高的深层次原因是牧场管理和养殖技术方面存在不足。

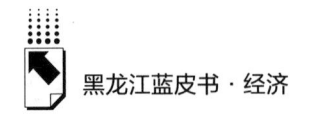

三 黑龙江省加快奶业发展的对策

（一）加快粮饲结构调整

为了解决优质饲料缺乏的问题，2015年开始国家出台"粮改饲"政策，引导种植全株青贮玉米和苜蓿等优质饲草料。黑龙江省在2016年政策实施初期种植结构调整效果明显，但之后的几年有反弹趋势。主要原因是玉米种植户对种植专用型全株青贮玉米的积极性低。一是销售渠道未得到有效解决；二是"粮改饲"政策的补贴集中在收贮环节，多数给到了养殖户，还没有适合的机制将利益传输到玉米种植户身上。随着黑龙江省规模化养殖的发展，饲草料种植讲究的"以养定种"势必会得到改善。

加快以全株青贮玉米为代表的饲料粮种植，首先，要加大对"粮改饲"的宣传力度，激发种植户的种植意愿；其次，要打通青贮玉米销售渠道，积极促成养殖企业和种植户双方稳定的合作；最后，在政策补贴上要进行适当调整，根据当地实际发展情况，因地制宜地提高或降低标准，同时，加快推进黑龙江省"粮改饲"政策，提高饲料粮供给保障水平。

（二）积极培育适度规模奶牛养殖主体

家庭牧场和奶牛合作社是引领适度规模奶牛养殖的重要主体。2021年全国首个示范性奶牛家庭牧场标准由君乐宝等7家单位共同编制完成。该标准对家庭牧场的建设和运营进行了统一的规范，将对家庭牧场的建设起到示范引领作用。标准化的家庭牧场将深度参与到大型乳品企业的产业发展布局中。对于黑龙江省来说，首先，应多渠道解决家庭牧场建设用地难的问题。其次，加大对奶牛家庭牧场的金融扶持力度，扩大抵押物范围，并在农业农村基础设施建设上给予更多扶持，解决融资难问题。最后，完善科技创新、培训和服务体系，加大对家庭牧场的培训力度，提高生产技能和经营管理水平，这对稳定奶业生产具有重要意义。

（三）提高饲养管理水平

强化科技对奶牛养殖的支撑作用，通过现代育种、饲喂营养与智慧养殖等技术，提高效率、降低成本。一是在饲喂营养方面，利用黑龙江省非常规的饲料进行喂养。利用农作物秸秆、糟渣粕等农业副产品以代替或减少玉米、豆粕、苜蓿的投入。黑龙江省奶牛协同创新推广体系在2019~2021年集中力量开展了非粮饲料麦芽根、工业大麻副产物和南瓜籽饼营养价值评价及科学利用研究，通过物理、化学和微生物方法处理，可部分取代进口苜蓿和豆粕，推广应用后可降低奶牛场的饲料成本。二是在智慧养殖方面，大力推进"数字牧场"现代化智能养殖模式，通过数字中心智能环控、视频监控等，对奶牛养殖过程的各项要素进行数字化建模，实现全方位智能化可视化管理，有效提升奶牛养殖标准化与数字化水平。三是在现代育种方面，2022年黑龙江省对奶牛良种补贴措施中提出对规模奶牛场使用优质冻精按照实际价格的50%给予补贴。为加快奶牛群体改良，提高奶牛单产水平，政府要确保资金足额并及时到位。

（四）优先保证养殖环节的利益

首先，进一步提升中小规模奶牛养殖主体的生存发展能力，提高养殖效益。黑龙江省每一季度制定出的生鲜乳指导价格是统一的，要区分大牧场与中小牧场的生鲜乳指导价，并且加快制定临时收储政策，适当保护中小规模养殖场的生产能力。其次，要完善奶业保险，确定合理的奶牛养殖保费和理赔体系，扩大生鲜乳目标价格保险试点范围，提高奶牛养殖者防范市场风险的能力，减少经济损失。最后，创新企业和奶牛养殖户的利益联结机制，可以尝试建立奶产业联合体。联合体内的成员有乳品加工企业、金融机构、物资供应商、产权交易中心等，它们主要为养殖场提供规模采购、融资、技术、市场扩展等服务，养殖场之间也能"抱团取暖"，互相分享信息和整合资源，加强与乳制品加工企业的合作，这样既可降低养殖场的成本并提高生产效率，也可保障乳品企业的供给，可形成有效的利益联结机制。

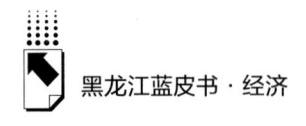

（五）推行生鲜乳喷粉补贴政策

受乳制品消费需求疲软的影响，2022年第四季度以来，生鲜乳出现阶段性过剩的现象。黑龙江省大部分乳制品加工企业能做到积极维护生鲜乳购销秩序，按每季度的交易参考价格进行收奶。但乳制品加工企业只能采用喷粉库存的方法暂时缓解原料奶过剩的压力，因此，应在特殊时期，制定对乳制品加工企业的扶持政策，推行原料奶喷粉补贴。以河南省为例，2022年下达生鲜乳喷粉补贴资金2500万元，2023年补贴资金为1500万元，并按一吨原料奶补贴600~800元为标准，实行提前拨付的方式，为奶业发展注入了强大的动力。

参考文献

白子明、马宏声：《黑龙江省奶牛养殖成本收益分析》，《乳品与人类》2022年第3期。

阿晓辉：《2021年黑龙江省奶业发展回顾与预测》，《中国乳业》2022年第5期。

薛光辉、赵秀新、胡智胜等：《2021年山东省奶业发展情况、存在问题及对策建议》，《中国奶牛》2022年第11期。

刘长全、张鸣鸣：《2022年中国奶业经济形势回顾及2023年展望》，《中国畜牧杂志》2023年第3期。

李元鑫、胡向东等：《"粮改饲"政策实施现状与未来发展路径选择——以黑龙江省为例》，《中国食物与营养》2021年第2期。

《应对奶价波动大、周期性短缺，乳业两会代表这样说》，第一财经，2022年3月7日。

赵小伟、程广龙、彭华等：《印度乳业发展现状及对中国的启示》，《乳业科学与技术》2022年第1期。

B.10
黑龙江省品牌农业发展研究

孙国徽*

摘　要： 品牌农业是在市场上享有较高知名度，拥有显著经济效益和社会效益的特色优势农业产业。黑龙江省政府部门强力打造品牌农业，会展经济、直播带货、乡村旅游、脱贫扶持成为品牌农业发展的主要趋势。但黑龙江省品牌农业存在区域公用品牌建设规范性不足、品牌农业优势发挥不够、品牌农业企业实力不强等方面的不足，因此，本文提出科学确立品牌农业发展模式、创新品牌农业实施路径、提升品牌农业整体实力、塑造品牌农业之魂等建议，确保品牌农业健康发展。

关键词： 黑龙江省　品牌农业　高质量农产品

品牌是产品的灵魂，是提升竞争力的关键。党中央、国务院高度重视品牌发展工作，习近平总书记强调要推动中国制造向中国创造转变、中国速度向中国质量转变、中国产品向中国品牌转变。中央农村工作会议、2021年中央一号文件都对农业品牌打造提出了战略性安排，黑龙江省"十四五"规划中提出打造寒地黑土、绿色有机、非转基因高质量农产品和高品质食品品牌。这些都为黑龙江省进一步提高品牌农业发展水平，实现品牌强农发展目标指明了方向。

黑龙江省是产粮大省、绿色食品大省、畜牧业大省，是全国粮食安全的

---

* 孙国徽，黑龙江省社会科学院农业和农村发展研究所，助理研究员，主要研究方向为农业生态经济与区域发展。

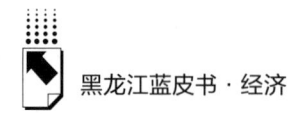

压舱石。农业生产环境与要素禀赋具有比较优势，但同时存在量大不强、质高无势、知名却影响力不足等问题，低水平的供给与全国人民的高品质需求存在差距。加快品牌农业发展，是推进农业高质量发展，提升农产品供给水平，全面实施乡村振兴战略，实现农业大省向农业强省跨越的重要内容。为贯彻落实黑龙江省十三次党代会精神，本文全面了解黑龙江省品牌农业发展主要成效，剖析存在的主要问题，明晰对策并提出可行性建议，以促进黑龙江省品牌农业发展。

一 品牌农业内涵及发展的重要意义

（一）品牌农业的内涵

品牌农业是在市场上享有较高知名度的效益型农业，以农产品商品化为前提、市场化为导向、标准化为目标，进行区域化布局、标准化生产、产业化经营、规范化管理、现代化营销的现代农业。品牌农业是摒弃一家一户落后的生产经营状态，具有高效益的规模农业；是具有质量和安全健康保证的品质农业；是按照量化标准产生和加工的、产品始终如一的标准化农业；是通过恰当的筛选、包装和加工进行原料升值的价值农业；是打通第一、第二、第三产业，甚至全产业链掌控、实现质量与安全可追溯、与现代商业对接的大食品产业。简言之，品牌农业包括"品牌农产品"和"品牌农业产业"两个内容，即品牌农业包括知名度较高、具有自主知识产权的注册商标，市场占有率和信誉度较高的优质农产品，以及拥有显著经济效益和社会效益的特色优势农业产业。

（二）品牌农业发展的重大意义

1. 乡村振兴的重要抓手

品牌是产业价值和资产的聚集器、放大器。要想真正实现乡村振兴，必须打造强势品牌。没有品牌，农产品就无法将产业优势转变成市场价值；品牌是乡村振兴的战略抓手，是带动、整合和促进乡村产业发展的根本抓手，是让"绿水青山"成为"金山银山"的"金钥匙"。

2. 农业农村现代化的新引擎

"十四五"时期是开启全面建设社会主义现代化国家新征程、向第二个百年奋斗目标进军的第一个五年，也是全面推进乡村振兴、加快农业农村现代化的关键五年。品牌化是农业农村现代化的重要标志，发挥品牌引领作用，有利于优秀人才、先进技术、现代管理模式等优势资源要素向农业集聚，激发农业创新活力，优化生产要素配置，推动农业从种养环节向农产品加工流通等第二、第三产业延伸，健全产业链、打造供应链、提升价值链，提高农业产业体系、生产体系、经营体系的现代化水平。加快农业品牌创新发展，有利于拓展农业多种功能、开发乡村多元价值，深入挖掘乡土文化、民俗风情等资源优势，发展乡村新产业、新业态和新模式。

3. 巩固拓展脱贫攻坚成果的重要依靠

支持脱贫地区打造农业品牌，有助于引领脱贫地区特色产业提质增效补齐短板、拓展产业增值空间，构建农民持续稳定增收长效机制，为巩固拓展脱贫攻坚成果、实现乡村产业振兴提供持久动力。

4. 促进农民增收及农村消费的重要举措

农业农村是"双循环"背景下形成强大国内市场的动力来源。促进农村消费，关键要发展乡村富民产业，拓宽农民增收渠道，让农民能消费。品牌是创造消费、促进消费的重要力量。加快农业品牌打造，有利于实现农产品优质优价，让农民更多分享品牌溢价，促进农民增收；有助于优化提升农产品供应链，以高质量供给创造和引领需求，激发消费潜力，拉动消费升级，促进农村消费扩容提质。

5. 培育贸易合作新优势的重要途径

当今国际形势错综复杂，在新形势下参与农产品全球竞争，品牌是赢得世界市场的关键。加快农业品牌打造，有利于增强我国农业核心竞争力，提升对外贸易合作能力；有利于弘扬优秀传统农耕文化，彰显文化自信；有利

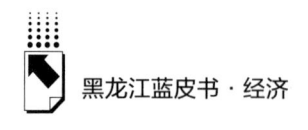

于展现农业发展实力，树立农业良好国际形象，对新形势下培育贸易合作新优势具有重要促进作用。

二 黑龙江省品牌农业的发展趋势

黑龙江省致力于品牌农业发展，已形成一批有影响力的区域农业公用品牌，打造了一批有实力的品牌农业龙头企业，龙江优质农产品在全国受到广泛的欢迎，黑龙江省品牌农业发展已形成了比较清晰的发展趋势。

第一，政府部门强力打造品牌农业。政府着力打造区域公用品牌是品牌农业发展的主要类型，地方政府将区域公用品牌打造成地方名片，挖掘品牌内涵，努力通过区域公用品牌提高品牌认知度和竞争力。黑龙江省聚焦打造具有龙江特色的优势品牌，提升黑龙江品牌竞争力、影响力，实施开展品牌培育塑造试点工作，其中北大荒、飞鹤、九三等14个黑龙江品牌入选"中国500最具价值品牌"榜单。同时，黑龙江省创建并发布了黑龙江省级农业区域公用品牌"黑土优品"，开启了农业品牌区域化的新时代。

第二，会展经济是品牌农业发展的重要手段。各种农业展会、节庆活动是推动农业品牌营销的有效方式，是品牌农业发展的重要手段。黑龙江省连续多年举办农业博览会，成为全省农业品牌展销、商务对接的重要平台；农业博览会采取线上线下结合的举办方式，拓宽了展销平台。同时，举办丰收节、乡村旅游节等各种节庆活动，通过活动宣传有效提高品牌农业知名度。

三是直播带货助力品牌农产品销售。随着电商的发展，直播带货开辟了农产品销售的新路径，为品牌农业销售拓宽了渠道，成为有效宣传的方式手段。随着时代的发展，线上销售成为一种潮流和趋势，甚至全国出现地方行政领导直播带货的现象，黑龙江省在直播方面发展相对滞后，但也孕育了一批网络直播带货"网红"。黑龙江省县域商业建设推进电子商务进农村综合示范为品牌农产品直播销售带来了便利，共建成县级电子商务服务中心35

个、物流配送中心36个、快递点458个。

四是农业企业产业化经营打造品牌。农业产业化的龙头企业以及各类从事产业化经营的新型经营主体是品牌农业建设的重要力量。涉农企业从生产、加工、营销等多方面发力打造品牌，北大荒集团、省农投集团、分散在各县市的新型经营主体都是品牌打造的主力军。

五是乡村旅游带动品牌农业发展。乡村旅游是乡村振兴的重要内容，乡村旅游品牌构建为品牌农业发展带来了活力，乡村旅游本身就是基于农业的产业，而农业丰收季、乡村旅游节、乡村休闲采摘游、乡村生态游等主题丰富的旅游业态成为乡村产业与城市沟通的桥梁，也是乡村品牌农业知名度和竞争力提升的桥梁。

六是脱贫攻坚有效扶持品牌农业发展。黑龙江省2019年启动"小康龙江"扶贫公益平台，通过建立品牌、电商、连锁、产业化的经营模式，建设龙江农业综合运营平台。通过扶持贫困村产品品牌化发展，对接市场和省内企业进行品牌合作，实现优质农产品品牌化发展。

三 黑龙江省品牌农业存在的主要问题

（一）区域公用品牌建设规范性不足

区域公用品牌具有公共产品属性，在品牌使用上缺少有效的运营管理机制，普遍存在品牌权责关系不清、利益分配机制不健全、运营能力弱等问题，同时，投放市场的产品其质量参差不齐，影响区域公用品牌的社会认可度，影响品牌的发展。

（二）品牌农业生态优势发挥不够

黑龙江省作为拥有世界三大黑土地之一的省份，拥有公认的农业生态资源优势，这是品牌农业吸引消费者、提升市场份额和知名度的最佳条件。而

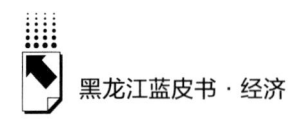

实际上，品牌农业对生态资源的开发程度还远远不够，存在产业链短、产品附加值低、市场潜能激发不足等问题。

（三）品牌农业企业实力不强

现有的企业在竞争激烈的市场中缺乏生存发展的观念，仅将企业发展寄托在政府政策和银行信贷资金的优惠上。项目建设重点考量政府资金、土地支持，缺少企业发展的战略规划、品牌建设思路、市场渠道开拓和人才队伍培养，造成品牌农业发展的主体实力不强，综合水平和实力强的企业数量少，缺乏打造竞争力和品牌农业的能力。

（四）品牌农业缺根少魂

从黑龙江省实际情况看，政府推动品牌农业发展的积极性高。而大多数企业缺少核心产品，只追求产品生产，疏于对市场的开发。投资农业的产业链长，需要较长的建设周期和较大的投入成本，打造品牌农业更需要科学的顶层设计。顶层设计和文化建设是品牌农业发展的根与魂，而黑龙江省在这方面还有较大上升空间。

（五）品牌保护亟须加强

随着品牌农业不断发展，市场上品牌数量快速增长，有一定影响力的品牌不断涌现。但由于名品牌的自我保护意识不强，套牌冒牌等问题较为突出，这对品牌农业的市场影响力和知名度造成严重的打击。政府发展品牌农业更多是在培育、营销方面，在运作维护和保护方面的投入力度不足。黑龙江省的区域公用品牌管理存在漏洞，区域公用品牌使用缺少规范性。在农垦的企业生产的农产品都挂着"北大荒"的标识，在森工系统的企业生产的林下产品都挂着"黑森"的品牌，绥化寒地黑土品牌的农产品也比较泛滥。黑龙江省缺乏品牌农业知识产权的保护意识，不重视注册商标，也不重视解决这种品牌乱象，严重影响了品牌形象，阻碍了品牌农业的发展。

四 黑龙江省品牌农业发展的对策建议

（一）政府主导、企业主营双轮驱动，科学确立品牌农业发展模式

政府要做好品牌农业发展的顶层设计。从品牌农业顶层设计着手，充分挖掘黑龙江省寒地黑土、绿色有机优势，实施品牌农业创建工程，以培育区域公用品牌为核心，以提升企业品牌价值为重点，挖掘地方特色农产品品牌资源，做强区域品牌，做大企业品牌，做优农产品品牌，构建具有黑龙江特色的农业品牌体系，加强品牌宣传推介，提升产业链、供应链、价值链水平。

在政府主导或引导下培育的综合性品牌农业企业，主要由农业龙头企业、中小企业和各类新型农业经营主体联合组成，以区域公用品牌为基础，在分工协作基础上，依托规模经营，以利益联结为纽带，极力打造企业品牌和产品品牌，能够带领产业和品牌产品进行市场经营。对黑龙江省而言，北大荒、省农投集团、大庄园等具有领军能力的龙头企业要发挥作用，形成综合性、联合性企业，引领品牌农业的发展。

政府主导但不能越位，主体企业必须承担起品牌农业营销的主角责任，实现品牌农业从区域公用品牌到用户手中的最终目标。政府和企业各司其职，互为依托，紧密配合，共同驱动品牌农业发展，缺一不可。

（二）省市县三级联动，创新品牌农业实施路径

省市县在品牌农业建设和发展中的定位和分工协作是品牌农业发展的关键。省市政府在品牌农业公用品牌建设中起到关键的引领和推动作用，应立足全局、高瞻远瞩，做好品牌农业发展的服务。一是要做好价值提升服务。政府应根据省市人文历史、地理区位、生态环境优势、农业资源禀赋等因素分析提炼品牌农业发展的价值基础。二是要做好品牌农业销售宣传。政府要加大宣传力度，通过媒体发声宣传区域公用农业品牌和品牌产品，尤其宣传

产品价值。并利用政策资源优势对接阿里巴巴、京东等搭建品牌农业销售平台，畅通品牌农业销售渠道。三是提供政策支持。品牌农业是乡村振兴的重要抓手，政府应站在战略高度统筹谋划，做好政策层面设计安排。四是要做好品牌农业高质量发展的管理服务，实现品牌农业标准化生产和全产业链监管。

黑龙江省应围绕核心产品品牌，聚焦一个产业，形成区域特色优势产业连片集聚化发展。所选择的核心产品品牌要有突出的产业特色，要有足够的规模和产量，要有较高的标准化水平，如五常大米、东宁木耳这样的产品，可以通过这类核心产品品牌的产业化发展，带动地方经济的发展。

"一县一业"是品牌农业发展的立足点和着力点，县域是区域农业公用品牌的主战场，"一县一业"品牌要聚焦县域主导产业，要有统一领导和统筹规划，要与省市战略规划相匹配，以打造"一县一业"示范县来引领品牌农业发展。

（三）打造"新三品"，提升品牌农业整体实力

"新三品"是指区域公用品牌、企业品牌、产品品牌。2022年，黑龙江省制定出台了《黑龙江省品牌农业建设工作方案》，提出了"1141"体系，形成了品牌农业建设新格局，具体指打造1个省级农业区域公用品牌、10个核心品类品牌、40个区域公用品牌、100个领军企业品牌。"新三品"是一种全新的品牌结构模式和发展理念，也是农业品牌建设的国家战略。用品牌覆盖农业全产业链条，打造区域公用品牌、企业品牌、产品品牌的"新三品"。要与优势区相结合，打造区域公用品牌；要与原料基地相结合，打造企业品牌；要与安全绿色相结合，打造产品品牌。区域公用品牌夯实产业基础，奠定知名度和产品品类认知基础。以区域公用品牌为背书，创建企业品牌和产品品牌，做区域公用品牌中的代表，在产业中起到引领示范作用。当企业和产品品牌发展壮大后，开始反哺区域公用品牌，助力区域公用品牌的价值提升与可持续发展。

（四）深挖品牌农业文化内涵，塑造品牌农业之魂

深度挖掘传统农耕文化精髓，可编制"龙江优质农产品品牌名录"，讲好龙江农业品牌故事，提升品牌知名度认可度，有效推动品牌增值增效。不仅要讲好品牌发展的历史和现状，也要研究品牌的生产、加工和体验故事。让品牌农业故事可听、可感、可看、可尝、可想。建立龙江优质农产品品牌博物馆、展览馆和体验馆，将品牌农产品历史、生产过程、产品营养展示、产品类型、制作过程、饮食品尝体验等品牌文化内容充分挖掘和展示。促进多种文化与品牌农业的融合发展。将农业非物质文化遗产、历史文化、红色文化、饮食文化、节庆文化、乡风民俗等元素融入品牌农业，提升农业品牌文化内涵。重视创意文化与品牌农业结合，提升品牌农业创意创新的氛围和对受众的吸引力，提升知名度。推进文娱和节庆活动与品牌农业结合，打造品牌农业形象宣传和展示平台。

（五）注重宣传和市场营销牵动，畅通农产品销售通道

品牌农业知名度、竞争力的打造需要广泛宣传推广，科学的营销策略、营销方式和手段是品牌价值实现的保障。从品牌农业宣传角度，要做好品牌宣传计划，通过各类品牌农业宣传活动、新闻媒体、官方网站等进行品牌农业的推介、新品发布、产品招商、品牌宣传，强力宣传龙江农业品牌。在省台设立专门栏目，持续地做好黑龙江品牌农业、龙江好品牌、龙江好产品的系列宣传。在抖音、快手等网络新媒体和京东、苏宁、淘宝等大型电商平台上以专栏形式持续推介龙江品牌农产品，让黑龙江好粮油、好米、好奶、好肉得到有效宣传。充分利用农交会、绿博会、大米节、丰收节等大型展会活动平台，举办品牌宣传推介活动，讲好龙江农业品牌故事，多渠道提高农业品牌美誉度和知名度。在全国各地设立黑龙江品牌农产品销售专卖店、专柜、专区，建立科学的销售管理制度；推进龙头企业和有实力的新型农业经营主体与电商平台合作，利用新媒体，推出线上龙江好食品。实施绿博会线上线下结合模式，研究推出网上龙江品牌农业绿博会，实现龙江绿色有机品

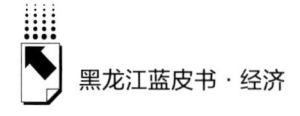

牌农产品的销售、招商、业务合作洽谈常态化；做好品牌海外推广，加强与国际组织、驻华领事馆、国际研究机构、国际商协会等交流，推动与海外主流媒体合作，在重要节点国家和地区开展巡展推介，推动农业品牌国际合作。

（六）营造良好发展环境，确保品牌农业健康发展

充分调动中介机构和行业协会积极性，加强农业区域公用品牌创建的业务技术指导；加大政策扶持力度，发展一批集品牌咨询、评估、宣传、培训、交流于一体的区域性和行业性服务平台；加强对区域公用农业品牌监管，多部门联动打击假冒伪劣产品，切实保护品牌所有者合法权益。

B.11
黑龙江省战略性新兴产业发展研究[*]

朱大鹏[**]

摘　要： 2022年，黑龙江省政府出台了《黑龙江省人民政府关于印发黑龙江省产业振兴行动计划（2022—2026年）》，提出了"4567"现代化产业体系，其中包括培育壮大航空航天、电子信息、新材料、高端装备、农机装备5个战略性新兴产业。黑龙江省目前战略性新兴产业稳步增长，且产业发展纳入了振兴发展总布局。未来应继续推动行业优势企业发展、激发产业活力、提升产业能级、夯实人才供给，不断推动战略性新兴产业发展。

关键词： 战略新兴产业　农机装备　航空航天

党的二十大报告中明确提出"推动战略性新兴产业融合集群发展，构建新一代信息技术、人工智能、生物技术、新能源、新材料、高端装备、绿色环保等一批新的增长引擎"。黑龙江省第十三次党代会报告中明确提出"着力发展战略性新兴产业，培育壮大航空航天、电子信息、新材料、高端装备、智能农机产业"。战略性新兴产业的发展是黑龙江省践行习近平总书记重要讲话精神、加快龙江全面振兴全方位振兴、转方式调结构、加快构建现代产业体系的重要途径。

---

[*] 本文是2021年度黑龙江省"哲学社会科学规划青年项目"（21JYC245）阶段性研究成果。
[**] 朱大鹏，黑龙江省社会科学院经济所助理研究员，主要研究方向为发展经济学。

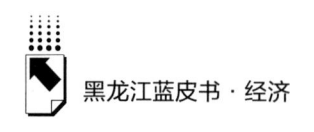

一 黑龙江省战略性新兴产业发展现状

（一）产业呈稳步增长

当前黑龙江省航空航天、高端装备制造、电子信息制造等战略性新兴产业呈较好成长态势。2022年前三季度，黑龙江省装备工业增加值增长5.6%，其中专用设备制造业、铁路船舶航空航天和其他运输设备制造业分别增长6.0%、58.6%；全省高技术产业投资增长了17.5%，其中，高技术服务业投资增长24.4%，高技术制造业投资增长9.8%；黑龙江省40个行业大类中，化学纤维制造业等6个行业增加值增长速度高于全国水平10个百分点以上；信息传输、软件和信息技术服务业增加值同比增长10.1%；第一产业投资增加值同比增长28.7%、第二产业投资增加值同比增长9.8%；分领域看，制造业投资增加值同比增长12.7%，基础设施投资增加值同比增长13.6%。

黑龙江省大力推动战略性新兴产业平台建设，2022年11月黑龙江省航天高端装备未来产业科技园被教育部、科技部联合批准为未来产业科技园建设试点。凭借哈工大航空宇航科学与技术等学科的优势，依靠哈工大现有的前沿优秀科研成果，不断扩充航空航天高端装备产业的人才和团队，黑龙江省在航天器制造及应用、航天新材料及器件、空间生命保障技术等6个航天高端装备产业领域内聚焦发力，不断提升载人航天、深空探测等领域的创新发展能力。在激光通信、半导体材料等领域内的细分市场培育一批骨干领军企业，形成第三代半导体材料、智能传感器、超精密测量、导航制导与控制等一些重要产品。

截至2022年底，黑龙江省的农机总动力已经达到7090.81万千瓦，拖拉机保有量达到155.8万台，其中100马力及以上拖拉机达到9.6万台。黑龙江省在大马力拖拉机、高速精密播种机、多功能联合整地机械、大型谷物联合收割机等农机装备应用方面具有较好基础，农作物耕种收综合机械化率达到

98%以上，稳居全国第一方阵。同时黑龙江省也具有较好的相关科研底蕴，拥有包括哈尔滨工业大学、东北农业大学等4所具有行业技术研发优势的高校，拥有农垦科学院、农业机械工程科学研究院等6家省级农机院所。

（二）战略性新兴产业纳入全面振兴总布局

黑龙江省把战略性新兴产业发展纳入全面振兴发展布局，并完善各个细分行业的规划，提出高质量构建"4567"现代化产业体系，包括壮大发展高端装备、电子信息、农机装备、航空航天、新材料5个战略性新兴产业，力图推进新旧动能转换。

一是推动航天航空产业升级，激发产业发展内生动力。扎根于黑龙江省航空航天产业研发生产的优势，扩大产业规模和产业集群，推动民用通航飞机、卫星等重要领域持续发展。

二是加强电子信息制造产业实力，优化电子信息产业结构。为了满足全省工业生产需求和消费市场需求，黑龙江省完善电子信息制造业产业体系，夯实产业链，加强人才引进、技术引进、项目引进，重点发展电子元器件、电子测量仪器、电子专用设备、电子雷达设备以及广播电视设备等产业，引导电子信息产业高端化发展。

三是力争突破核心技术难题，助力新材料产业跨越式发展。黑龙江省本就具有矿产资源丰富的先天优势，应全力推动省内科研院所、高校团队突破新材料技术进步，同时积极引进掌握核心技术的企业，引进科技人才，以新材料产业跨越式发展、绿色发展为主要目标，充分发挥黑龙江省资源优势，推动新材料产业链现代化发展、绿色化发展。

四是推动高端装备制造产业技术进步，提升核心竞争力。以黑龙江省老工业基地所具备的装备制造业传统优势为基础，融合龙头企业、高校团队、科研院所等技术资源，围绕高端装备制造业产业链短板，开展联合攻关，努力推动核心技术进步，促进科技转化项目落地，进而提高相关产品附加值和产业核心竞争力。

五是以市场需求为引领，完善农机装备高端智能化产业。围绕全省农业

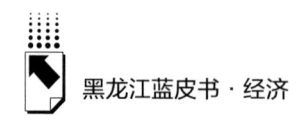

高质量发展的重要目标,探索适应黑龙江省农业现代化的农机产品研发生产模式,推动人工智能、物联网、自控、新材料等高新技术与传统农机装备效结合,提高农机产品的自动操作、精准作业等能力,促使农机装备产业高端智能化发展。

随着黑龙江省产业振兴计划的出台,高端装备、电子信息、农机装备、航空航天、新材料这5种战略性新兴产业发展壮大势在必行。

(三)产业科技创新不断推进

黑龙江省不断推进产业科技创新,引领产学研协同发展,组建技术创新联盟,搭建产业技术转移平台,实现了技术合同成交额的大幅增长,多方面发力提升创新发展能力。黑龙江省在重大科技攻关方面实施"揭榜挂帅"机制,2022年共有38个项目成功揭榜,大力推动科技成果产业化专项行动落实,净增国家认定高新技术企业867家。黑龙江省也重点扶持新型研发机构发展,通过深化基础性、原创性、引领性研究,推进产业科技创新,为实现高水平科技自立自强这一现代化目标做出重要贡献。近10年来,全省在新一代信息技术、新材料、高端装备等重点领域创新研发首台(套)产品380项,省级财政支持资金达5.2亿元。龙江工业为"天宫"空间实验室、"神舟"号系列飞船以及"奋斗者号"潜水器等一批"国之重器"做出了贡献。

二 黑龙江省战略性新兴产业发展的制约因素

(一)产业体系和规模有待提升

虽然黑龙江省航空航天产业相对起步较早,具有较好的基础,但是航空航天产业总体规模不够大、产业结构有待优化;以龙头企业引领、加强配套协作的产业发展体系尚不完善;低空空域管理和综合服务能力均有待进一步改革和提升。虽然黑龙江省农业现代化程度较高,黑龙江省农机装备产业发展具有一定优势和基础，但仍存在着一些问题。主要是产业规模小，缺乏拥有竞争力的高端品牌，缺乏在行业内拥有足够影响力的优秀企业；企业创新能力不足，产品没有核心竞争力，高端高质量高价格的产品多为国外品牌；农机装备产业链不完善，农机的重要核心部件本地配套不足；大多数企业产品单一，并且多流向普通农户、小型农场或合作社，而国外高端高质品牌多在大农场使用。

（二）创新发展动力相对较弱

加大科技创新的投入力度和提高科技成果有效转化水平是推动战略性新兴产业不断发展的重要动力。当前，黑龙江省专业科研人员数量相对较少，行业顶尖优秀科技人才和学科领军人物相对匮乏，总体创新水平不高。各类创新平台数量相对较少，国家自主创新示范区、高新区、科技企业孵化器、备案众创空间等平台建设虽然逐步加强，但是同北京、广州、浙江等地区相比仍有较大差距。企业是推动创新的主力，创新是企业转型发展的关键，目前黑龙江省企业仍然缺少创新意识，创新投入占比较低，内生动力不足，建有技术研发中心、配备专门研发人员的企业数量少，高端创新团队、创新人才不多，拥有专利的企业数量少，专利价值总体不高。

（三）产业链、供应链、人才链等方面仍有短板

黑龙江省战略性新兴产业协同发展不足，各产业链仍有短板和弱点，优质产业资源难引进、或引进后留不住的问题依然存在。产业集聚度不高，在省内外有高行业地位和足够影响力的战略性新兴产业集聚区也较少。在产业关键核心装备、重要原材料以及部分基础元器件等方面，对外依赖度依然较高，"卡脖子"情况依然存在。以高端装备产业为例，虽然黑龙江省目前具有较好产业基础和发展优势，但产业链存在短板，关键环节对外依存度较高，数字化转型相对滞后，用户工艺、基础件、基础制造工艺、关键基础材料等核心技术短板瓶颈较突出。

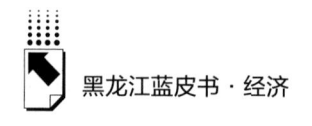

三 推动黑龙江省战略性新兴产业发展的对策

(一)推动行业优势企业发展

积极推动行业优势企业发展,加大对关键企业的帮扶力度,促进生产资源和要素合理流向关键企业,不断推动高新技术企业在产业发展上提质增量。一方面,优化顶层设计,不断完善研发、供给、生产、流通、市场等多方面配套产业体系,在战略性新兴产业领域内培育创新型领军企业,助力本地企业逐步成长为具有较大品牌竞争力、重要影响力的龙头企业。另一方面,努力引进省外或国外优秀企业、科研团队入驻黑龙江省,在省内设立子公司或研发中心。以市场需求为导向,积极通过招商引资或合资合作的方式,整合产业资源,以扶持政策、市场潜力吸引项目落户龙江,加速产业集聚,壮大产业规模。结合黑龙江"百大项目"等重要投资项目,将投资更多引向战略性新兴产业,通过引智、引技和引资相结合的方式助力产业发展。

(二)提升创新能力、激发产业活力

不断完善以企业为重心、市场需求为导向、产学研有效融合的科技创新体系。积极搭建科技创新基地,创建国家级重点实验室、产业创新中心等,建设科技企业孵化器、备案众创空间等高水平创业创新平台。提升科技创新成果的有效转化率,形成成果迅速转化快车道,推广新技术规模化应用,使科技创新成果与市场主体、与产业链、供应链等有效对接。大力支持处于中试熟化阶段、处于试生产阶段、处于规模化生产初始阶段的科技创新成果积极转化。改善科技创新环境,不断完善有助于吸引优秀企业、助力企业发展的科技型企业服务政策体系,加大对知识产权的保护力度和应用力度,推动国有知识产权归属和权益分配制度改革,坚持落实知识产权惩罚性赔偿制度。

（三）加速集聚发展、提升产业能级

在"卡脖子"关键技术和重要部件的突破上发力，在研发整机装备制造上发力，在推进生物技术、数字技术和智能农机装备创新融合上发力，聚焦全流程关键节点抓突破、聚焦稳链补链延链强链抓突破、聚焦推进标准体系建设抓突破。充分利用黑龙江省科研实力雄厚的科研机构、高校和大企业在智能装备领域的优势，围绕高端智能装备，加强基础前沿、关键共性技术研究，破解依赖进口瓶颈，建立全链条智能自主可控技术体系。围绕生产全流程，支持高端装备、电子信息、农机装备、航空航天、新材料领域企业发展，推动战略性新兴产业集聚延伸发展。

（四）加强人才队伍建设、夯实产业人才供给

坚持落实黑龙江"人才振兴60条"政策措施，不断完善以企业为主、政府资助的人才吸引机制，着重吸引高端装备制造业、电子信息制造业、高端智能农机装备、航空航天技术、新材料产业领域创新型研发设计人才，同时也要引进与战略性新兴产业企业相匹配的开拓型经营管理人才、高级技能人才等专业团队，补全人才链。持续实施人才激励机制，进一步细化重要项目资助、医疗、养老、子女教育等方面的优惠政策。鼓励以技术专利、知识产权等参与项目投资和分配，鼓励大型企业兴办员工培训机构、中小企业推行人才培养规划，提升技术工人技能，加强人才建设，满足企业发展需要。

B.12
黑龙江省生物医药产业发展研究[*]

宋晓丹[**]

摘　要： 黑龙江省高度重视生物医药产业的发展。黑龙江省加速产业转型升级、形成产业集群，依托重大项目、注重产业基地建设，科研团队创新能力较强、高端人才的培育环境良好。当前黑龙江省具备发展生物医药产业的夯实基础和独特优势，但在发展的进程中仍存在一些不足和制约因素。因此，本文为推动生物经济又好又快发展，推动黑龙江省经济的绿色增长和可持续发展提出了对策建议。

关键词： 生物医药产业　数字经济　绿色生物制造

作为生物产业的重要组成部分，生物医药产业由生物技术产业与医药产业共同组成。生物医药产业担负着保障国家人民健康、经济增长、国家安全的重任，是战略新兴产业中具有极强竞争力的产业，是黑龙江省发展生物经济的重要产业支撑。

一　黑龙江省生物医药产业的发展现状

黑龙江省高度重视生物医药产业的发展，"十四五"时期黑龙江省生物

---

[*] 本文系黑龙江省社会科学院2023年度院青年课题"推动龙江生物医药产业实现高质量发展研究"阶段性研究成果。

[**] 宋晓丹，黑龙江省社会科学院经济研究所助理研究员，主要研究方向为发展经济学、区域经济学。

医药产业作为重要战略性新兴产业，被纳入"工业振兴"体系，在工业强省建设规划中被列为优先发展的四大产业之一。《黑龙江省支持生物经济高质量发展若干政策措施》提出，为鼓励创新、壮大能级、培育市场主体，黑龙江省将在生物药品研发创新方面，对企业规模扩大和产业延链补链强链，最高给予200万元、500万元、1000万元不等的奖励和资金支持。

（一）加速产业转型升级，形成产业集群

近年来，通过依托药材资源和产业基础，黑龙江省生物制药产业不断加速转型升级，注重生物医药产品创新与产业升级（见表1）。从经济规模看，2021年规模以上医药工业企业达122家，实现营业收入201.8亿元，同比增长7.4%。全省规上药企涵盖了中药、化药、生物制药等医药制造业全部8个子行业，拥有哈药集团、珍宝岛药业等9家上市企业、1家百亿级企业、3家中国医药工业百强企业。[1] 产业结构调整实现新进展，包括医药产业在内的全省22个大类行业实现两位数以上增长，医药工业全行业效益持续提升。

目前，黑龙江省已经形成了哈尔滨利民生物医药产业园区、大庆生物产业园等具有鲜明特色的产业集群。哈尔滨利民生物医药产业园区是哈尔滨生物医药产业的核心承载区，仅2020年，实现产值72.4亿元，实现主营业务收入103.7亿元，已成为国家生物医药产业集群试点城市的核心集聚区、国家振兴东北五大战略性新兴产业集聚区、国家战略性新兴产业集群（生物医药）的核心区。哈尔滨市生物医药产业集群被列入全国第一批66个国家级战略新兴产业集群，构建了"12726"的发展格局，是黑龙江省生物医药产业发展"核心"，其依托利民生物医药园区辐射带动全省生物医药产业实现跨越式发展。哈尔滨新区拥有生物医药企业60余家，规模体量排在全国68位。截至2021年4月，哈尔滨新区注册医药相关企业60余家，其中A股上市企业3家、三板上市企业1家、上市股份制企业14家、高新技术企业16家。

---

[1] 石启立、刘雨珊：《到2025年黑龙江省将打造成千亿级生物医药产业》，黑龙江网，2022年3月30日。

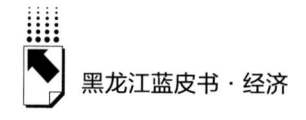

表1　黑龙江省生物医药产品创新与产业升级行动

领域方向	发展重点
生物医药产业	开发超大规模(≥1万升/罐)细胞培养技术,发展微生物源生化药物,开发免疫性疾病、遗传疾病和感染性疾病的基因重组蛋白类药物、抗体药物等新型生物技术创新药物;研发多肽类药物、免疫类药物、生物疫苗、微生物发酵原料药等产品,发展多糖、核酸类及酶制剂产品;发展基因工程药物、重组蛋白药物、单克隆抗体药物,发展针对新靶点的免疫治疗、细胞治疗技术,以及防控恶性传染病、呼吸系统疾病疫苗及药物
原料药及医药中间体产业	开发具有新靶点的新型原料药、医药中间体产业,研发抗生素药物、神经系统药物、心脑血管系统药物等,打造国内重要的头孢类药物生产基地;开展抗肿瘤、哮喘、补硒等特效仿制药研发生产;开发连续流反应、连续结晶和晶型控制、手性合成、固相合成先进技术,促进酶、光、电化学合成低碳技术应用
寒地龙药产业	推动五味子、刺五加、黄芩、板蓝根、飞蓟、人参、沙棘、紫苏等黑龙江省特色中药饮片集约化、高端化生产,重点培育中药新品种,开展中药活性成分药理毒理研究,开发新型现代中药产品,支持中药经典名方复方制剂生产试点,积极开展植物药单体提纯技术研究,制定省级中药配方颗粒质量标准
特医食品产业	开发药食两用中药材品种,研发以人参、鹿茸等为原料的养生保健产品;开发微量营养素、后生元等特殊医学用途配方食品

资料来源:《黑龙江省"十四五"生物经济发展规划》。

(二)依托重大项目,注重产业基地建设

近年来,名为"百大项目"的发展战略在黑龙江省不断加快实施,充分发挥着经济增长"稳定器"的关键作用,以重大项目建设推动黑龙江经济"内循环"提速。黑龙江省将生物医药产业列为重点千亿级产业之一,有计划的分地区实施包括生物医药在内的医药项目,如珍宝岛智慧创新平台项目、汉博中药提取产业园项目、富裕医药产业园项目、讷河华瑞生物医药中间体项目、汤原鸿鹤北药种植及精深加工项目、诺潜生物制药产业园项目、七台河联顺生物制药项目等。计划投资2亿元的黑龙江亚康北药生物现代化产业基地项目,投产后能够填补黑龙江省生殖医疗器械耗材产业空白。

为落实《黑龙江省"十四五"生物经济发展规划》要求,黑龙江省在

全省布局建设哈尔滨（国际）生物谷、绥化生物发酵产业基地等10个生物经济新基地和鸡西生物医药产业园等6个生物经济新园区，这16个生物经济新基地（园区）是黑龙江省推动生物经济发展的重要抓手和重要载体（见表2）。[1] 2022年6月，最北寒地龙药国家级科研基地落户黑龙江省塔河县，该基地是拥有35970亩中药材种植土地面积的现代生态农业综合中药种植基地，也是东北亚最道地寒地中药材种源基地、全国关防风最大仿野生种植基地。

表2 黑龙江省16个生物经济新基地（园区）

项 目	名 称
黑龙江省10个生物经济新基地	①哈尔滨生物医药产业基地②哈尔滨精准医学与医学工程产业基地③哈尔滨（国际）生物谷④哈尔滨基因编辑与分子育种产业基地⑤齐齐哈尔绿色生物制造产业基地⑥牡丹江生命健康创新发展与开放合作产业基地⑦三江平原核心区生物农业和医药产业基地⑧大庆生物基新材料产业基地⑨绥化生物发酵产业基地⑩七台河原料药与医药中间体生物合成产业基地
黑龙江省六个生物经济新园区	①鸡西生物医药产业园②双鸭山生物能源液体燃料产业园③黑河市生物经济产业园④鹤岗生物科技产业园⑤加格达奇寒地生物产业园⑥伊春小兴安岭生物医药产业园

资料来源：孙海颖，《黑龙江省16个生物经济新基地（园区）授牌》，黑龙江新闻网，2022年9月1日。

（三）科研团队创新能力较强，高端人才培养环境良好

近年来，黑龙江省生物医药的创新能力提升显著，通过对传统中药的技术创新，研发出了呼吸、儿科领域的优势药品。哈尔滨新区重磅创新药GLS-010注射液进入临床Ⅱ期。截至2021年4月，利民园区企业共生产20个剂型1000余个医药品种，其中，高新技术产品150个，自主知识产权品种52个，国家和地方知名品牌32个（其中中国名商标7个），在研1、2、

---

[1] 孙海颖：《黑龙江省16个生物经济新基地（园区）授牌》，黑龙江新闻网，2022年9月16日。

3类新药40个。康隆药业研发生产的无糖型强力枇杷露获列国家级非物质文化遗产名录,独创的无糖型核心技术既补齐了呼吸系统中成药领域的短板又填补了无糖型止咳产品的市场空白。

截至2022年3月,哈尔滨新区拥有国际级博士后工作站7个、院士工作站3个、国家级重点实验室3个、国家级技术中心2个和省级实验室6个。重点实验室的建设不仅可以提升研究队伍的整体水平,还能够培养一大批学术领军人才及中青年学术骨干,为高端人才培养提供良好的科学研究环境,为此黑龙江省建设了一大批生物医药重点实验室(见表3)。在生物经济领域,哈尔滨市拥有省级以上工程技术研究中心123个、省级以上技术创新中心42个。[①] 与此同时,黑龙江省求贤若渴,不仅由省委书记省长亲自向46所"双一流"高校发邀请,举行省校合作线上推进会暨集中签约仪式,与40所高校签订省校合作战略协议,还明确希望同高校在生物医药和健康养老、食品和农副产品精深加工、文化旅游体育产业融合发展等方面取得深入合作,实现共赢。

表3 黑龙江省生物医药重点实验室备案名单

名　称	单　位	名　称	单　位
黑龙江省肿瘤免疫学重点实验室	哈尔滨医科大学附属肿瘤医院	黑龙江省乳酸菌遗传与代谢工程重点实验室	东北农业大学
黑龙江省重症医学重点实验室	哈尔滨医科大学附属第一医院	黑龙江省林源活性物质生态利用重点实验室	东北林业大学
黑龙江省中药质量研究与评价重点实验室	黑龙江省药品检验研究院	黑龙江省兽医免疫学重点实验室	中国农业科学院哈尔滨兽医研究所
黑龙江省医用生物力学与材料重点实验室	哈尔滨理工大学	黑龙江省生物工程重点实验室	黑龙江省科学院微生物研究所
黑龙江省分子肿瘤学重点实验室	哈尔滨医科大学附属肿瘤医院	黑龙江省酶与类酶工程重点实验室	东北林业大学

① 韩丽平:《生物经济新机遇 冰城企业早早开"抢"》,《黑龙江日报》2022年6月28日。

续表

名　称	单　位	名　称	单　位
黑龙江省口腔生物医学材料及临床应用重点实验室	佳木斯大学	黑龙江省生物医学材料与器件重点实验室	哈尔滨工程大学
黑龙江省慢性病基础研究与健康管理重点实验室	哈尔滨医科大学大庆分校	黑龙江省代谢与肿瘤相关心脏病学重点实验室	黑龙江省肿瘤医院

资料来源：作者根据黑龙江省科学技术厅2019~2021年公布的名单整理得到。

（四）数字化引领制药企建设，为制药企业开拓市场

数字化赋能制药装备行业，既能够提高医药科技成果转化能力，又能够为制药企业打开更广阔市场空间。将数字化建设纳入企业发展总体规划，从缩短研发周期、降低研发成本、提高新药研发效率，到增强制造流程的透明度、确保质量控制的整体效率，再到降低物料损耗、提升物料存储和配送效率等，让数字化建设融入医药制造企业的整个业务系统中，提升药企的竞争力和风险防控能力。通过数字化引领医药企业建设，为制药产业进一步转型升级助力，目前黑龙江省已经有越来越多的医药企业实现了数字化建设（见表4）。

表4　2022年黑龙江省数字化（智能）示范车间名单（医药企业）

单位名称	车间名称	所属地
哈尔滨松鹤制药有限公司	注射剂车间	哈尔滨市（五常）
绥化象屿金谷生化科技有限公司	色氨酸数字化（智能）车间	绥化市
哈尔滨鸿展生物能源有限公司	数字化酒精车间	哈尔滨市（巴彦）
黑龙江珍宝岛药业股份有限公司	鸡西分公司提取车间	鸡西市
多多药业有限公司	多多液体制剂数字化车间	佳木斯市
黑龙江升华医疗器械有限公司	输注器械车间	七台河市
哈尔滨莱博通药业有限公司	粉针剂车间	哈尔滨市

续表

单位名称	车间名称	所属地
黑龙江银嘉医疗器械集团有限公司	银嘉医疗器械数字化制造车间	哈尔滨市
哈尔滨派斯菲科生物制药有限公司	哈尔滨派斯菲科血液制品生产车间	哈尔滨市
哈尔滨医大药业股份有限公司	葛兰香口服液智能生产数字化车间	哈尔滨市

资料来源：作者根据《黑龙江省工业和信息化厅关于公布2022年黑龙江省数字化（智能）示范车间、智能工厂及重点培育库名单的通知》整理得到。

二 黑龙江省生物医药产业发展存在的制约因素

尽管黑龙江省具备发展生物医药产业的基础和独特优势，但在发展的进程中仍存在一些不足和制约因素，认识与解决这些既有的障碍，会使龙江生物医药产业具有更强的竞争力与更大的影响力。

（一）尚未形成东三省协同联动的集聚效应

目前，中国国内生物医药产业主要分布在以上海为核心江苏、浙江为两翼的长三角地区，以北京、天津、河北和山东为主的环渤海地区，以及以广州和深圳为龙头的珠三角地区，这些地区不仅集聚了世界前十强药企，一类新药申报临床研究数量也高居全国前列，已经形成完整的生物医药产业链条。东北三省的知名生物医药企业数量不少，例如辽宁省的东北制药集团、沈阳三生制药、辽宁大成，吉林省的长春生物、四环制药、通化东宝、金赛药业、英联生物，黑龙江省的哈药集团、誉衡药业、康隆药业。但就目前来看，东北三省形成的是错位协同发展的生物医药产业集群，仍处于发展自身优势的阶段，容易产生同质化竞争，阻碍区域协同发展的进程。由于区域性的集聚尚未形成，生物医药企业市场集中度严重偏低，区域集聚产生的经济效应尚未发挥出来，同国内先进地区和世界医药发展趋势相比，仍存在明显的差距和不足。

（二）医药工业竞争力相对弱化

根据2022年3月医药经济报发布的信息，2020年中国医药工业总产值比2016年增加了1.3倍，山东省、江苏省、河南省、吉林省和广东省合计贡献了全国医药工业总产值的51.3%。根据各省（区、市）医药工业发展对比，2016年黑龙江省医药工业总产值的全国排名为第24名，到了2020年排名仅上升1个位次，而辽宁省排名从全国第19位上升至第16位，吉林省则始终保持在全国第4位的好名次。"2022年医药工业综合竞争力指数TOP 100企业"中，哈药集团股份有限公司、葵花药业集团股份有限公司虽然进入了前100，但排名都比较靠后，分别排名第61位和第63位。"2022年中成药综合竞争力50强"排行榜中，黑龙江省仅有葵花药业入围，排名位列第13位。

（三）缺乏高端设备与核心技术的创新能力

中国生物医药行业获得了质的飞跃，逐步建成了相对完整的生物医药创新生态系统。但不足5%的研发资金投入占销售收入的比例远不及美国（20%），在创新能力上同领先进国家相比仍有较大差距。中国康复医疗发展水平不高的原因中，除康复医院数量少、康复医疗床位少、康复医师占人口比例低之外，还有一个重要的原因是缺乏中高端康复设备。以哈尔滨新区为例，资料显示，在已注册的60余家医药企业中，药品领域里的医疗器械企业仅有1家，器械领域里的注射、护理和防护器械企业也仅有1家，医疗器械布局尚处于初期阶段，医疗器械研发生产中也仅包括医美器械和医用耗材，体外诊断、家用医疗设备、医用医疗设备领域处于空白。因此，黑龙江省应加快提升高端医疗设备核心技术的创新能力，加速补齐高端医疗器械研发生产领域短板。

三 黑龙江省生物医药产业发展的对策建议

黑龙江省生物医药产业要抢抓机遇，满足人民对健康的重大需求，做大

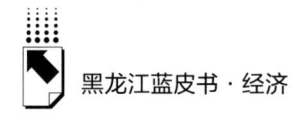

做强做优实现高质量发展，既推动生物经济又好又快发展，又推动黑龙江省经济的绿色增长和可持续发展。

（一）数字化赋能生物医药产业

党的十八大以后，中国数字经济的蓬勃发展为包括生物医药产业在内的医疗健康产业开拓了广阔的发展空间。在国家大力推进"健康中国"和"数字中国"两大时代背景下，健康医疗大数据产业集群涵盖了生物医药、医养健康、医疗信息化等上下游产业机构，推动了生物医药和健康产业的高质量发展。数字化赋能生物医药产业一方面通过人工智能在海量数据中筛选新的治疗靶点和新药物，减少新药研发所需的时间和高昂成本，同时，使用AI技术不仅可以较传统新药研发降低约35%的研发成本，还能够将5~10年的研发时间缩短到1~2年；另一方面通过数字化提升产业链、供应链效率，整合上游货源实现一站式采购，整合下游用户的采购需求，为银行供应链金融提供数据增信服务，增强企业抗风险能力和处理违约事件的能力等。

坚持以数字技术与生物技术创新融合驱动为引领，黑龙江省已经拥有国内日检测能力最强的基因检测平台。通过数字化赋能，以数字合作社模式推动药材种植户跨区域实现大规模合作，做大一产实现二产和三产集聚发展，利用数字平台减少中间商实现药农和药厂共同获利，有效解决药材"卖难"的问题。通过数字化赋能，有效打破信息不对称的壁垒，面向全产业集聚创新要素提升服务效能，打通线上线下最短的"快捷通道"。通过数字化赋能，在研发、制造、医疗服务等各个环节融入生物医药大数据，降低龙江医药制造企业生产成本，缩短研发周期，提升服务效率等，促进各相关领域数据联动与融合，促进龙江生物医药产业的变革与创新。

（二）提高中药研发和转化能力

作为国家优质道地药材的重要产地，黑龙江不仅是具有传统优势的中成药产品研发大省，还是种质纯正、药性突出的高产量优质中药材供应地，具有良好的中药材的比较优势。初步估算，黑龙江省中药材资源静态产值约为

3150亿元，野生中药材约有1120种135万吨左右，"寒地黑土"中药材刺五加、人参、板蓝根、平贝等药材的供应量分别占全国市场份额的80%、70%、50%、30%以上，均居全国第一。深挖中医药精华，彰显中医药特色优势，提升中医药传承保护与科技创新能力，将中医药融入卫生健康的大局，是推进健康龙江建设，助力龙江生物医药产业大发展、快发展、高质量发展的重要路径选择。

着重提高对濒危稀缺中药资源的保护，制定人工繁育技术创新发展规划，建立濒危和道地药材生物繁育工程中心。鼓励黑龙江省龙头潜力药企利用"原字号"，就地加工开发高端原料药、中药材提取物、中药粉针等。发挥中药治病防病的独特优势，鼓励开发预防和治疗肿瘤、代谢系统疾病、心脑血管疾病、呼吸病、地方常见病等独特地域品质的中药新药。积极研发以具有药食同源性质的中药材为原料的茶饮、方便食品和以重点中药材为主要原料的新食品原料和保健食品。支持哈药集团、中药美容研究所等开发研制中草药精油、中药面膜、中药唇膏、中药祛斑化妆品等中药美容产品。

（三）提升绿色生物制造能力

黑龙江省第十三次党代会指出"着力建设绿色龙江，生态优先、绿色发展是龙江振兴发展的必然选择"。绿色发展理念将马克思主义生态理论与当今时代发展特征相结合，只有坚持绿色发展，才能够实现经济与生态的良性循环，实现高质量发展。依托绿色生物制造破解石化原料瓶颈，实现工业反哺农业，将生物质废弃物变废为宝，利用现代生物科技，使用新型生产方式改变医药、食品等传统工业制造过度依赖化石原料和高污染、高排放的加工模式，合理布局生物质能等新能源，实现资源能源的高效、洁净、可持续利用，推动工业制造向绿色、低碳、可持续发展模式转型。

生物制造产业是生物经济重点发展方向，是中国加快构建绿色低碳循环经济体系的重要力量。依托绿色生物制造实现生物医药产业绿色发展，需要生物医药企业积极与科研院所联合联动，提升清洁生产水平和污染治理水平，对废气、废水和固废实施全过程管理，对中药饮片加工及中成药的动植

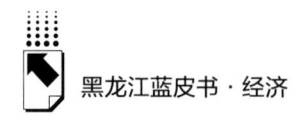

物原料提取残渣分类处置,加强动物脏器等提取残留物的规范化处置。加强专业化环保管理,在固体废物集中收集处置设施、配套污水管网、环境风险应急防控等方面加大投入力度,优先发展工艺水平高、污染排放和环境风险低的高端医药产业。

(四)支持康复医疗中高端产品研发

随着民众健康意识的提高,中国的人口老龄化程度不断加深,居民收入水平逐渐提升,康复医疗的潜在需求空间也越来越大。根据《柳叶刀》研究统计,中国2019年康复需求总人数已达4.6亿人,其中肌肉骨骼疾病患者数量3.2亿人、感觉障碍患者1.4亿人、神经系统疾病患者0.6亿人。根据毕马威预计,2025年康复医疗市场规模将达到2207亿元。《"十四五"医药工业发展规划》提出,推动创新药和高端医疗器械产业化与应用。《"十四五"医疗装备产业发展规划》中强调,到2025年,高端医疗装备产品性能和质量水平明显提升。黑龙江省具备该方面的研发基础,如哈尔滨工程大学自主研发的"多功能助行康复机器人",不仅达到国际领先水平,还获得相关专利5项,填补了国内空白。因此,通过支持具备相应条件的生物医药企业在高值国产替代耗材、新型口腔材料、可降解材料、组织器官诱导再生和修复材料等方面进行创新研发与制造,鼓励生物医药企业聚焦仿生义肢、康复机器人、脑机接口智能辅具、康复训练设备和类脑医疗器械、"3D"打印技术等创新领域,必然可以推动龙江生物医药产业实现弯道超车。

B.13
黑龙江省旅游业高质量发展研究

赵 蕾*

摘 要： 旅游业是黑龙江省经济发展的重要引擎。但黑龙江省旅游产业发展要素支撑保障不足、区域发展不平衡、市场主体不活跃、文旅融合不紧密、数字赋能不充分，导致质效不高、结构不优、营商环境受限。建议黑龙江省以中国式现代化重新审视旅游业高质量发展之路，以高品质的产品供给推进旅游业高质量发展，以夯实的要素保障助力旅游业转型升级，确保旅游业高质量发展。

关键词： 旅游业 黑龙江省 文旅融合

党的十八大以来，黑龙江省坚持"绿水青山就是金山银山、冰天雪地也是金山银山"的发展理念，面对错综复杂的国内外环境，坚持守正创新，助推高质量发展。2022年4月，黑龙江省第十三次党代会提出"着力建设六个龙江"，其中，"质量龙江"成为黑龙江省未来5年发展的主线，旅游业高质量发展是其中应有之义。2022年10月，党的二十大报告强调"高质量发展是全面建设社会主义现代化国家的首要任务"，突显了高质量发展的支撑及牵动作用，为旅游业发展指明了方向。

---

* 赵蕾，黑龙江省社会科学院经济研究所副研究员，主要研究方向为产业经济。

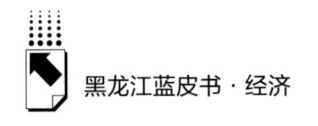

一 黑龙江省旅游业高质量发展现状

旅游业是黑龙江省经济发展的重要引擎，旅游业高质量发展可助力"旅游强省"的快速实现，满足人民对美好生活的新期待。

（一）旅游产业规模不断扩大

从黑龙江省文旅厅获悉，2012~2021年，黑龙江省新建重点文旅项目超400个，累计完成投资720亿元，新登记注册各类文化产业市场主体近万家。截至2022年10月，黑龙江省A级旅游景区发展到416家、旅游休闲街区8个，全国重点文物保护单位增加到57处、省级文物保护单位增加到348处、红色旅游经典景区23家，国家级休闲农业乡村示范县（示范点）6个、国家级乡村旅游重点村镇40个、省级乡村旅游重点村102个，旅行社810个，星级饭店155个。2022年春节假日，黑龙江省共接待游客761.57万人次，实现旅游收入57.19亿元，夜游景区门票订单量同比增长45%。国庆期间，黑龙江省累计出行人次达555.4万人次，旅游收入达17.05亿元。

（二）政策保障力度不断加大

近年来，黑龙江省出台《黑龙江省促进旅游业发展条例》《黑龙江省产业振兴行动计划（2022—2026年）》《黑龙江省全域旅游发展总体规划（2020—2030）》《黑龙江省冰雪旅游产业发展规划（2020~2030）》《黑龙江省红色旅游发展规划（2022—2030）》《黑龙江省促进旅游业发展条例》《黑龙江省文化旅游产业招商引资若干扶持政策措施》《黑龙江省休闲农业和乡村旅游发展十四五规划》等专项规划和保障条例。2022年3月，黑龙江省印发《黑龙江省冰雪经济发展规划（2022—2030年）》（以下称《冰雪经济规划》）和《黑龙江省支持冰雪经济发展若干政策措施》，提出大力发展冰雪体育、冰雪文化、冰雪装备、冰雪旅游全产业链。黑龙江省正以冰雪旅游为牵动，促进全省旅游产业的健康、可持续、高质量发展。

（三）冰雪旅游恢复首当其冲

2022年3月，黑龙江省在《冰雪经济规划》中明确提出进一步完善冰雪经济体系，大力推动冰雪体育、冰雪文化、冰雪装备、冰雪旅游全产业链发展。2022年10月，黑龙江省文化和旅游厅先后赴12个地区开展冰雪旅游系列营销活动。2022年12月7日，国务院发布的《关于进一步优化落实新冠肺炎疫情防控措施的通知》为旅游产业复苏带来了春天。此时正值雪季，黑龙江省立即推出《滑雪吧！少年》等一系列冰雪研学活动，各地纷纷出台促进旅游产业复苏的系列举措和具体活动方案，以"冰天雪地也是金山银山"的发展理念，努力打造"北国好风光 尽在黑龙江"的冰雪品牌。

（四）文旅融合基础更加夯实

从2012年到2021年，黑龙江省开展保护工程项目187项，全国重点文物保护单位由2012年的29处增加到57处，省级文物保护单位由151处增加到348处；新建和改扩建文化场馆119个，数字文化驿站1752个，农村综合文化服务中心8233个，公共文化服务场馆全部实现免费开放。截至2022年9月27日，黑龙江省共建成各类博物馆218个、图书馆103个、文化馆（群艺馆）141个、街道和乡镇文化站1254个、社区和村级文化活动室9918个、农村文化大院超20000个。2022年，黑龙江省又推进58个革命老区、857个行政村的文化广场、小舞台等乡村文化设施建设。[①]

（五）旅游品牌建设不断强化

多年来，黑龙江省全力打造"北国好风光 尽在黑龙江"的旅游总体品牌，以及"冰雪之冠、避暑胜地、五花山色、北国之春"四季品牌，推出"爽爽虎"黑龙江旅游吉祥物，形成文化旅游形象标志，形成"畅赏黑

---

① 资料来源：黑龙江省"非凡十年"主题系列新闻发布会。

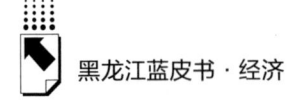

龙江"官方宣传推广平台，发起创立中国冰雪旅游推广联盟，设立海外黑龙江文化旅游推广中心，持续推进对俄沿边文旅走廊建设，成功举办中俄文化大集、哈尔滨之夏音乐会、哈尔滨中俄文化艺术交流周等品牌活动。东北虎国家公园获批建设，渤海国上京龙泉府国家考古遗址公园建成运营，横道河子镇荣获联合国教科文组织亚太地区2018年度文化遗产保护荣誉奖，饶河小南山遗址、洪河遗址被评为年度全国考古新发现，渤海上京城、金上京遗址被评为"百年百大考古发现"。

二 黑龙江省旅游业高质量发展中存在的问题

目前，黑龙江省旅游产业发展质效不高、结构不优、营商环境受限等弊端更加突显，发展不平衡、不充分的问题暴露得更加明显。

（一）要素支撑保障不足

随着我国文旅产业的飞速发展，旅游事业、旅游产业发展对资金要素的需求更加强烈，配套资金额度的标准也不断提升。黑龙江省是我国经济欠发达省份，各级财政压力较大，现有的政府旅游发展专项资金总量无法撬动社会资本注入，不能满足旅游产业和旅游事业快速发展的现实需求。从配套支撑旅游产业发展的外部基础设施来看，公路、通信的通达性不高，服务区、加油站的配套不完备，充电桩、厕所的数量明显不够，水电、垃圾处置等便捷性不足，涉旅基础设施存在明显短板。从旅游产业内部分析，土地规划审批、人才引起留存、数据的采集利用等方面尚存较大的改进空间。

（二）区域发展不平衡

从产业发展空间来看，多年来哈尔滨旅游产业产值一直占据黑龙江省的半壁江山，大庆、齐齐哈尔、伊春等地没能发挥旅游资源富集的比较优势，黑河、绥芬河、东宁也没能发挥边境旅游的特色优势。从全国旅游景区排行榜来看，近5年哈尔滨中央大街、哈尔滨索菲亚教堂、哈尔滨冰雪大世界、牡丹江雪乡是热门的旅游目的地，北极漠河、东极抚远、黑龙江五大连池、牡丹江镜泊湖、伊春汤旺河、大庆林甸等特色旅游目的地的关注度不高。"哈亚雪""最美331国道"新晋旅游线路没能发挥产业集聚和中心城市辐射的拉动效应，乡村旅游的发展明显滞后。

（三）市场主体不活跃

从企业所有制结构来看，众多优质旅游资源掌握在国有企业手中。哈尔滨冰雪大世界隶属于马迭尔集团，雪乡隶属于亚布力滑雪场，汽车隶属于黑龙江省建设集团有限责任公司。虽然黑龙江省旅游投资集团是二级子企业，城投、建投掌握着众多优质旅游资源王牌，但作为综合国有投资集团，其缺少旅游产业专业化管理、市场化运营的精力和经验，这是"王牌不炸"的一大原因。

（四）文旅融合不紧密

黑龙江省文旅融合发展有亮点但缺效益、有创新但少后劲、有合作却难共赢，其原因在于"融而不合""和而不实""重旅轻文"。从旅游产品方面看，除冰雪大世界、冰秀等顶级产品之外，现有多数旅游产品还停留在文化产品和旅游产品简单叠加的表面中，缺少民俗文化、龙江精神、特色文化与旅游产品的深度融合，缺少多种形式的融合创新。从文化企业改革实践看，没有抓住"文化铸魂"的发展特质，与旅游企业的合作不够主动、创新不足，缺少弘扬龙江文化的责任担当。

（五）数字赋能不充分

信息化水平低是黑龙江省旅游产业发展的短板，旅游景区、旅游项目在科技运用、数字体验等方面存在明显供需失衡问题。智慧旅游推广步伐缓慢，仅有黑河市打造的"智慧旅游服务平台一站式无障碍服务"能够充分满足游客的智慧旅游需要。2022年，黑龙江省完成了智慧旅游市场监督和公共服务平台建设，但是，此平台主要用于政府监管，对旅游企业的帮助不大。现有"趣龙江"智慧旅游商务平台主要以旅投集团为整合基地，以旅行社为载体，未能将省内旅游企业纳入系统。目前，黑龙江省缺少基于游客数据信息的自有采集平台，与移动公司、携程公司等的合作不能全面反映游客消费动向和意愿，无法实现基于全体游客样本的信息采集、数据应用。

三 黑龙江省旅游业高质量发展趋势

展望2023年，世界百年未有之大变局加速演进，未来发展机遇与挑战并存、不确定因素增加。就国内而言，黑龙江省旅游产业发展面临的内外部环境会有明显改善，旅游产业回暖毋庸置疑，但回暖的速度、幅度取决于全球形势、国内消费市场的变化以及产业高质量发展的成效。

（一）外部环境发展趋势

1. 大众旅游时代到来

旅游业是我国战略性支柱产业，2014~2020年，我国旅游及相关产业增加值从27524亿元增长至40628亿元。《"十四五"旅游业发展规划》指出，"我国将全面进入大众旅游时代"，旅游成为人民追求美好生活的重要方式。以露营为代表的休闲旅游新方式将会大增，自助游和自驾游将成为旅游主力军。为了满足旅游消费新需求，旅游业将在有效供给、优质供给、弹性供给等方面发力，在供给侧结构性改革中刺激消费，构建现代旅游产业体系。

2. 高质量发展是中国经济发展的鲜明主题

党的二十大报告指出，"高质量发展是全面建设社会主义现代化国家的首要任务""要坚持以推动高质量发展为主题"。高质量发展将贯穿我国社会主义现代化建设全局，渗透到产业发展及事业发展的各个层面，在增进民生福祉和生态环境保护等方面发挥更大的作用。"十四五"时期是我国经济从高速发展向高质量发展的关键时期，面对新阶段高质量发展的新要求，旅游业也将走向改革创新、转型升级的高质量发展之路,以旅游业的高质量发展助力经济社会的全面高质量发展。

3. 全面放开指日可待

当前,国内政策不断优化,旅游产业有望快速发展,成为拉动黑龙江经济发展的重要引擎。主要表现为,本地游、周边游有望率先复苏,夜游的消费需求将会增大,并带动二级市场陆续回暖;家庭游、亲子游将是主要旅游方式,休闲游、生态游会成为主流,同时,露营等小众旅游也将有较大的发展空间;跨境旅游需求会集中释放、入境旅游将小幅度回暖。

(二)旅游产业发展趋势

1. 文旅融合是新时代旅游产业发展的方向

党的二十大报告强调,"坚持以文塑旅、以旅彰文,推进文化和旅游深度融合发展"。《"十四五"文化发展规划》《"十四五"旅游业发展规划》《"十四五"文化和旅游发展规划》《国务院办公厅关于进一步激发文化和旅游消费潜力的意见》对产业融合均有明确要求。2022年12月,文化和旅游部、自然资源部、住房和城乡建设部决定联合印发《关于开展国家文化产业和旅游产业融合发展示范区建设工作的通知》,以推动文化产业和旅游产业深度融合和高质量发展,进一步发挥示范引领作用和对周边区域的辐射带动作用。

2. 数字赋能将带动旅游产业升级

随着数字技术的发展,线上直播、云端展演、云上旅游等新形式应运而生,数字经济在文旅产业中的应用场景不断扩大,为消费者带来全新的感受和体验,云上文旅的接受度和传播率节节升高。可见,数字技术改变着人们的生产、生活方式。党的二十大报告提出,"加快发展数字经济,促进数字经济和实体经济深度融合"。数字技术在旅游产业的供给、传播、展示、管理等环节的应用广泛,将带动文旅产业进行全链条的转型升级和多维度的结构调整,将为文旅产业高质量发展带来新动能。

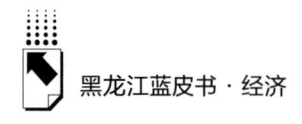

3. 旅游消费全面升级

当前，我国人民对美好生活的向往总体上已经从"有没有"转向"好不好"，若要解决人民日益增长的美好生活需要和不平衡不充分的发展之间的矛盾，必须固根基、扬优势、补短板、强弱项，通过扩大内需，增加高质量的产品供给和服务供给。2022年12月，国务院在《扩大内需战略规划纲要（2022—2035年）》中指出，扩大文化和旅游消费，大力发展度假休闲旅游。面对旅游消费多样化、多层次、多方面的特点，未来，旅游产品和服务将更加多样化、个性化、定制化。旅游消费的全面升级将推动旅游产业的全面升级，促进旅游产业在更高水平上实现良性循环。

4. 乡村旅游助力乡村振兴

乡村旅游在脱贫攻坚中的贡献让人们充分认识到乡村旅游在乡村发展中的重要地位。随着我国乡村振兴的全面推进，2022年4月，文化和旅游等6部门联合印发《关于推动文化产业赋能乡村振兴的意见》，其中文旅融合被列入文化产业赋能乡村振兴的重点领域，提出推动相关文化业态与乡村旅游深度融合、促进文化消费与旅游消费有机结合、培育文旅融合新业态新模式。未来，旅游方式将从农家乐、观光体验向"休闲+度假"转变，乡村旅游产品和业态将更加多元化，民宿发展、旅游就业的成果将充分显现，乡村旅游将成为乡村振兴的重要增长点。

四 黑龙江省旅游业高质量发展的对策建议

2023年是全面贯彻落实党的二十大精神的开局之年，虽然未来仍有不确定因素，但时不我待，黑龙江省旅游业应尽快构建"政府主导、社会参与、全域覆盖、共建共享"的现代公共文化和旅游服务体系，加快高质量发展的步伐。

（一）转理念，以中国式现代化重新审视旅游业高质量发展之路

党的二十大报告提出，"以中国式现代化全面推进中华民族伟大复

兴"。旅游产业要对标中国式现代化的主要特征、本质要求，找准自身发展的时代坐标，重新进行顶级设计。中国式现代化是人口规模巨大的现代化，中国式现代化旅游则要满足中国庞大人口日益增长的对美好生活的新需要。中国式现代化是物质文明和精神文明相协调的现代化，旅游产业与文化产业的融合就是要彰显中国的文化底蕴，讲好黑龙江故事，提升黑龙江人自信自强自立的国际形象。中国式现代化是人与自然和谐共生的现代化，保护生态人人有责，黑龙江作为生态大省，肩负着国家生态安全等重大责任，旅游发展必须坚持新发展理念，走高质量发展之路。中国式现代化是走和平发展道路的现代化，文旅外交的责任重大。对标中国式现代化的五个特质后不难发现，旅游产业的高质量发展不仅涉及旅游自身发展的问题，还涉及旅游事业、旅游产业、区域、城市、乡村振兴、国际关系等众多领域。因此，要用"共生—共享—共建"的大视角，重新定位旅游产业高质量发展之路。

（二）转方式，以高品质的产品供给推进旅游业高质量发展

一是"坚持以文促旅，以旅彰文，推进文化产业和旅游产业深度融合"。这是党的二十大基于人民对美好生活的新期待对文旅融合提出的新要求。黑龙江省应深刻领会"深度"二字，在项目设计上坚持"宜融则融"，将文化元素、文化符号、文化精神、文化内涵融入旅游产品、服务、场所、设施及空间；在行业开发上坚持"能融尽融"，推动文旅与教育、科技、体育、金融、农业、工业、娱乐等行业融合发展；在区域发展上应坚持因地制宜，在乡村旅游产品开发中植入当地村民生活，尽量做到"一村一品"。从广度、深度、高度上推进"文化+旅游+农业+展会+培训+创意设计+"等业态融合新模式。积极参与国家文化旅游示范区的申报工作，以国标带动全省旅游景区提档升级。

二是"多角度提出推动文化和旅游产业数字化、网络化、智能化转型升级"。这是《黑龙江省"十四五"数字经济发展规划》中对数字文旅发展的定位。实践证明，数字信息是信息时代产业发展的重要资源和坚固的基

石，应加快线上预定、电子导游、云端展演、景区预警等产业数字化步伐。营销方面要形成网络营销矩阵，探索数字媒体运营模式。在信息采集利用方面，应尽快构建自有数据平台，实现产业监测、应急指挥、景区视频监控、景区客流监测、文旅舆情监测。

三是推进全域旅游发展。落实《黑龙江省促进旅游业发展条例》中提出的"坚持全域全季发展定位"，发挥"哈亚雪""醉美龙江331边防路"等项目的带动和集聚作用，通过打造特色鲜明的全域旅游产业带，加快推进黑龙江"旅游强省"战略。建议通过发放旅游消费券、特殊人群免费、研学游等惠民行动，开启"龙江人游家乡"活动，发挥文旅消费对旅游经济增长的带动作用，提高市场主体参与全域旅游景区建设、项目打造等实践的积极性。

（三）固根基，以夯实的要素保障助力旅游业转型升级

一是破解产权改革难题。可在土地使用权规划中取消"风景名胜设施用地"规划，改为"留白规划"，即功能留白、规模留白，布局留白；支持利用农村集体建设用地发展旅游项目。推行国有景区"三权分置"改革，通过所有权、经营权、使用权的分离推进国有景区"管委会+公司"的运营体制改革。

二是打通企业发展资金池。可收拢全省各类产业基金，统一整合成"智助产业发展基金"，集中力量办大事，齐力攻坚渡难关。同时，应充分发挥政府性融资担保机构的作用，探索政府为小微企业担保的新模式，彻底改变黑龙江省资金不足的短板。

三是加快文旅人才培育。可与学校对接，构建"引育用留"全链条模式。可从在校生产学研培养机制、科研院所人才评价激励机制、企业科技人才聚集机制等方面实现突破，建立科研创新集聚的体制机制。挖掘在校生的创新创业意愿，尽快组建自有运营团队，培养本土数字人才，以人才助力旅游强省战略目标的实现。

参考文献

冯学刚、王媛、吴琳、梁茹、吴丹丹：《推动长三角文旅融合与一体化发展研究》，《科学发展》2021年第3期。

戴斌：《数字时代文旅融合新格局的塑造与建构》，《人民论坛》2020年第Z1期。

李萌：《推进文旅融合需要深化认识厘清问题》，《中国旅游报》2020年1月15日。

银元：《文理融合发展要把握好两个维度》，《中国旅游报》2019年5月27日。

陈慰、巫志南：《文旅融合背景下深化公共文化服务的融合改革分析》，《图书与情报》2019年第4期。

B.14 黑龙江省冰雪旅游产业发展研究

赵 砚*

摘　要： 随着2022年北京冬奥会的胜利召开，我国冰雪产业已经进入快速发展期。黑龙江作为我国具有较长冰雪旅游发展历史和拥有深厚冰雪文化底蕴的省份，也将迎来难得的发展机遇。黑龙江省应依托得天独厚的冰雪资源和文化优势，抓住机遇结合本地实际，加快推进冰雪旅游与文化、体育、休闲、制造等相关产业的深度融合，制定产业发展规划，打造优质冰雪产业链，为黑龙江省冰雪产业发展提供新动能。

关键词： 冰雪旅游　黑龙江省　冰雪产业

习近平总书记指出，冰雪产业是一个大产业，也是一个朝阳产业；冰天雪地也是"金山银山"，要推动冰雪旅游、冰雪运动、冰雪文化、冰雪装备等加快发展；推动我国冰雪运动跨越式发展是实现第二个百年奋斗目标的重要组成部分。这一系列重要指示是习近平总书记为黑龙江谋划的美好未来，为黑龙江指明了一条充分发挥冰雪资源优势的绿色发展之路，是黑龙江重振经济再创辉煌的必然选择。冰雪产业是一种特殊的资源型产业，也是一种新兴产业形态。2022年北京冬奥会胜利召开之后，我国全面启动冰雪战略，重点打造"三足鼎立、两带崛起、全面开花"的冰雪新格局。黑龙江作为东北这"一足"的重要组成部分，将面对考验与机遇并存的历史时刻，因

---

* 赵砚，黑龙江省社会科学院经济研究所副研究员，主要研究方向为区域经济、旅游经济。

此，应抓住契机，结合本省实际，形成新思路，谋求新格局，制定新战略，拓展新方式，努力推进黑龙江冰雪产业融合发展，打造优质独特的冰雪产业品牌，延长黑龙江冰雪旅游产业链，做大做强黑龙江冰雪产业，推动黑龙江经济高质量可持续发展，实现"小产业，大撬动"。

一 黑龙江冰雪旅游产业发展现状

（一）产业发展存在瓶颈

黑龙江省是我国开发冰雪旅游产业最早的省份，冰雪旅游发展具有相当坚实的基础，随着其他省份陆续发展冰雪旅游，黑龙江面临严峻的形势，但凭借冰雪旅游产业的发展底蕴，黑龙江在国内冰雪旅游产业上仍然具有一定的竞争力。然而，黑龙江冰雪旅游产业发展也存在一些问题。一是与旅游相关的企业生存十分艰难，七成以上企业都有资金缺口，众多餐饮、酒店等旅游相关行业的小微企业资金链断裂，难以维系。同时，企业投融资难度增大，企业融资渠道主要依赖银行信贷，而小微企业从银行贷款十分困难。2023年，我国旅游市场快速回暖，相关产业对资金的需求非常强烈，但受全球经济政治形势重大变化等因素影响，很多投资者都非常谨慎，投资意愿不足、积极性不高。二是一些历史和体制等原因造成的弊端和矛盾更加突出，由于缺少领军型龙头企业引领，加之很多国企和景区等的经营管理权限不清晰，冰雪产业资源没有集聚形成有效合力，企业没有参与市场竞争的实力和能力，这些都说明了体制机制改革的任务仍然十分艰巨。三是与互联网、文化等相关产业融合度不高。随着数字技术的发展，全国很多地区的旅游项目可线上游览，这加大了本地区历史文化饮食等全方位的对外宣传力度，但在黑龙江省，相关产业融合度一直不高，很多景区及文化场馆甚至没有线上服务，有的虽然有线上服务，但用户体验感很差，失去了对外宣传黑龙江的大好机会。现阶段是互联网产业深刻改变人们生活和消费习惯的时代，旅游产业想要顺应时代，取得快速发展，应在经营管理水平和方式上做

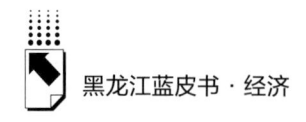

到根本改变,在整体运营和品牌打造等方面应更加主动的与互联网产业相融合。

2022年12月,黑龙江省冰雪旅游产业逐渐恢复活力。以2023年春节期间为例,黑龙江全省出行人数达1104.9万人次,同比上涨45.1%;旅游收入117.7亿元,同比上涨105.7%。其中,省内出行游客769.4万人次,占比69.6%,旅游收入55.5亿元,占比47.2%;接待省外游客335.5万人次,占比30.4%,旅游收入62.2亿元,占比52.8%。[1] 黑龙江冬季旅游能逐渐恢复活力,主要得益于黑龙江是我国最早开展冰雪旅游的地区,冬季冰雪旅游品牌响亮基础雄厚,在自然环境、人文历史等有得天独厚的优势。

(二)省会城市冰雪旅游的龙头作用明显

哈尔滨作为黑龙江省冰雪旅游产业发展的龙头地区,其带动作用明显。哈尔滨在产品打造上下功夫,在2023年第39届哈尔滨国际冰雪节期间,推出了3大冰雪主题公园,10条冰雪特色旅游线路,12个冰雪体验产品。[2] 推出旅游惠民"套餐",对全省冰雪旅游带动作用明显。同时,哈尔滨还在春节期间推出一批节日主题文艺演出、艺术展览等。2023年春节期间,全市出行人数486.8万人次、旅游收入42.84亿元;其中,接待外地游客236.6万人次,占比48.6%,旅游收入37.47亿元,外地游客量和消费额均创历史新高,市内出行游客250.2万人次,旅游收入5.37亿。全市博物馆23家开馆,观众达到5.2万人次。机场旅客吞吐量38.56万人次,同比增长95.1%,铁路完成旅客吞吐量103.86万人次,同比增长127.0%。重点景区累积到访游客量同比增长229.3%。其中,哈尔滨冰雪大世界累积到访18.7万人次,同比增长656.7%;亚布力滑雪旅游度假区累积到访3.7万人

---

[1] 《春节假期龙江旅游人气旺 全省出行1104.9万人次》,中华人民共和国文化和旅游部网站,2023年1月29日,https://www.mct.gov.cn/whzx/qgwhxxlb/hlj/202301/t20230129_938804.htm。

[2] 《第39届中国·哈尔滨国际冰雪节明年1月5日启幕》,中国旅游新闻网网站,2022年12月26日,http://www.travellinkdaily.com/tld/wl/26183.htm。

次,同比增长308.7%;哈尔滨松花江冰雪嘉年华累积到访8.4万人次,同比增长113.2%。携程数据显示,2023年春节期间,目的地为哈尔滨的整体旅游订单量同比增长222.0%,门票订单量同比增长354.0%。美团数据显示,哈尔滨日均游客接待规模同比增长119.4%,日均文旅消费规模同比增长272.6%。①

二 黑龙江冰雪旅游产业发展的优势及存在问题

(一)发展优势

1. 得天独厚的冰雪资源

优质的天然资源是黑龙江发展冰雪产业最大的优势,长达120天左右的雪期,"五山一水一草三分田"的地形特点,18万平方公里的山林面积降雪量充足,有超过100座山峰地势坡度等自然条件适宜开展冰雪运动项目,同时也适合大型冰雕雪景的建设,这些天然优良的自然环境资源,大幅降低了黑龙江推动冰雪产业发展的开发成本。哈尔滨、齐齐哈尔、牡丹江、佳木斯、大庆、伊春、大兴安岭等黑龙江主要城市都具有发展冰雪产业的人文资源、气候资源和地质资源等。因此,黑龙江能够成为我国冰雪旅游起步最早的省份,且经过几十年的发展,黑龙江已经打造了一批具有较高知名度和影响力的冰雪旅游产业品牌,例如,名列世界四大冰雪节之一的哈尔滨国际冰雪节,在国内享有一定声誉的亚布力滑雪基地,每年吸引大批游客"找北"的中国最北端的城市——漠河市等,在产品供给上形成了一定的竞争力。

2. 高质量的室内外场馆资源

黑龙江省冰雪体育项目发展一直处于全国领先地位,并曾多次承办过亚冬会、大冬会、世界杯速滑锦标赛、全运会冬季项目等大型运动赛事,已开发建设一批具有一定规模和档次的室内外运动场馆。如以亚布力为代表的滑

---

① 蔡韬:《42.84亿元!哈尔滨旅游市场强力复苏》,《黑龙江日报》2023年1月30日。

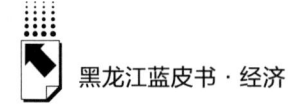

雪场共有120个，其中30个S级滑雪场集中分布在哈尔滨市、牡丹江市、伊春市。虽然黑龙江室内外场馆数量及规模相对较好，但仍存在利用率不高的问题，如滑雪场地存在冬季需求旺盛、其他季节使用率低，与体育产业融合不够等问题；室内场馆更是存在未能从体育竞技服务向休闲娱乐服务进行有效转换等问题。

3. 独具特色的综合资源

综合资源包括以人文、历史、民俗、饮食为代表的人文文化资源和以温泉、森林、江河、山地为代表的自然环境资源，还包括制造业、农林业、制药业、体育业等其他产业资源。黑龙江应将冰雪旅游与这些特色资源有机结合，打造具有鲜明地方特色的冰雪旅游产业。一是根据黑龙江丰富且独具特色的地方人文文化资源，打造冰雪旅游与人文历史、民俗、餐饮有机结合的冰雪旅游产品。二是黑龙江有哈尔滨近郊地热资源区、齐齐哈尔大庆地热资源区、牡丹江地热资源区和伊春地热资源区四大地热资源区，应将冰雪、温泉、森林、湿地等资源整合开发，打造"冰雪+温泉"冬季度假养生产品。三是黑龙江作为老工业基地，拥有较强的工业产业基础，有较强的装备制造业、农林业、制药业、体育产业等，应针对不同地区的产业发展特色，结合产业优势，延长和拓展黑龙江冰雪旅游产业链。

（二）存在的问题

1. 缺少龙头企业带动

培育龙头企业，壮大市场主体，是冰雪旅游产业做大做强的关键，而黑龙江冰雪旅游产业龙头企业带动能力弱，制约了冰雪旅游产业的发展。在黑龙江冰雪旅游产业发展的过程中，政府主导一直是主要的产业发展模式，市场的调节作用不明显，条块分割严重，多重管理等问题一直比较突出。政府部门过多的干预企业经营，导致产业发展过程中市场的有效供给和消费发展不平衡不充分等问题比较突出，这些都制约着龙头企业的培养和壮大。由于缺少龙头企业的带动，产业资源没有集聚形成合力，在面对冲击的情况下，很多小微企业的生存举步维艰、难以为继。

2.基础设施建设滞后

近年来,黑龙江在全国经济总量排名中一直靠后。黑龙江省是中国最北的省份,由于区位劣势及经济增速放缓等,黑龙江冰雪旅游产业也受到影响。作为曾经的制造业大省,黑龙江省大型旅游设施主要来自国外或省外,这增加了建设和运营成本,同时,也降低了制造装备业的利润。在雪场建设方面,虽然全省雪场建设已经初具规模,但无论是规模品质还是其他配套设施如餐饮、住宿、购物等都与国外先进滑雪场无法相比。以被称为"北美滑雪第一胜地"的加拿大斯勒山滑雪场为例,该雪场占地近万公顷,拥有超过1000条的高品质雪道,以及数百家各类型的酒店、餐厅、购物店等,完全可以满足游客的各种需求,这种巨大的投入,必然能使游客愿意付出时间和金钱来体验高品质的旅游行程。

3.旅游软实力不强

软实力不强的短板一定程度上制约了黑龙江冰雪旅游产业的发展。软实力不强主要体现在相关从业人员培养不到位,高层次管理人才的培养缺乏,专业人员的培养和专业队伍的组建滞后等方面,同时,也和相关部门的人才工作意识不到位有关。旅游产品的开发设计上同质化严重,不同地区不同景区的特点特色挖掘不够,缺少对高端客户和外国游客的个性化产品设计和订制服务设计;开发旅游周边产品的眼界不高、思路不宽,周边产品的开发和生产存在品类单一、品质不高等问题,没有充分利用黑龙江多特产、多民族、多文化特点优势。

三 黑龙江冰雪旅游产业发展的对策

(一)深化冰雪旅游产业领域的改革

加速政府职能转变,深化体制改革,简政放权,加快推进旅游行业的政企分开,培育一批建立现代企业制度的经营主体。重点清除影响企业自主经营、阻碍企业快速发展的不良体制机制,构建产权关系明晰、市场对接充分

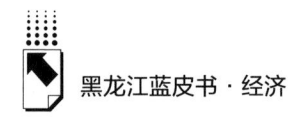

的企业经营管理机制，让市场决定资源配置。鼓励行业协会和中介组织在产业发展中发挥作用，增加企业发展壮大的动力和活力。

（二）强化冰雪旅游产业市场主体带动作用

利用黑龙江冰雪旅游产业良好的资源优势，优化旅游产业的运营和投资环境，培育壮大市场主体，打造龙头企业，通过股权改制、资产重组等加强企业合作，通过融资等金融手段解决企业发展过程中资金短缺的问题，支持黑龙江企业做大做强，打造一批具有优秀品牌优势和强势竞争力的黑龙江本土龙头企业；以打造"世界旅游目的地城市"为目标，通过打造一流的冰雪旅游产品、创造一流的冰雪旅游文化环境、为游客提供一流的冰雪旅游服务等，把哈尔滨塑造成为黑龙江冰雪旅游产业最有影响力的品牌。同时，通过整合齐齐哈尔、牡丹江、佳木斯、大庆、伊春等省内重点旅游城市，实现全省的开放合作互联互通，构建黑龙江冰雪旅游发展的城市网络；整合旅游景区资源，以雪乡、亚布力滑雪度假区、漠河北极圣诞冰雪旅游区等省内重点景区为核心，构筑具有黑龙江地方优势特色的冰雪旅游核心项目，挖掘冰雪资源潜力，打造黑龙江"一个核心+若干重点"冰雪旅游重点项目体系，推动黑龙江冰雪旅游产业全面升级，从而带动黑龙江经济全面高质量发展。

（三）深化产业融合实现产业链延伸

通过深化产业融合，将黑龙江冰雪资源的先天优势转化为产业优势，推动冰雪产业与文化产业、制造业、体育产业和健康养生产业深度融合，实现冰雪旅游产业链延伸，将冰雪旅游产业的带动作用充分发挥到其他相关产业中，实现产业之间的互惠与共赢。

一是要积极探索实现文化强省和旅游强省共赢的路径，全面挖掘黑龙江特色文化在冰雪旅游产业中可发挥的作用，更好地提高黑龙江冰雪旅游产业知名度、打造符合市场和消费需求的品牌。推动黑龙江特色文化产业与冰雪旅游产业融合发展，依托黑龙江冰雪文化、历史文化、民族文化、红色文化、乡村文化、边疆文化等优势，创新开展冰雪艺术创作、冰雪文化演艺，发展相关冰雪文化周边产品等，在延长冰雪文化产业链发展的基础上，借助旅游产业助推文化产业发展，以冰雪旅游作为独特载体更好地传播黑龙江特色文化。

二是依托黑龙江老工业基地的制造业基础，大力发展冰雪制造装备产业。通过顶层设计谋划长远发展，出台冰雪装备产业发展规划等，围绕中长期发展目标，制定产业扶持政策。积极促进黑龙江冰雪旅游工业制造业的转型升级，推进与冰雪旅游产业相关的工业制造产业快速发展，牢固树立精品品牌意识，切实改变市场竞争格局。邀请科研院所参与产品研发和技术改造，以国际先进产品技术标准为目标，开展核心技术研究与开发，提高产品技术水平和生产能力。推进骨干企业改造升级，并鼓励民营资本和中小企业积极参与，加快信息技术与冰雪装备制造产业深度融合。通过降低企业生产所需的能源及原材料综合成本、为有需要的企业提供贷款融资担保、帮助企业解决周转金接续等具体有效措施，为企业提供全方位的支持。引导企业实现差异化发展，细分市场找准定位，按照消费需求进行产品研发、设计、生产、营销。根据不同人群，研发多样化、适应性强的冰雪运动器材装备，既要立足大众休闲需求，开发性价比高的实用型装备，又要着眼具有高消费能力的人群，开发和生产科技含量高、使用体验优的高新技术产品。引导科研院所与企业开展全面合作，加快物联网、云计算、大数据的应用，积极拓展"个性化需求"的产品生产方式，通过互联网对接消费者，满足消费者的个性化需求，实施"以销定产"的生产销售模式。实施大型装备品牌战略，打造具有自主技术核心的品牌，填补黑龙江产业结构短板。

三是推进冰雪体育运动产业快速发展，加速冰雪产业与体育运动产业的深度融合。通过举办大型体育赛事和体育竞技娱乐活动，带动黑龙江与冰雪运动相关的休闲娱乐、旅游观光、装备制造、体育运动以及培训等相关产业的蓬勃发展，拉动区域经济飞速提升。既要以体育运动提高黑龙江冰雪旅游产业产品的丰富性和多样性，又要以冰雪旅游推进冰雪运动向产业化发展。

在制定冰雪旅游规划的同时，应把体育产业与黑龙江冰雪旅游规划、布局和运营等深度融合。加强与国际、国内体育组织和协会的合作，积极申办各类高水平冬季冰雪项目重大赛事，扩大黑龙江在国内外冰雪体育产业的知名度和影响力。引导社会资本投资参与体育场馆设施建设和运营，鼓励成立冰雪体育俱乐部，合理扩大赛事规模，引导群众积极参与冰雪健身消费。促进各类体育设施运动场馆面向群众开放，开展如雪地足球、雪上龙舟、冰壶、冰球、花样花冰、速度滑冰等群众喜闻乐见、参与性强的休闲健身项目，培养广大群众参与冰雪的兴趣。研究制定《冰雪运动进校园活动指南》，将教育部门纳入冰雪产业发展体系，让青少年接近冰雪、体验冰雪、享受冰雪。推动学生参与冰雪运动，掌握冰雪运动技能，把青少年人群作为冰雪运动后备人才的重点培养群体，推动冰雪运动在校园的教学、训练、竞赛等形成体系，加大冰雪运动后备人才的培养力度，引导全社会共同参与其中，鼓励引导社会力量开办各类青少年冰雪运动俱乐部。

（四）加大对小微企业财税金融扶持力度

建立健全促进冰雪旅游产业发展的财政、税收、金融等产业扶持政策，通过市场化运作，引导和鼓励社会资本设立冰雪经济发展专业基金；通过出台积极的引导性政策，提高广大从事冰雪旅游产业经营的小微企业的融资信用水平和能力，引导和扶持小微企业参与冰雪旅游经营。在产业扶持资金分配方面，应向冰雪产业倾斜，加大力度扶持冰雪旅游相关产业的发展。在国家支持的重点高新技术领域内，将与冰雪旅游相关的产品制造业、服务业等关键技术纳入其中。

（五）加强冰雪旅游人才队伍建设

冰雪旅游产业对相关从业人员的整体素质要求较高，专业性人才需求量大，黑龙江应制定《冰雪旅游产业人才发展规划》，建立健全冰雪旅游产业人才培养、认定、评价和激励机制，依托高校和科研院所加大力度推进专业化人才队伍的建设，并加大力度培养冰雪产业应用型人才。通过与高校及科研机构的深入合作，以产学研用相结合的模式，推进与冰雪旅游产业发展相关的如营销、策划、专业运动教练、规划设计、企业管理经营、安全防护、专业医护、机械器材维护、冰雕设计施工、工艺品开发制作等应用型、技能型专业人才的培养。通过切实的人才政策留住并用好存量人才，同时，引进国内国际高端专业人才，创造好的用人环境，留住人才、用好人才。

改革发展篇

Reform and Development Reports

B.15
黑龙江省沿边地区高质量发展研究*

孙浩进　梁汉昭　荣欣宇**

摘　要： 我国沿边地区在整体治理格局中的战略地位极其重要。黑龙江省沿边地区经济实力明显增强，基础设施功能明显改善，开发开放进程加快，民族发展稳步推进，生态文明建设不断加强，沿边地区居民生活水平显著提高。黑龙江省沿边地区也存在明显短板和不足，主要表现为基础层面的生产力弱，特色发展的实力较弱，中心城市对沿边地区带动力弱，沿边地区经济实力弱等。治国必须稳边、固边、兴边，黑龙江省深入实施新时代固边兴边富民行动，聚力推进高质量发展，统筹发展与安全，建设安全、开放、美丽、和谐、幸福的边疆强省，推动新时代固边兴边富民行动取得新突破。

---

* 基金项目：国家社会科学基金项目"东北地区资源型城市规模收缩问题研究"（21BJL048）。
** 孙浩进，经济学博士、博士后，黑龙江省社会科学院经济研究所所长，研究员，主要研究方向为发展经济学；梁汉昭，黑龙江省社会科学院在读硕士研究生，主要研究方向为政治经济学；荣欣宇，黑龙江省社会科学院在读硕士研究生，主要研究方向为政治经济学。

关键词： 黑龙江省 沿边地区 兴边富民

黑龙江省是我国沿边地区的大省，在"十四五"时期的发展阶段，黑龙江省在加快全面振兴全方位振兴进程中，新时代兴边富民行动取得新突破，为加快"开放龙江"建设、推动沿边地区高质量发展筑牢基础。

一 黑龙江省沿边地区发展现状

黑龙江省沿边地区总面积达到14.9万平方公里，占全省面积的32.3%，分布有8个边境市18个边境县（市、区）1393个边境村，常住人口265.3万人，占全省的8.3%。[①] 党的十八大以来，黑龙江省以沿边带动边疆、以边民惠及民族、以重点支持全面的兴边富民行动效果逐步显现，取得了重要发展成就，沿边地区的经济发展水平、居民收入等取得显著进步，成为龙江全面振兴全方位振兴的重要板块。

（一）经济发展水平不断提高

2021年，黑龙江省18个边境县（市、区）的地区生产总值达到1293.33亿元，同比增长6.8%，高于全省平均水平0.7个百分点（见图1）。

从2000~2021年这20年变迁看，全省人均GDP增加了3.87万元，全省18个边境县（市、区）GDP增速已实现连续3年超过全省平均水平。2000年沿边18个县（市、区），只有绥芬河市人均GDP超过万元（18736元），8个县（市、区）人均GDP在3000~7000元，其中孙吴县、饶河县仅有3000余元。从横向比较看，2020年沿边18个县（市、区）中，绥芬河、抚远、虎林、同江、漠河人均GDP位列前5，分别为78722元、60927元、56274元、49859元、47024元，分别比2000年增加了59986元、54026元、

---

① 资料来源：黑龙江省统计局网站。

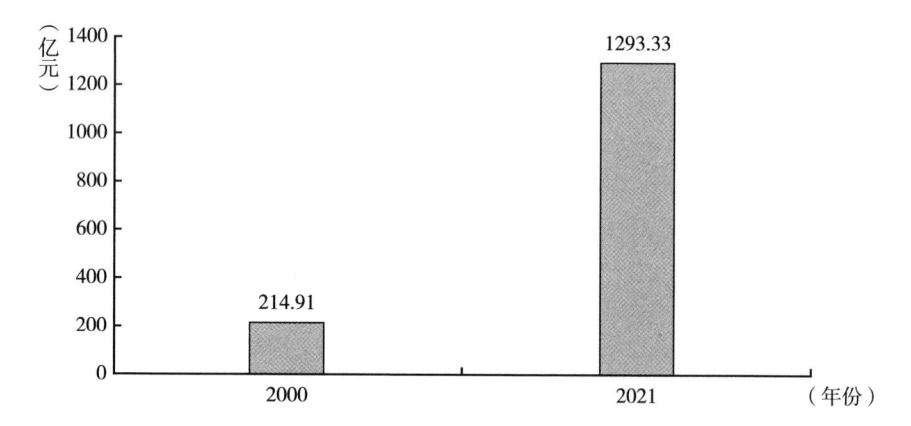

图1 2000年、2021年黑龙江省18个边境县（市、区）GDP对比

资料来源：黑龙江省18个边境县市历年政府工作报告及国民经济统计公报。

47568元、42638元、37120元。其中漠河市发展迅速，2021年突破5万元，达到50217元，是2012年的2.2倍。[①]

（二）居民生活水平得到提升

黑龙江省沿边地区在精准脱贫和发展优势特色产业的推动下，富民效果逐步显现。2021年，全省18个边境县（市、区）的地区生产总值达到1293.33亿元；城镇居民可支配收入达28273元，与2000年相比增长477.0%；农村居民人均可支配收入达17546元，与2000年相比增长627.0%。沿边地区的城乡低保人均保障标准逐年提高，实现"14连增"，2020年达到604元/月。2020年，省级财政拨付边境县（市、区）的困难群众救助补助资金达5.15亿元。[②] 黑龙江加大沿边地区义务教育阶段基础设施建设投入力度，义务教育学校全面实现标准化。

（三）边贸水平持续提高

黑龙江自贸区在沿边地区有黑河、绥芬河两个片区；绥芬河—东宁重点

---

① 资料来源：黑龙江省统计局网站。
② 资料来源：黑龙江省统计局网站。

开发开放试验区获批；哈欧俄班列、哈绥俄亚陆海联运、对俄货运包机等跨境运输实现常态化运营。2020年，黑河自贸片区对外贸易进出口总额完成41.81亿元，同比增长63.1%，贸易活力彰显。绥芬河自贸片区巩固扩大对外贸易，连接日韩到达我国东部沿海16个港口，在全国率先建立内贸货物跨境运输体系，形成沿边地区陆海联运独特优势，贸易额从1993年的15.00亿元，增长到2021年的163.18亿元，贸易品种达200余大类3000余品种，成为领跑全国沿边开放的排头兵。2022年1~7月，绥芬河自贸片区外贸额完成99.23亿元，同比增幅达7.7%，对俄贸易额完成86.63亿元，同比增幅达到8.6%。[1]

（四）生态保护取得良好成效

目前黑龙江省沿边地区已设立自然保护区72个，总面积3万平方公里。沿边地区有虎林市、漠河市和爱辉区、呼玛县、塔河县入选国家生态文明建设示范县（市、区）。在国家重点生态功能区县域生态环境质量考核中，穆棱市位列全国第三、全省第一。通过严格实施全域全时段秸秆禁烧、整治燃煤小锅炉、打击"散乱污"企业等措施，打赢"蓝天保卫战"，空气环境质量达标率达90%以上。落实"河湖长制"，加大地表水体水质动态监测力度，国控水体断面持续保持Ⅲ类以上，已完成污水处理厂改造项目。沿边地区实施黑土保护和农业"三减"工作，整治农业面源污染，村级生活垃圾收运处置体系基本全覆盖。逊克县全面推广畜禽养殖无害化处理，粪污处理设施装备配套率达100%，畜禽粪污废弃物资源化利用率达85%。[2] 沿边地区高度重视造林绿化工作，扎实推进"厕所革命"，农村人居环境明显改善。

二 黑龙江省沿边地区高质量发展的制约因素

黑龙江省沿边地区发展已取得长足进步，但总体上看，发展质量还不高，制约全省振兴发展。

---

[1] 资料来源：黑龙江省商务厅网站。
[2] 资料来源：黑龙江省环保厅网站。

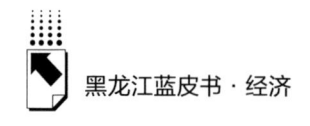

（一）总量"落差"：基础层面的生产力弱

1.沿边地区经济总量小、基础薄弱

黑龙江省沿边地区经济总量偏小且增速低。2016~2021年，18个边境县（市、区）GDP之和占全省GDP比重分别为8.8%、8.7%、8.7%、8.9%、6.63%、9.5%，始终不到一成。2016~2018年，鸡东、同江、东宁、穆棱、漠河、呼玛、塔河7个县（市、区）GDP有不同程度减少，其中呼玛、塔河降幅分别达19.5%和11.8%。2020~2021年，东宁、密山、抚远、孙吴、塔河、呼玛6个县（市、区）增速低于全省平均水平。统计资料显示，黑龙江省沿边地区综合经济发展指数为55.72，位列沿边9省区第5位，由于工业和科技支撑不足，黑龙江省沿边地区经济发展效率、经济发展技术效率排名从2012年的第2位、第5位，均降至2021年的第6位。[1]

从黑龙江省与东北沿边省区对比来看，2021年，黑龙江省地区生产总值排在第3位，仅比吉林高；第一产业增加值排在第1位，农业地位稳固；第二产业增加值排在最后，仅为内蒙古的一半，辽宁的37%；第三产业增加值排在第3位，仅比吉林高；进出口排在第2位，对俄开放具备一定比较优势；消费额排在第3位，财政收入则排在后。

从黑龙江省与西南沿边省区对比来看，2021年，黑龙江省地区生产总值排在第3位，仅比西藏高，远低于广西、云南，且差距很大，已不在一个数量级；第一产业增加值也排在第3位，虽为农业大省，但产值低于地处西南的广西、云南；第二产业增加值、第三产业增加值均排在第3位，均不到广西、云南的一半；进出口也排在第3位，不及广西的1/3，与云南差1000亿元，黑龙江省对俄开放，与西南地区对东南亚开放相比，差距很大；消费额、财政收入也均排在第3位，仅高于西藏。

从黑龙江省与西北沿边省区对比来看，2021年，黑龙江省地区生产总

---

[1] 资料来源：黑龙江统计局网站。

值高于甘肃，比新疆略低；第一产业增加值超过新疆、甘肃之和，农业优势明显；第二产业增加值、第三产业增加值均比甘肃高，但低于新疆；进出口排在第1位，略高于新疆，远高于甘肃，黑龙江省对俄开放与西北地区对中亚开放相比，优势比较大；消费额排在第1位，高于新疆、甘肃；财政收入比甘肃高、比新疆低。

综合来看，2021年，在沿边九省区中，黑龙江省第一产业产值排名第3位，在东北地区居于首位，农业优势明显；第二产业产值排名第6位，工业规模收缩明显，老工业基地的传统优势逐步消退；第三产业产值排名第5位，位居中游，近年来保持稳定增长；进出口总额排在第6位，在东北三省排名最后，对俄开放合作潜力还未充分释放。

如图2所示，总体来看，黑龙江省沿边地区发展水平不高、基础薄弱，在东北地区处于下游，比西北地区的甘肃有一定优势，与西南地区的广西、云南则不在一个数量级上，差距较大。

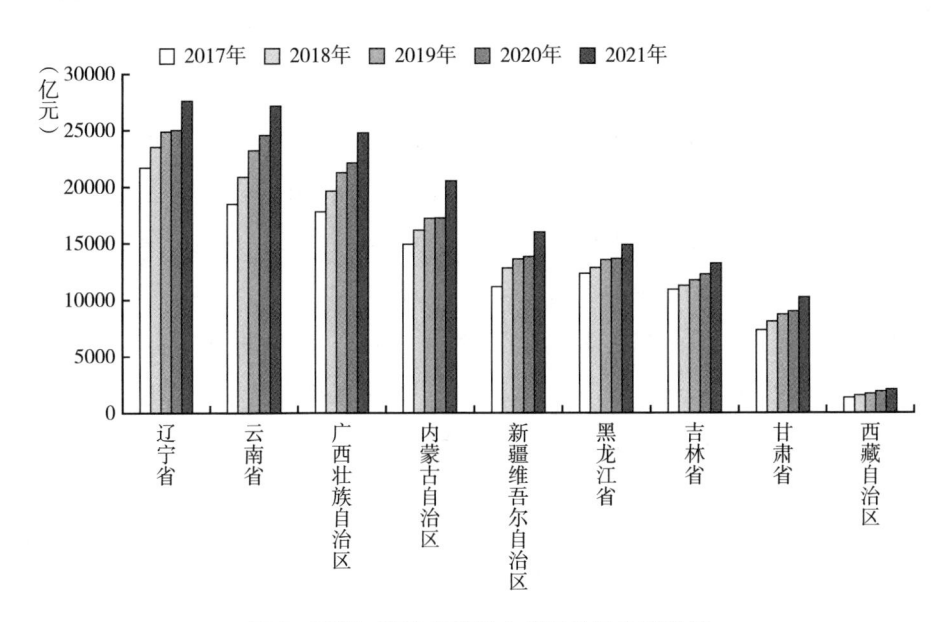

图2　2017~2021年沿边九省区地区生产总值

资料来源：国家统计局。

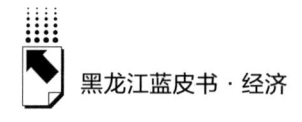

2. 沿边地区基础设施"短板"突出

黑龙江省沿边地区交通条件较差，有些区域还是无铁路、无高速、无机场的"三无"县。2020年，18个边境县（市、区）的公路总里程为3.56万公里，与2016年（3.52万公里）相比增加不到500公里；① 饶河、绥滨、嘉荫、漠河、呼玛、塔河6个县未通高速公路，对外经济交流合作仅靠低等级公路；干线公路等级低，"瓶颈"路段多。饶河、绥滨、东宁、呼玛、萝北、嘉荫、逊克7个县（市、区）未通铁路。沿边口岸之间、口岸与中心城市之间直达公路或铁路没有全覆盖，航空运输能力有限。部分沿边地区的生产生活设施普遍陈旧落后，农田水利设施建设滞后；移动基站数量少，手机通信和数据传输存在盲区；教育、医疗等基本公共服务投入不足，办学水平不高，职业教育、教师总量等存在结构性短缺。边境县市、乡镇、农村的医疗机构数量和规模与全省平均水平差距较大。

3. 沿边开放发展存在贸易"壁垒"

受政策差异影响，黑龙江省沿边地区部分商流、人流被邻省区分流，如部分加工企业和旅游客源进入内蒙古的满洲里、吉林的珲春等地。受俄国出口政策制约，原材料初级加工须在俄国境内完成，进口落地加工率降低，增值效应减弱。全省口岸中，有一半在充当物流中转角色，口岸通关能力不足，限制了吞吐量和通关速度，多年呈超负荷运转状态；一些口岸基础设施不完善，对俄联通功能受限，除绥芬河、黑河、同江、东宁等口岸有一定规模的客货运量外，其他口岸客货运量较小；哈欧、哈俄班列未实现规模运营，运输时间和成本优势没有显现。进出口贸易区域失衡，沿边地区进出口总量仅为全省的15.6%，且南北差距极大。

（二）产业"落差"：特色发展的实力较弱

1. 沿边地区产业层次低、业态较原始

黑龙江省沿边地区以种植业、养殖业、畜牧业、渔业等产业为主，产业

---

① 资料来源：黑龙江省交通厅网站。

层次较低，大多处于产业链、价值链低端，缺少大项目带动，也缺乏先进的生产技术、生产设备和规范的生产管理流程。与2016年相比，2019年18个边境县（市、区）全年主营业务收入500万元以上的工业企业单位数减少11家，亏损企业单位数增加1家，工业总产值减少251.6亿元。

2. 沿边地区产业结构不优、"逆工业化"

2020年，黑龙江省18个边境县（市、区）三次产业结构为49.3∶13.7∶37（见表1）。与全省相比，沿边地区的产业结构不尽合理，第一产业比重偏高，第二产业比重下降，第三产业略有下降，有11个边境县（市、区）第一产业占据"半壁江山"，工业化水平低、过度依赖农业仍然是边境地区发展的突出问题。与其他沿边省区相比，黑龙江省沿边地区产业结构中，第一产业比重大、优势明显，第二产业逆工业化态势明显，第三产业层次低、业态较原始。

表1 18个边境县（市、区）和全省三次产业结构对比表

年份	18个边境县（市、区）	全省
2016	40∶20∶40	17.4∶28.6∶54
2019	48∶13∶39	23.4∶26.6∶50
2020	49.3∶13.7∶37	25.1∶25.4∶49.5

资料来源：国家统计局。

3. 沿边地区旅游开发缺乏创新思路

与国内其他沿边省区相比，黑龙江省沿边地区的旅游资源富集、条件较好，优美的自然生态环境、朴素的乡土民风、独具特色的少数民族文化、独特的历史文化等都是优质的旅游资源，但在旅游产品开发上，仍存在思路不活、缺乏创意、只看重游客数量而忽视旅游体验和品质口碑等问题。黑龙江省沿边地区的旅游开发，还存在同质化开发和竞争问题，缺乏结合当地特色开发不同主题的旅游产品和服务，尚未形成具有沿边特色的全季全域旅游产业。

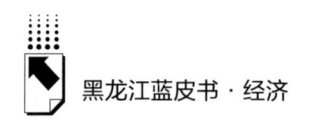

（三）梯度"落差"：中心城市对沿边地区带动力弱

1. 省内中心城市与沿边地区呈现分化

在黑龙江省沿边地区中，公共服务设施条件好、就业形势好、政策要素好的城市、城镇能够获得更多的人口和产业集群，而其他处于劣势的地区，其人口和产业将加快流失。一些自然资源禀赋和生态条件优越的边境地区，由于缺乏人口、产业、政策的红利，无法将自身优势转化为经济发展动能，从而被省内中心城市"虹吸"，持续失去人口和产业，陷入恶性循环，中心城市与沿边地区在发展上的分化比较明显。

2. 省内中心城市对沿边地区的辐射带动作用弱

东北振兴战略实施后，黑龙江省中心城市因资源集聚优势得到发展，但由于自身发展层级也不高，它们对沿边地区的辐射带动作用还比较弱。高寒地区的边境县孙吴、呼玛、塔河、漠河等，受省内大城市哈尔滨、大庆的辐射带动作用最弱；一些沿边地级市，如大兴安岭、黑河、伊春等地，受省内大城市哈尔滨、大庆的辐射带动作用也不大，得天独厚的自然资源和生态条件无法转化为经济增长率。

（四）集聚"落差"：沿边地区经济实力弱

1. 沿边地区的龙头企业偏少

从黑龙江省沿边地区的龙头企业来看，2020年沿边地区的规上企业有197家，仅占全省规上企业总数的5%。沿边地区的企业长期陷入资源输出或粗加工的路径依赖，资源消耗多、产业链条短，项目"短、平、快、小"，"拳头产品"较少，处于市场价值链的低端，难以形成更多积累，难以提升自我发展能力，难以整合优质资源，制约着沿边地区高质量发展。

2. 沿边地区的集聚效应弱

产业集聚效应弱是沿边地区的共性问题。黑龙江省沿边地区的集聚力较弱，产业发展要素缺乏、质量不高，制约当地经济增长和产业实力提高。沿边地区的产业发展存在着专业人才不足、资金支持不够、缺少先进的技术设备和管理、缺少有实力大企业的项目投入带动等问题，导致沿边地区产业集聚能力不足，产业园区"空心化"问题较为突出。沿边地区企业和从业人员90%以上集中在建制镇，建制镇在聚集发展要素方面具备优势。但建制镇内部优势分配也呈两极分化现象，在沿边地区的161个乡镇中，城关镇集聚了56万人口、2223家企业、505家工业企业、53家规上企业、4.3万从业人员，分别占沿边地区人口总量的20%、企业总量的43.6%、工业企业总量的30%、规上企业总量的27%、就业总量的48%；[1]非城关建制镇人口数量少、产业不集中。沿边地区的区位梯度"触底"，限制了本地区集聚发展。

（五）营商"落差"：发展环境的保障力弱

1. 沿边地区招商仍存在制约瓶颈

近年来，黑龙江省沿边地区经济增速低、产业结构转型慢，传统发展的思维定式和地域特有风俗等主客观因素，在很大程度上阻碍了市场的良好运转，导致沿边地区经济发展相对滞后，区域内经济引力不足，缺乏吸引外部企业投资的招商环境。

2. 沿边地区企业发展环境不优

与其他沿边省区相比，黑龙江省沿边地区还存在一些政策适用门槛太高，政策制定不接地气，沿边地区企业适用难获认可等问题。一些政策看得见、摸不着、用不上；一些政策覆盖不够普惠，市场环境有失公平；一些政策获取渠道不畅，企业与应享政策红利失之交臂。如果不能补齐这些"短板"，将难以形成发展环境的营商红利。

（六）人口"落差"：人口总量呈负增长态势

1. 沿边地区人口规模缩减削弱劳动生产力

2020年第7次全国人口普查数据显示，全省沿边地区常住人口为265.3

---

[1] 资料来源：根据黑龙江省沿边地区统计数据计算整理。

万人，与2010年第6次全国人口普查的318.8万人相比，减少53.5万人，下降16.8%，下降幅度与全省水平（16.9%）基本一致。黑龙江省18个边境县（市、区）人口均呈下降趋势，总体呈负增长，降幅最多的地区为塔河县、漠河市和穆棱市，分别减少44.8%、35.2%和32.8%。

2020年第7次全国人口普查数据显示，黑龙江省边境县（市、区）0~14岁人口达281825人，占边境县（市、区）人口总数比重为10.62%；15~59岁人口达1756094人，占比66.19%；60岁及以上人口达615184人，占比23.19%（见图3）。与2010年第6次全国人口普查相比，边境县（市、区）0~14岁人口比重下降1.95个百分点；15~59岁人口比重下降8.21个百分点；60岁及以上人口比重上升10.15个百分点，呈劳动力人口下降、老龄化程度加深的趋势。

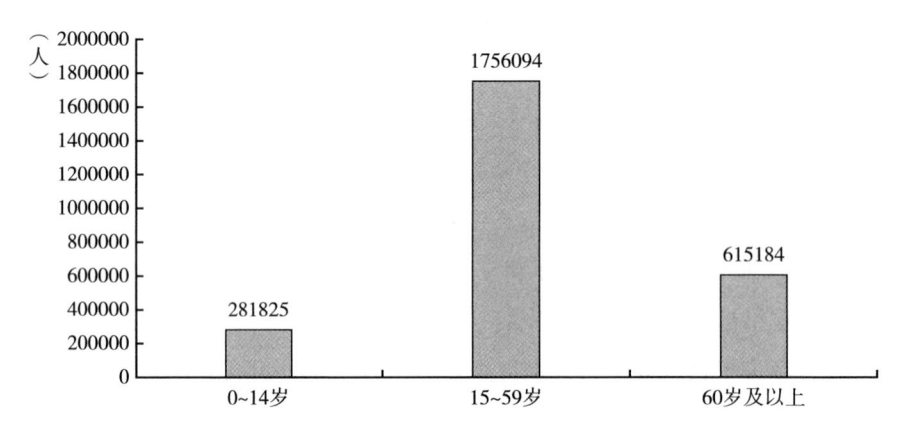

图3 2020年第7次人口普查数据中18个边境县（市、区）人口年龄结构

资料来源：黑龙江省18个边境县（市、区）历年政府工作报告、国民经济统计公报。

2. 沿边地区人才短缺问题严重

从人力资源角度看，黑龙江省沿边地区呈结构性短缺的特点，各类人才严重匮乏。据沿边地区的一些企业反映，在当地很难招到合格的工人和技术管理人员，高学历从业者、中高级技术人才、专业特长人才、技术工人等流失十分严重，"本地人才留不住、外地人才不爱来"现象突出。在沿边地区的公务员、事业单位招录考试中，存在因报名人数不足而取消相应岗位招考的情况；特别是少数民族干部培养选拔使用以及梯队建设后备力量严重不足。

三 黑龙江省沿边地区高质量发展的对策建议

沿边地区是黑龙江省经济社会发展的重要板块，推动实现沿边地区高质量发展，是加快振兴发展的重要基础。

（一）着力发展沿边地区的比较优势产业

黑龙江省沿边地区要立足"一县一业"和区域资源优势，打造全行业产业链，形成层次鲜明的产业发展体系，依托资源禀赋，坚持市场导向、对口帮扶，巩固脱贫攻坚成果，形成"资源—企业—市场"的流通发展循环，提高资源利用效率，因地制宜发展资源精深加工和冷资源利用产业，加快发展特色种养和食品精深加工以及新能源利用等产业。以高纬度种质资源研发应用推广促进农作物品种更新换代，以黑土地保护性耕作和高标准农田建设提高稳产优产能力，以市场需求为导向扩大汉麻、食用菌、中草药等的供给规模。吸引龙头企业或对口帮扶央企等投资边境地区特有的矿产资源、林下资源，打造"支柱项目"和"拳头产品"，培育知名品牌，提高市场占有率。依托新型农业经营主体联农带农富农的作用，推动更多小农户衔接现代农业，健全农村低收入人口常态化帮扶机制，巩固拓展脱贫攻坚成果与乡村振兴有效衔接。

（二）着力发展沿边地区的全域旅游产业

黑龙江省应统筹协调人文、区域、历史、民族等多样资源，打造沿边地区特色文旅产业，构建国家级民族旅游经济带，构建区域跨境旅游产业链，在充分展现龙江的民族风格、民族气派的同时吸引境外旅客，与俄罗斯等国家深化区域合作，不断优化双循环发展格局。黑龙江省沿边地区要打造跨界

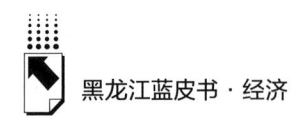

少数民族文旅融合新品牌，打造以界江风情、民族风情、跨国民俗等为主题的沿江民族特色风情旅游带。大力培育文旅特色小镇，将民俗、文化、红色、生态等元素融合并整体开发，形成视觉上有大美"龙江"冲击、感觉上有历史文化积淀、味觉上有舌尖美味的边境文旅业态。

（三）着力发展沿边地区的新兴产业

黑龙江省沿边地区应加快实现区域绿色发展、循环发展、低碳发展，推动产业动能转型升级，践行"绿水青山就是金山银山"的生态文明理念，实施相关生态文明治理政策，因地制宜推进风电、光伏、太阳能等新能源发展，加快新能源就地就近并网消纳。围绕发展碳汇经济，统筹开展山水林田湖草沙冰生态一体化保护和修复，建立健全生态产品价值实现机制，努力提供更多优质生态产品，推进生态产业化、产业生态化。围绕"双碳"目标和"双控"要求，做好减污降碳技术改造，提升绿色低碳循环发展水平。加强良种、造林、养护、经营等全链条减碳技术和碳汇计量检测技术指导，解决企业碳交易中遇到的问题，打造低碳县（市、区）和"零碳村"。

（四）着力提升沿边自贸片区效能

黑龙江省应依托政策优势，积极构建对外合作平台，不断提升沿边地区的自贸片区效能。黑龙江省沿边地区要用好用足自贸试验区政策，把哈尔滨、黑河、绥芬河片区制度创新和发展经验复制推广到沿边地区，实现政策效应省域共享。统筹推进跨境合作区建设，充分利用龙粤对口合作机制，携手开拓俄罗斯市场；将开发开放试验区与其他特殊政策功能区一体规划、通盘考虑，探索融合发展路径。在绥芬河行政区域内开展"离绥免税"政策，申请建设离域免税商场，探索建设全域封关运作的海关特殊监管区域。

（五）着力推进沿边地区的城镇化进程

黑龙江省应实施省域发展一体化战略，立足"以城带乡"发展战略，以中心城市带动沿边地区，发挥中心城市辐射带动作用，集中开展城—镇—

乡三位一体区域建设,加强沿边地区基础设施建设,实现城乡区域联动。促进交通条件良好的沿边县(市、区)加快融入哈尔滨现代都市经济圈,主动承接省会中心城市的辐射带动和产业梯度转移。发挥牡丹江、佳木斯等区域中心城市的辐射带动作用,鼓励边境县(市、区)参与并融入相邻地区一体化发展。扩大中心城市和边境地区产业协作规模,促进产业、资金、技术、人才和党政干部等要素向边境地区流动,加强边境地区多地联动、协调共进、整体发展能力。

(六)着力强化沿边地区的口岸建设

黑龙江省应发挥沿边地区重点口岸和边境城市内外联通作用,通过不断调整区域产业发展格局,推动产业结构优化升级,优化双循环发展体系,深化对外开放层次,统筹协调区域经济优势,建设区域特色产业集群,实现产业链纵深发展,优化项目审批制度,实现贸易自由化发展。积极打造跨境产业链,在沿边地区发展小家电加工、服装鞋帽加工等出口导向型产业,帮助市场主体解决融资担保、技术对接等难题,推动企业做大做强。

B.16
黑龙江省数字文旅产业发展研究

王化冰*

摘 要： 文化和旅游是数字经济的重要应用场景，文旅产业数字化已成为文化和旅游产业发展的主动力。黑龙江省数字化赋能文旅产业发展已取得一定成效，然而与国内其他地区相比尚有差距。因此，黑龙江省发展数字文旅产业需要进一步提升认知，加强顶层设计，强化创意为先，坚持跨界融合，不懈探索久久为功。

关键词： 数字文旅 文旅资源 黑龙江省

21世纪以来，随着第三次消费升级的不断深入和数字经济促进传统产业转型升级的持续推进，在5G等新一代数字技术的加持下，我国数字文旅迅猛发展，以人工智能、区块链、云计算和数据分析为代表的数智技术广泛应用于新媒体，创新了传播模式和生态，也将文旅产业带入了一个场景沉浸化、旅游媒体化、演艺互动化、交流社群化以及传统新活化等多维立体新场域。特别是"Z世代"开始成为我国文旅消费的新生力量，作为第一代"互联网原住民"，他们的审美趣味、价值观念、文化诉求等发生了显著的时代跃迁。多维的时代挑战，要求黑龙江省文旅产业必须与数字经济完美融合，以尽快完成自身的转型升级。

---

* 王化冰，黑龙江省社会科学院农业和农村发展研究所副研究员，主要研究方向为区域经济。

一 黑龙江省数字文旅产业发展状况

（一）建设智慧文旅平台，完善文旅市场监督和服务

1. 建构黑龙江省智慧旅游市场监督和公共服务平台

数字赋能科学管理，是黑龙江省文化与旅游产业高质量发展的新路径。为促进文旅融合发展、推动文化产业发展升级，自2019年起，黑龙江着力通过数字化赋能助力文旅产业的市场复苏和振兴发展，建设完成了黑龙江省智慧旅游市场监督和公共服务平台，该平台聚焦文旅产业监测、文化产业运行、文旅信息服务等领域，为文旅融合提供了新监管模式，为文旅公共服务提供了运行数据支撑。平台基于游客、管理者、文旅企业的需求，面向文旅行业监测的景区、旅行社、酒店以及博物馆、图书馆、非物质文化遗产等进行动态数据采集，横向与公安、交通、工商等部门进行数据共享，纵向对接景区视频、闸机客流等，并通过采购、交互、共享等方式，从运营商、国家智慧旅游公共服务平台处获取行业外部数据。平台涵盖智慧文旅大数据中心、旅游产业监管平台、产业运营平台和文化产业监测平台，重点关注文化产业监管、景区预约入园等服务，力求实现"一盘棋整合文旅资源，一张网监管市场态势，一张屏助力决策分析"，最终实现全省一体化数据与应用服务。

2. 创设"趣龙江"智慧旅游商务平台

"趣龙江"智慧旅游商务平台以"互联网平台+旅行社"为载体，以旅投集团为资源整合基地，致力打造黑龙江旅游总入口，构建全省旅游"一张网"，为游客提供一站式优质旅游服务和一机预定、一码通行、一键支付等智慧化服务功能，实现"一部手机游龙江"。

（二）强化文旅数字化推广，展现龙江文旅风貌

1. 开辟特色文旅专栏

黑龙江省文化和旅游厅、黑龙江日报报业集团开设新闻"龙江文旅"

频道，设置《北国好风光，尽在黑龙江》《龙江非遗风采》《黑土艺苑》《楚楚带你游龙江》等10余个专题专栏，实现全天在线的全新融媒体宣传推广。黑龙江省图书馆通过微信公众号、龙图云视听等平台，帮助广大读者足不出户"阅享"海量数字资源。文旅龙江公众号新增《文物说》栏目，让黑龙江省博物馆内的文物、古籍说话，发扬民族精神和传统文化。黑龙江省民族博物馆、绥化市博物馆，通过3D还原、VR全景展示等技术，将线下实体展馆搬上手机和电脑屏幕。

2. 云演云游展现龙江特色

黑龙江省直文艺院团将演艺活动由线下推到线上，举办京剧、评剧、龙江剧、曲艺、杂技、音乐会等云端演出。《龙江非遗故事》栏目邀请非遗传承人现场展示海伦剪纸、金漆镶嵌、葫芦烙画等丰富多彩的国家级、省级非物质文化遗产。

（三）加强数字文旅内容基地建设，发展网络文化创意产业

黑龙江动漫产业（平房）发展基地是黑龙江省最大的数字内容生产和服务外包承载平台，现拥有以动漫数字内容设计制作及出版、网络游戏、广告创意、影视制作、软件开发、信息数据、服务外包、广播电视等为代表的文创产业相关行业领域企业428家，包括新洋科技1家国家级重点动漫企业，鑫时空、亿林网络、智慧动画等9家国家级动漫企业，2家新三板上市企业。基地以动漫影视创意设计、扩展现实等为重点发展领域，打造以动漫数字创意设计产业聚集区、广告数字创意产业聚集区、工业设计产业聚集区为主的数字创意设计产业核心区，年生产能力超过8000分钟，与国内50余家企业及韩国、日本、中国香港、新加坡、印度、俄罗斯、美国、中东等地区有业务往来。基地经过近10年的发展，已拥有原创动漫作品共66部，其中13部作品在央视播出。

（四）打造数字文旅样板，引领全域数字文旅健康发展

"黑龙江省博物馆馆藏标本馆的数字化与共享"是国家科技资源共享服务

平台项目，2021年7月进入实施阶段，为我国东北地区环境变迁研究、生物多样性保护等科研项目提供权威的数据支持。黑河市打造的"智慧旅游服务平台一站式无障碍服务"成功入选全国智慧旅游典型案例。创新推动文旅产业数字化发展，依托思特传媒科技有限公司等国家级高新技术企业，挖掘数字艺术产品创意设计与制作，将数字艺术广泛应用于展馆展厅、亲子乐园、主题乐园、文旅、夜游、教育、数字艺术展、商业空间、运动健身、公关活动等各行各业。思特科技是国内首家提出"数字艺术+"概念的企业，其产品出口56个国家，服务国内数百个城市，并承担了国家文化和旅游部数字艺术产业推广交流活动项目任务，以"数字艺术+各行业"为主题，举办数字艺术创意大赛"光年奖"，面向全球范围征集全行业优秀案例进行评选。

二　国内文旅产业数字化赋能发展的总体情况及先进地区的经验做法

（一）数字文旅成为文旅产业发展的主动力

2020年文旅部出台了《文化和旅游部关于推动数字文化产业高质量发展的意见》，强调了要"在更广范围、更深层次、更高水平促进文旅与数字经济的融合""引导互联网及其他领域龙头企业布局数字文化产业"。

文化和旅游是数字经济的重要应用场景，"实施文化产业数字化战略"也是党的十九届五中全会的重要部署。从产业增长逻辑看，数字化已成为文化和旅游产业发展的主动力。2021年，数字文化新业态特征较为明显的16个行业小类实现营业收入39623亿元，比上年增长18.9%，两年平均增长20.5%，高于文化企业平均水平11.6个百分点，占文化企业营业收入的比重为33.3%。

数字文旅让各类传统的文化资源和旅游资源"活起来"，创造文旅产业新资源，催生文旅融合新业态，形成文旅产业新生态，开拓文旅产业发展新空间。

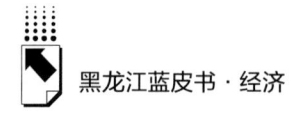

（二）先进地区积极探索实践

1.云南数字文旅的率先探索

云南省以整治旅游市场乱象为契机，与互联网头部企业腾讯强强联手，推出"一部手机游云南"项目，该项目的旅游综合管理平台在政府决策、城市管理、公共应急、行业监管、智慧统计等方面为政府治理提供了便利和支撑。"一机游"模式是"有为政府+有效市场"的产物，并在全国得以推广。

信息不对称的黑箱被"两微一抖、一手一书"的新传播方式打开，不仅有游客主动分享游记、攻略，帮助目的地扩大影响力和知名度，还有网红导游的流量红利，更突出的一个特点是涌现出一批文旅部门的基层干部积极利用短视频、直播等新媒体形式，为地方代言、替百姓带货，尝试走出一条数字时代的特色文旅营销之路，创新工作方式。

云南省从"一部手机游云南"到"云南云"，初步解决了云南文旅融合的数字化底盘问题，打造了全新的二次元旅游形象；并通过充分发掘西南联大背后的历史、文化和精神价值，将西南联大打造成为云南全新的文化符号，改变了云南传统旅游格局，为从"全域旅游"到"国家文化公园"建设做出了有益的探索。

2.贵州系统化发展数字文旅

作为全国首个大数据综合试验区，贵州省创设一套涵盖文旅智慧平台、全域旅游地图和多维宣传体系的智慧旅游体系，明确"大扶贫+文旅融合"和"大数据+文旅融合"两种数字文旅融合思路，实现文化持有主体转变为旅游形象大使、艺术创意创作转换为旅游产品、非物质文化遗产转化为旅游核心资源三种旅游资源转变，通过"政府+旅游公司+文化持有人+旅游者"四位一体协同发展，开启直接利用、整体提升、还原再现、集中展示、主题附会五种数字文旅深度融合模式。

3.上海做好数字文旅顶层设计和新赛道培育

《上海在线新文旅发展行动方案（2020—2022年）》提出"依托大数

据、云计算、物联网、移动互联网、人工智能及'5G+4K/8K'、区块链、边缘计算、人脸识别等新技术，加快推进文化旅游融合发展，加强文旅业态模式创新、服务创新、管理创新"。该行动方案确定了公共服务"数字赋能"、城市数字"文化旅游名片"、数字内容产业发展、新型基础设施建设四项专项行动。

《上海市培育"元宇宙"新赛道行动方案（2022—2025）》提出发展虚实交互新文旅。"运用数字人讲解、增强现实导览等技术，拓展全景旅游等新模式""引导全息投影、体感交互等技术与赛事、演唱会、音乐会等结合，打造沉浸式'云现场'"。

（三）数字文旅催生新业态新模式

"数字科技+文化+旅游"形成了线上博物馆、美术馆、艺术馆等线上文博，智慧酒店、智能客房、景区无人商店、无人售卖车等智慧旅游产品和服务，沉浸式展览、沉浸式游乐场、AR/VR主题乐园、全息主题餐厅等沉浸式场景，旅游智能装备用品、智能设施设备等旅游智能制造一系列新业态，数字文旅新模式在各地不断涌现。

1. 文旅入镜网络游戏

腾讯旗下游戏《QQ飞车》推出了四川文旅联名版本，四川主题赛道让全球玩家足不出户便能看熊猫、赏川剧、探秘三星堆博物馆、观赏蜀绣等非遗项目，神游"天府之国"。

2. 数字赋能活化传统文化

河南卫视从唐宫夜宴到洛神舞，将千年文化与现代艺术完美结合，通过数字化手段制作和传播，实现传统文化的传播活化。2021年河南卫视春晚的舞蹈节目《唐宫夜宴》成功"出圈"，引起广泛传播和讨论。在改编和呈现中，运用AR技术在后期剪辑中将舞蹈的唐代少女放置在虚拟的博物馆场景以及宫廷内，并在舞蹈演员的表演下串联起一幅幅名画，仿若在画中穿行，虚实相生。5G技术的加持极大丰富还原了节目沉浸氛围，又基于移动互联技术，实现在社交平台的二次传播。2021年河南卫视《端午奇妙游》

节目推出了水下舞蹈《祈》，拍摄过程融入了新的创意和科技手段，极大程度还原了《洛神赋》中"翩若惊鸿，皎若游龙"般的优美舞姿。在对舞蹈拍摄的后期处理中，节目组运用AR渲染技术将古画《千里江山图》无限纵深无限扩大，完美融入舞蹈当中。河南卫视的一系列尝试背后既有绚丽视觉特效的加持，更有上千年中原文化的积淀，《唐宫夜宴》和《祈》是数字技术在文化创意传播中应用的一例生动实践。

3. 数字赋能释放非遗文化新活力

在开发数字文化衍生品方面，汕头市委宣传部与奥飞娱乐合作，将地方特色的非遗文化与"超级飞侠"IP融合，以工夫茶、牛肉丸、粿品、潮阳剪纸四种非遗项目为脉络，推出《小飞侠看汕头》系列动画片，让观众感受汕头这座海滨城市美食非遗与风雅民俗的魅力。

4. 数字让文物"活起来""火起来"

线上3D博物馆、"云游"博物馆等各式"云展览""沉浸式展览"改变了传统展览的观展方式，并加强了互动。故宫作为近年来新晋"网红"景区，在智慧景区方面的探索也可圈可点。基于珍藏文化，故宫在2019年一次性推出7款数字产品，衍生而出的上万件故宫文创产品也圈粉无数。故宫与腾讯等联合打造的"玩转故宫"微信小程序，把真实的景点虚拟到手机地图上，游客可以从移动端观赏文物，领略故宫别样神韵。游客还可以通过小程序对展馆以及餐饮购物等进行搜索与导览，分享自己的旅游经历。数字化、网络化、新媒体化整合运营与文博资源发生"化学反应"，成为文物"活起来""火起来"的重要支撑。

三 黑龙江省数字文旅产业发展的对策建议

（一）参透本质，提升认知

黑龙江省数字文旅发展存在认识不高、理解不到位的问题。数字文旅不是简单的文化和旅游产业信息化，而是以数字化推动传统文旅产业转型升级,以互联网、大数据、人工智能等改造与提升传统业态,拓展文旅产品内涵,丰富数字文旅产品供给,提高服务水平,创新业态和模式,扩大产业范围,培育产业生态,重塑产业链。数字化赋能文旅产业发展,数字技术是纽带,突破空间制约;文化创意是核心,突出内容为王;融合发展是特色,扩大产业边界。"数字化"不是工具,而是一种底层逻辑,只有将"数字化"从"工具性"认知中解放出来,从文旅产业的顶层架构和数字经济的底层逻辑进行数字化思考,才能找到新的大陆,构建新的发展格局。

(二)顶层设计,重点突破

黑龙江省数字文旅发展存在政策体系不完善和发展重点不突出的问题。一是要加强数字文旅顶层设计和谋划引领,打通数字、文化和旅游三者之间的"藩篱",建立以文化为精神内核、以旅游为转化手段、以数字化为连接途径的数字文旅产业政策框架,整合分散的文化、旅游和数字产业资源。黑龙江省要贯彻落实文化和旅游部发布的《"十四五"文化和旅游发展规划》《"十四五"时期文化和旅游科技创新规划》《关于推动数字文化产业高质量发展的意见》等文件精神,对标先进地区政策体系,进一步推进文旅产业发展实施意见的制定和实施,完善支撑黑龙江省数字文旅产业发展的政策体系,将文化产业数字化发展重点任务统筹进相关部门制定的数字化发展规划和扶持政策,推动数字化转型,培育新业态新动能,加快科技创新发展成为推动文旅产业高质量发展的新动能。二是要突出发展重点,扩大优质数字文旅产品供给,释放新兴消费潜力。以大数据和数字化洞察需求,精准研发产品。强化用户体验,着力做好沉浸式、体验型产品内容生产与服务。

(三)需求为重,创意为先

现今的旅游已经从"走马观花"式的观光游览向"深度交互体验"转变,定制、体验、智能、互动等新兴消费模式融汇至沉浸式文旅体验中。而黑龙江省数字文旅在产品上存在核心IP缺乏,具有引领效应的数字文旅品牌尚未形成,动态体验和情感体验匮乏的问题;在市场上存在数字技术与市

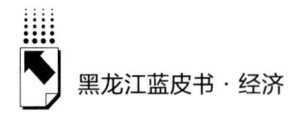

场需求"同频共振"不足，旅游者"现场"交互式体验需求难以满足的问题。

文化和旅游资源数字化是文旅产业与数字经济和创意产业的融合。创意是数字文旅的核心，结合黑龙江省文化资源丰厚的优势和动漫基地、文创基地等数字内容产业发展积淀，深入挖掘渤海文化、满族文化等优秀历史文化，抗联文化、北大荒文化、工业文化等红色文化，欧陆文化、生态文化、冰雪文化、音乐文化等现代文化，推进高新技术在文化内容创作、文化产品开发、虚拟景区建设、文化遗产数字复建等文化和旅游领域的应用，以"文化+旅游+数字"的形式强化文旅产品创意，培育龙江特色原创IP，多维诠释展现产品独特面貌，提升体验和传播效果，讲好龙江故事。

黑龙江省文旅资源数字化主要有三条路径：一是为现实世界资源做推广，偏重于营销；二是增加沉浸感和体验感，偏重于技术；三是依托本地甚至跳出本地资源，充分发挥创意能力将全国乃至全球的资源创意化，展现新内容、新场景、新模式、新业态，并通过创意的整体化、体系化、高端化来设置门槛，形成独特的数字资源，如数字藏品、网络小说、小视频、元宇宙等。资源非属地化和消费非属地化同时存在，资源的无限创意化及创意门槛化并存，实际上反映了数字经济时代文化和旅游产业跨域发展的特征。

（四）跨界融合，久久为功

黑龙江省数字文旅发展还存在数据共享机制尚未完全形成、旅游公共服务信息碎片化的问题。数字文旅是"文化+旅游+科技+数字+创意"产业全方位的融合，是满足消费新需求、顺应行业发展趋势的文旅新产品、新业态、新模式的创新集合，需要在管理跨界融合、产业（业务）整合融合和跨界复合型人才培养三个方面予以解决；打破思维孤岛、信息孤岛、管理孤岛，需要在思维模式、运营管理方式和人才培养范式上进行彻底的革新。

发展数字文旅需要不断探索和不懈坚持，任何创新都无法苛求一次成功，因此黑龙江省数字文旅发展必须在充分汲取其他地区的先进经验的基础上，发挥自身优势，培育树立典型示范，引领带动全省数字文旅发展。数字文旅发展需要长期坚持才能有成效，以故宫为例，自1998年故宫博物院成立数字资料中心以来，故宫就在文物数字化保护的道路上不断探索，全面推动"故宫数字孪生体"建设，将文物、古建三维数据通过数字故宫小程序、数字多宝盒平台等网络平台向公众展示，制作推出的《全景故宫》栏目，创造了数字文旅时代景区运营典范。

参考文献

赵蕾：《黑龙江省加快文旅融合数字化发展研究》，载《黑龙江经济发展报告（2022）》，社会科学文献出版社，2022。

北京京和文旅发展研究院：《中国文化产业和旅游业年度盘点（2021）》，2022。

B.17
黑龙江省平台经济发展研究

高 原*

摘 要： 自2022年以来，黑龙江省开启了发展平台经济的新阶段，提出了"平台龙江"发展战略与规划。黑龙江省发展平台经济具有得天独厚得优势，发展稳中有进。当前，处于起步阶段的黑龙江省平台经济的发展还存在一定问题和困境，因此，要不断探索加快推进黑龙江省平台经济高质量发展的路径，将平台经济纳入当前振兴龙江的大局中，促进平台经济规范健康发展，引导平台经济为龙江振兴发展提供新动能。

关键词： 黑龙江省 平台经济 数字技术

平台是数字经济的重要基础，平台经济是数字经济的重要内容。为顺应新一轮科技革命和产业革命大势，抓住数字经济发展的时代机遇，黑龙江省正加快平台经济发展步伐，在《黑龙江省"十四五"数字经济发展规划》中提出加快发展平台经济、共享经济，加快擦亮龙江数字经济大品牌，使平台经济成为推动振兴龙江经济、实现高质量发展的突破口和着力点。

一 黑龙江省平台经济发展的现状

习近平总书记在中央财经委员会第9次会议上指出，平台经济在经济社

---

* 高原，博士，黑龙江省社会科学院马克思主义研究所，助理研究员，主要研究方向为现代化理论。

会发展大局中的地位和作用越来越突出，它有利于提升全社会的资源配置效率，推动技术和产业变革朝着信息化、数字化、智能化方向加速演化，有利于畅通国民经济循环的各个环节，也有利于提升国家治理的智能化、全域化、个性化、精细化水平。

在数字经济的大环境下，平台经济是一种新型的经济形式，它不仅是一种提升，同时也是一种变革。作为新产业体系的组成部分，平台经济是一种新的交易组织方式，它改变了传统的交易供求界面的方式，也改变了生产与配送的组织形式，对供应与消费的连接产生了新的影响。如今，电商平台更多的是一个提供货物交易与服务的平台，但是它还没有被扩展到研发和生产制造方面。如果新一代平台能够被扩展到研发和生产制造方面，并且与物联网相融合，那么它就有可能引起巨大的变化，进而对经济新形态、新型产业发展造成很大的冲击，使产业链形态、竞争格局和价值链发生变化。

近年来，黑龙江省经济位次后移，各项指标下滑，其深层次的原因源自结构性矛盾，例如产业结构失衡、产品结构失衡、技术结构失衡、需求结构失衡、发展模式失衡等。认清这些矛盾，剔除这些"顽疾"，是振兴龙江经济的首要任务。因此，作为传统老工业基地和全国重要的粮食生产基地，在落实"六个龙江"的部署中，黑龙江省要大力积极部署发展平台经济，支持平台企业在引领发展、创造就业、国际国内竞争中大显身手。大力发展平台经济，一方面可以充分发挥黑龙江省资源禀赋优势，推动产业振兴，发挥实体经济产业的优势，进一步拓展经济发展空间、激发经济发展潜能。另一方面，可以更好地支持欠发达地区实现跨越式发展，从而推动黑龙江省全省区域协调发展。

平台经济是引领未来的数字经济新形态，是加快经济社会数字化转型的新引擎，是新型经济提质增效的重要推动力，将为黑龙江的振兴发展提供新的价值要素。

黑龙江省平台经济发展成效显著，在"数字龙江"建设上取得了突破性的进展。

第一，自2021年以来黑龙江省委省政府多次出台相关政策文件，围绕平台经济统筹工作部署，制定出台《〈推动"数字龙江"建设加快数字经济高质量发展若干政策措施〉实施纲则（试行）》《黑龙江省加快平台经济高质量发展的实施意见》《黑龙江省"十四五"数字经济发展规划》等重要文件，为平台经济健康发展指明目标和方向。

第二，平台经济的不断壮大，为黑龙江省数字经济高质量发展注入全新动能，自2022年起，黑龙江省委省政府确定了"换道超车"的发展方向，华为、中兴、腾讯、百度、京东，以及其他一些国内领先的公司相继落户黑龙江；北物、华大、大北农、丰原、华恒、甜丰等生物经济头部企业"根植"黑土，数字经济、生物经济、生命科学交叉融合的业态格局正在加速形成。

第三，从支撑基础来看，中国移动哈尔滨数据中心已经启动三期建设，中国移动黑龙江公司继续加大在黑龙江的投资力度，与25家政府、企事业单位围绕数字经济、数字化制造、跨境电商合作和农林领域进行签约。

第四，平台经济为黑龙江省创造了一系列新职业、新发展平台，为就业市场发展提供了持续增量。其中既有外卖员、网约车司机等劳动密集型岗位，也有云计算、人工智能等知识密集型岗位，吸纳了大量就业人口。

二 黑龙江省发展平台经济的优势分析

为深入贯彻习近平总书记关于数字经济的重要讲话精神，加快黑龙江省平台经济高质量、跨越式发展，黑龙江省在《黑龙江省加快平台经济高质量发展的实施意见》中提出，到2025年，全省平台经济发展成效显著，为'数字龙江'建设、现代化新龙江建设提供重要支撑，基本建成东北地区平台经济创新发展示范区。引进国内外具备规模和影响力的平台经济头部企业30家，培育具有竞争力的本地平台企业50家，围绕大数据、工业互联网、电子商务等重点领域打造10个数字产业集聚区，培育一批综合型和特色型平台经济示范城市，重点领域平台体系基本形成。平台经济与经济社会各领域融合程度不断加深，关键业务环节全面数字化的大型制造企业比例达到

60%左右，规模以上企业比例达到40%左右，全省电子商务交易额突破6000亿元，网络零售额达到1000亿元，平台融合赋能效应逐步显现。包容审慎的监管体系基本形成，协同高效、系统规范的平台经济治理模式加快构建，平台经济健康发展生态初步建立。这些目标的设立，完全基于黑龙江省的优势。

第一，具有丰富的资源优势，向北开放区位优势明显。

就黑龙江所处的生态环境而言，黑龙江省发展"智能化"的优势十分明显。"青山绿水"可以成为"金山银山"，"冰雪覆盖"同样可以成为"金山银山"。黑龙江省森林覆盖率已达41.9%，森林、河流、湿地等生态旅游资源具有一定的连片性，同时还具有寒冷地区特有的气候特点，是黑龙江省具有的独特优势。在"十四五"时期，黑龙江省将利用其独特而又优秀的旅游资源，利用物联网、云计算、大数据、人工智能、区块链、AR、VR等新一代信息技术，把黑龙江省的冰雪经济发展壮大起来，促进整个冰雪产业的数字化转型与升级，打响"数字冰雪"的名号，把龙江打造成国家智慧生态旅游与康养的第一选择。从区位上看，黑龙江省在跨境电商方面优势明显。中国（黑龙江）自贸区于2019年8月26日正式批复，黑龙江成为我国第一个在边境建立自贸区的区域。2022年，黑龙江省对"一带一路"沿线主要国家的进出口总额达2087.4亿元，同比增长39.0%，占全省外贸总值的78.7%，比上年提升3.4个百分点。其中，出口额316.6亿元，同比增长39.6%；进口额1770.8亿元，同比增长38.9%。对RCEP贸易伙伴的进出口总额达240.3亿元，同比增长32.3%，占全省外贸总值的9.1%。其中，出口额121.5亿元，同比增长50.1%；进口额118.8亿元，同比增长18%。黑龙江作为国家重要的向北开放窗口，"十四五"期间可以利用绿色有机大省、对俄大通道、东北亚经贸合作重要枢纽等区位优势，加快跨境电商综试区建设，做大做强对俄跨境电商平台，加快发展电子商务的新型业态。

第二，传统老工业基地，产业优势明显，发展潜力巨大。

作为农业大省，黑龙江省拥有独具特色的黑土资源，能够生产出丰富的粮食作物，如大豆、小麦、玉米、马铃薯和水稻，同时也涵盖了多种经济作物，如甜菜、亚麻和烤烟等。草原面积约433万公顷，有着得天独厚的原料和生态优势，是世界公认的粮肉乳绒黄金产业带，适合发展高品质农牧产品加工业。林业经营总面积3126万公顷，活立木总蓄积15亿立方米，是国家最重要的国有林区和最大的木材生产基地。有经济价值的野生植物资源蕴藏量约250万吨，可食用的在25万吨以上，野生条草造纸原料超100万吨，各种药材125万吨。在农业数字化领域，黑龙江省未来发展前景广阔。围绕打造北大荒农业产业数字化的先导区，黑龙江省支撑农业率先实现现代化，将新一代的信息技术广泛应用于全省的农业生产、管理、服务、营销等全链条、全环节，开展区块链在农业监测、产品溯源、提升品牌化等过程中的创新应用，叫响"链上农业"的龙江品牌。

作为老工业基地，在智能制造方面，黑龙江省大有可为。黑龙江拥有大型工业企业，同时也有大量的工业数据资源。"十四五"时期，黑龙江将继续围绕"神舟飞船""嫦娥探月""国产航空母舰""核电设备""燃气轮机""百万千瓦水轮发电机"等项目，推出一批国家重大装备，彰显龙江的实力，打造"龙江制造"的品牌。

第三，具有雄厚的科教人才支撑，5G基础设施良好。

黑龙江拥有丰富的科教资源和深厚的创新底蕴。黑龙江拥有78所高等院校。此外，还有79个国家级科技创新平台，如国家重点实验室、国家工程技术研究中心和企业技术创新中心等。此外，还有290个省级重点实验室，404个省级工程技术研究中心和226个科研院所。近10年来，黑龙江省获得了144项国家科技奖项，并且刘永坦院士荣获了2018年度国家最高科学技术奖。这些科技创新成果支撑了太空探索、嫦娥探月、火星探测和深海潜水等重大工程的实现。每年数字经济相关专业的本硕博毕业生超3万人，截至2022年7月，黑龙江省在数字经济领域已拥有4873项相关发明专利。仅在省科技成果转化中心成果库，就有529项数字经济领域的科技成果，并已建立661个各类科技创新基地和平台、297个重点实验室以及356个工程技术研究中心。另外，还设立了10个数字经济领域的新型研发机构和5个产学研用联盟。黑龙江省拥有良好的5G基础设施和众多的平台支撑，在"中国云谷"、"鲲鹏"生态创新中心、黑龙江省联通公司数字化研究院、哈工大"AI研究院"，且在5G技术创新和发展的基础上，进一步完善了5G技术创新和发展的基础设施。截至2022年10月，黑龙江移动共建成27800个5G网络基站，基本覆盖3A级以上景区、重点村庄和高速公路，行政村覆盖率为72%。黑龙江移动5G网络在2022年底前将建成30000个5G网络，2023年前将建成35000个5G网络。中国移动哈尔滨数据中心的三期工程，于2022年9月20日举行了正式动工典礼，该工程计划投入资金17亿元，总建筑面积约为7.09万平方米，建造包括3栋数据机房大楼，以及与之相匹配的制冷站，并计划安装服务器10582台。三期工程全部建成投产后，哈尔滨数据中心将拥有2.9万的装机能力。截至2022年，哈尔滨数据中心已有18600台服务器投入生产使用，超过120家企业进入，包括百度、阿里、腾讯、字节跳动、京东等，并为全省20多个企业和机构提供了云计算的支持。

三 黑龙江省平台经济发展存在的问题

黑龙江省目前正处于转型发展的关键时期，必须积极推进平台经济的发展，加速实现经济数字化转型和提高产业链供应链的现代化水平，以适应经济结构优化和增长动力转换的发展需要。平台经济作为拉动经济发展的重要引擎日益被各地所重视，但是从全国平台经济发展水平来看，目前黑龙江省发展平台经济还面临着很多挑战，存在一些困境。

第一，平台经济迅猛崛起成为当前全球经济发展的一个显著趋势。国务院政府工作报告连续三年将发展平台经济作为重要任务，因此，平台经济的发展已成为一种势不可挡的趋势。然而，在黑龙江省，干部群众和社会各界对平台经济的理解和认知尚存在一定的差距。许多人对平台经济的了解还不够深刻，有些人甚至将平台经济与电商经济、互联网经济等同起来，且对于平台经济的规律理解存在不足之处。因此，推动黑龙江省平台经济发展，推动数字化改革，亟须提升人们认识平台经济的能力和意识，深化人们对区块链、人工智能、大数据、物联网、云计算等新技术的认知。

第二，与传统支柱产业相比，黑龙江省平台经济起步较晚，现有平台经济总量偏小，规模不够，发展速度偏慢，尚未成为新的有力的经济增长点，短期内无法弥补传统产业下滑带来的缺口。黑龙江当前在平台经济领域缺乏具有重要影响力的龙头企业、领军型企业，且缺乏"独角兽企业"的引领，显示了黑龙江省未来在推动平台经济发展和提升规模效益方面还有非常远的路要走，要下大气力来提升平台经济的规模效应以及对实体经济的拉动效应。

第三，在激发创新层面的相关制度、政策和环境方面，黑龙江还有待进一步改善。中共中央政治局在2022年4月举行的会议中指出，要推动平台经济的健康发展，并完成平台经济的专项整改工作。为此，政府出台了具体措施，实施常态化监管，并通过《扎实稳住经济一揽子政策措施》和《关于推动平台经济规范健康持续发展的若干意见》等文件，强调要促进平台经济的规范健康发展。此外，国家市场监督管理总局还部署开展了"百家电商平台点亮"行动，进一步促进了平台经济的健康发展。政府在平台经济发展过程中也针对其暴露的问题出台了多份政策文件，并不断完善相关监管规定和配套措施。这些举措均向平台经济释放出重大利好，将促进平台经济健康发展置于重要位置。而黑龙江省关于促进平台经济发展的政策尚处于宏观层面，还没有真切回应平台企业的需求和建议。

第四，对平台的监管还有不足，破坏市场秩序行为屡见不鲜，平台用户利益遭到侵害。创新离不开"试错"，这也是平台经济等新经济"成长的烦恼"。随着平台经济迅速崛起，滥用市场优势地位的行为日渐增多，破坏了市场竞争秩序，一定程度上阻碍了行业创新。平台经济呈一定程度的"内卷化"竞争格局，出现了一些诸如"二选一""大数据杀熟""价格歧视"等乱象。如果任由平台经济野蛮生长，不仅危害消费者权益，还会抑制企业创新，推高市场成本，更有可能带来系统性风险。由于多种元素叠加，黑龙江省关于平台经济的监管还缺乏健全的包容审慎监管机制，且在数字化监管建设上的投入不足，信用监管效能不够。

四 黑龙江省平台经济发展的路径

随着平台经济在数字技术上不断增加投入，以及系统化、长期稳定、常态化的平台经济综合监管生态的形成和完善，平台经济将在促进经济高质量发展中发挥更重要作用，黑龙江省平台企业也将成为创新引领实体经济发展的重要力量。

第一，要利用国家政策，积极制定促进黑龙江平台经济发展的政策措施。近年来，我国出台了若干政策，初步构建了有活力、有创新力的制度环境，为平台经济的发展营造了良好氛围。2019年，国务院办公厅发布《关于促进平台经济规范健康发展的指导意见》。2021年，"十四五"规划提出要支持平台企业创新发展、增强国际竞争力。2022年国家发改委等9部门联合印发《关于推动平台经济规范健康持续发展的若干意见》。2022年国务院印发《扎实稳住经济的一揽子政策措施》，明确提出要"促进平台经济规范健康发展"。黑龙江省应积极深入研究国家的政策，探索制定适合黑龙江省平台经济发展的政策，引领黑龙江省平台经济进入新阶段。在政策加持、平台赋能、创新驱动合力作用下，提高黑龙江平台经济的发展速度。

第二，要把握新的发展趋势，将商品交易市场转型升级的目标与平台经济的发展密切结合，打造网络时代新的商品交易市场。围绕"以提高发展质量和效益为中心，以供给侧结构性改革为主线"的要求，积极培育和引进平台性企业，集聚和培育平台运作及创新性人才，营造有利于平台经济发展的商务环境，让平台经济成为经济转型的要抓手、商业模式创新的重要载体。明确黑龙江省平台发展重点，推进商品市场和产业融合发展。未来经济活动智能化、分工链条整合化、信息需求全面化、交易便利安全化、资源集约节约化将成为引领性新趋势，这些新趋势会对未来平台经济产生横向拓展、纵向延伸、跨界融合、并购整合的新发展。因此，应鼓励商品交易市场掌握消费新变化与趋势，加强与产业融合发展，优化产业重组。

第三，要培育行业龙头企业，构造区域产业集群，增强平台辐射力。黑龙江省平台经济缺乏"独角兽企业"的引领，因此要培育行业龙头企业。一方面，要积极树立大型平台经济标杆企业，对于已经初具规模的龙头企业给予大力支持，对高成长性企业实施综合培育计划，助力黑龙江省平台企业跳得更高跑得更快；另一方面，因地制宜引进和培育一批具有较强影响力甚至国际影响力的龙头型平台企业（平台经济总部），并利用现有平台优势和上下游产业链的紧密关系，策划设置区域性总部，以其经济带动作用为支撑，有针对性地吸引投资，聚集一批国际一流的平台经济总部，从而有效拓宽平台经济的业务范畴，并推动区域性平台的国际竞争力得到进一步提升。此外，还要利用功能性平台加快集聚特色平台企业构造区域产业群。在全省范围内利用产业园区发展的功能优势，鼓励引导与当地产业相关联的金融、物流、贸易、供应链管理、人才资源服务、法律专业服务等领域的平台企业集聚入驻，不断凸显经济效益和市场功能。提升平台企业整合辐射能力，形成大规模的产业集群。同时，强化品牌平台的建设，实现品牌的集中发展。

第四，要从"建平台、育载体、筑生态"三个方面优化黑龙江省平台经济发展布局，打造重点领域平台体系，夯实数字经济发展新基础。一是要把握好科技资源的优势。利用好黑龙江省本地高校和科研院所的科研力量，利用学术资源、人才资源来强化共性关键技术和前瞻性、引领性数字技术研发布局，着力突破一批前沿引领技术与颠覆性技术。二是要把握好数字产业的已有基础。要结合重点优势领域来推动产业数字化，重点瞄准集成电路、传感器、高清晰新型显示、可穿戴设备等新型数字产业，实现产业链的强链和延链，有所侧重地培育壮大软件和信息服务企业。三是要把握好已有的工农服务业发展基础优势。以创新促发展，以应用带产业，以市场换技术，推动数字技术和实体经济深度融合。四是要把握好双向的市场优势。以数字化新业态、新模式来培育拓宽本地平台经济市场，以数字贸易、数字文化交流来活跃外循环市场，数字文化、数字文创、元宇宙等数字经济的新型业态，都值得黑龙江省进行不断地探索和实践。

第五，要推进监管制度创新，营造健康发展环境。针对平台经济的常态化监管，黑龙江省应积极制定平台经济监管制度。一是创新监管手段和治理方法。平台服务的影响力持续增强，也给政策部门带来很大的压力：供需双方的人数不断上升可能导致行业垄断。但平台的性质意味着现有的监管制度通常并不适用，需要新兴的监管手段和方法。可以借鉴英国政府采用的"沙盒监管"模式，鼓励新模式、新业态的发展，形成政府、平台、企业、消费者共同参与的新型治理方式。二是实施"点线面"结合的工作机制。在"面"上，主要针对平台创业、平台企业、类平台等，建立完善"分类—遴选—评价—辅导—扶持"的工作机制；在"线"上，主要回答"互联网+制造"究竟如何推进、"互联网+服务"究竟如何推进，成熟一批、推进一批；在"点"上，回答如何培育发展市场化的平台企业，如何培育发展公共服务平台。三是完善扶持政策。制定并健全推进有关扶持政策和措施，将政策扶持与统筹协调重点行业、重点区域和重大项目建设相结合。着重发挥财税政策在构建市场体系过程中所起到的导向作用，着重对金融、物流、法务、信息、会展等服务业企业的营业税差额征收工作进行深入的探讨和完善。四是利用大数据对企业诚信系统进行优化，以降低企业在平台上的交易风险和费用。信用经济作为一种先进的市场经济形态，是实现平台经济健康发展的一个关键因素。通过网络技术，特别是以数据挖掘技术为代表的网络技术，并运用新技术，建立符合中国特点的诚信评估体系和诚信体系，为推动平台经济的发展创造有利的社会氛围和软件条件。五是为发展平台经济提供更好的软硬件条件。良好的信息基础设施条件是发展现代平台的重要支撑。要加快推动智慧城市的建设，加快完善信息基础设施，拓展信息技术在经济、社会、城市管理等领域的应用，提高城市的智慧智能水平，为平台经济的深化升级提供硬件的全面支撑。在政府采购中，加强平台技术的运用，完善政府的电子政务体系，并针对电子商务行业，出台各项优惠政策来促进物联网行业的发展，同时，也要根据移动计算技术带来的生活变化，出台相关的政策以促云计算行业的进一步发展，从而为平台经济的发展提供持续的推动力。

B.18 黑龙江省装备制造业与数字经济融合发展研究

尹 岚*

摘　要： 在数字经济时代的今天，实现高质量、高水平的服务化转型已经成为制造业发展的必然趋势。装备制造业是我国制造体系的基础，因此，要建立一个具有自主可控的现代化工业体系，必须加速其服务转型。市场竞争、客户个性化服务需求、客户参与需求、数字环境和政策环境等因素对装备制造业的服务需求起到了重要推动作用，而客户个性化服务需求、数字环境还起到了中介作用；资本获得能力在服务和市场竞争中具有正向的调节效应，对客户个性化服务需求、客户参与需求、数字环境、政策环境和服务质量等方面都有积极的影响。为此，应大力提倡公平的市场竞争、建立以数字技术为基础的信息技术共享平台、加大融资力度，以推动我国装备制造业的高质量服务。

关键词： 数字经济　装备制造业　黑龙江

制造装备行业为国家经济各领域提供工作基础设备，推动相关行业发展，是我国产业的核心、国家经济的命脉以及综合实力的关键支柱。当前，我国制造装备业亟待在关键技术如技术自主、核心技术自主可控等方面实现重大突破。服务化具备高价值、高知识、无形化等特性，能够有效提升整个制造装备行业的附加值和创新能力，并贯穿于"十四五"时期绿色、数字

---

* 尹岚，黑龙江省社会科学院经济研究所研究实习员，主要研究方向为发展经济学。

化、智能化发展的全程。党的十九届六中全会提出了"立足新发展阶段，实施新发展理念，构筑新发展格局，促进高品质发展"的任务。在新发展阶段，依托网络技术、人工智能、大数据等技术的数字经济将成为推动我国科技独立自强、实现经济社会高品质发展的"新焦点"。近年来，中央政府和国务院对数字经济发展高度重视。党的十九大报告强调，要加速发展先进制造业，促进互联网、大数据、人工智能与实体经济深度融合。《"十四五"数字经济发展规划》为我国数字经济发展奠定了"四梁八柱"，为数字经济发展提供了坚实支持。在数字经济时代，以数字技术为基础，推动制造装备业的高品质发展，对提升制造装备业的服务水平具有重要意义。

一 黑龙江省装备制造业与数字经济融合概况

"十四五"时期，黑龙江省正处于全面深化改革和加速振兴东北老工业基地的关键阶段，坚定执行"创新驱动"策略，可实现产量规模持续扩大、产业结构不断优化以及质量效益逐步提升，同时，航空宇航、绿色能源、环保设备、机器人、新能源汽车等高级装备制造业产业链得以发展。

2021年1~6月，通用设备制造业、汽车制造业及专用设备制造业的增加值同比分别增长15.2%、23.1%和29.6%。黑龙江省中国一重集团有限公司2021年1~6月的营业收入和利润总额同比增长15.06%和50.26%。哈尔滨电器集团有限公司作为黑龙江省第二大重型设备制造企业，2021年1~6月销售收入同比增长20.9%，正式合同金额同比增长7.9%。

同时，黑龙江省装备制造业在技术创新和发展方面取得了显著进步，一些关键装备制造企业在某些技术领域已处于世界领先水平。以中国一重集团有限公司为例，该公司共提交了71项专利申请，其中44项为发明专利，23项已获得授权。哈尔滨电力集团在金沙江白鹤滩水电站建设的全球首个百万千瓦级水力发电项目在2021年上半年顺利投产。总体来看，在自身基础和政策支持下，近年来黑龙江省装备制造业已取得了较为理想的发展成绩。

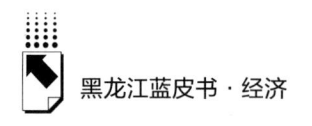

（一）企业技术创新投入力度加大，政府出台扶持政策

在"十三五"时期，黑龙江省政府对装备制造业的扶持力度逐步加大，投资规模不断壮大。2020年，在1124家规模以上的工业企业中，有23.0%的企业填报了"研发费用"指标；其中，318家为高级装备制造业，填报"研发费用"指标的企业有148家。同年，高级装备制造企业的研发支出同比增长14.3%。黑龙江省的技术创新能力有所提升，从基础研究到小试、中试以及产业化等各方面均取得了显著的进步。

（二）产业结构逐步优化，技术创新规模逐步扩大

在"十三五"时期，黑龙江省总共建立了68个国家级创新平台、1161个省级创新平台以及1932家高科技企业。在航天装备、新型直升机、核能设备、舰船动力等领域实现了显著突破，企业的技术创新实力也在逐步加强。

（三）装备制造业生产规模稳步增长

2021年上半年黑龙江省经济稳健增长，尤其是装备制造业方面。2021年1~6月，黑龙江省取得了5990.5亿元的生产总值，同比增长10.3%；高端技术制造业实现增长16.3%；规模以上工业的营业收入同比增长22.1%，利润总额提高71.6%，其中装备制造业的增速超过30.0%。

二 黑龙江省装备制造业与数字经济融合问题分析

（一）数字基础设施薄弱

数字基础设施是数字经济发展的根本和必要条件。数据作为数字经济的关键生产要素，在数字产业化和产业数字化进程中，会不可避免地产生大量数据。目前，黑龙江省数字经济发展正处于起步阶段，数字基础设施建设仍

处于初级水平。黑龙江已建立了37000个5G基站,而同期浙江省有97000个,江苏省有102000个。与江苏、浙江等省份相比,黑龙江省的5G基站覆盖率较低。截至目前,千兆宽带、IPv6等数字基础设施仅覆盖黑龙江省部分城市核心区域,尚未真正覆盖装备制造业企业。数据链难以实现畅通,装备制造业企业无法对数据进行充分挖掘和分析,客户需求偏好难以准确把握,使得装备制造业产业链各环节数据难以高效连接,降低了生产要素效率。数字技术对装备制造业的影响也逐渐减小,导致装备制造企业无法充分利用数字化技术,难以整合信息技术资源。

(二)产业科技创新能力弱

近几年,黑龙江省装备制造业在哈尔滨工业大学、哈尔滨工程大学等高等院校和众多高科技研究机构的支持下,在很多关键技术方面实现了突破,特别是在航天设备、智能制造、机器人等先进装备制造领域取得了显著进步。然而,黑龙江省的整体研发和创新能力远低于国内先进地区,自主创新能力不足,部分关键技术和核心零部件无法自主研发,大量依赖进口,容易出现"卡脖子"现象,严重限制了装备制造业的中高端发展。数字经济的发展为黑龙江省装备制造业带来了新机遇,数字经济是基于数字技术推动的,数字技术有助于推进装备制造业发展,协助核心技术和关键零部件实现自主研发,提高装备制造业的自主创新能力。但由于数字技术水平低、数字化创新体系尚未建立、数字领域高端人才缺乏,装备制造业创新能力不足。第一,数字化技术在传统装备制造业中的应用有限。受数字经济时代影响,在黑龙江省的装备制造业中,数字技术的运用仍处于初级水平,尤其是中小企业,缺乏资金和技术人员支持,大部分数字技术还处于模仿和复制阶段,而数字孪生技术、区块链等数字技术则相对薄弱。第二,数字创新体系尚未建立。目前,黑龙江省高校、科研机构与装备制造业企业之间的数字技术合作不足,数字技术创新平台尚未形成,导致产学研与装备制造业的数字技术创新缺乏有效沟通与合作,数字科技成果难以向装备制造业转化,限制了数字创新体系的构建,数字经济的创新功能无法充分发挥。第三,在数字技方面，我国装备制造行业的高端技术人才短缺。人才是数字经济发展的关键因素，目前黑龙江省数字化人才十分匮乏。尽管黑龙江省拥有哈工大、哈工程等著名大学，每年都会培养出大批优秀的人才，但由于区位和经济发展等因素，黑龙江省的人才一直在流失。黑龙江省的大学和科研院所缺乏数字经济方面的人才，尤其是缺少数字核心技术和软件方面的人才，这就导致了数字经济的发展并不顺利。

（三）产业数字化生产能力低

黑龙江省数字经济对装备制造产业发展的影响仍处于初级阶段。尽管黑龙江省的装备制造业已经实现了大量自动化，但距离数字化水平仍有相当长的距离，例如智能制造、网络协同、个性化定制等生产方式都尚未达到预期。第一，许多中小企业尚未完成数字化转型。在黑龙江省，大部分装备制造企业属于中小型企业。从目前的数字经济发展来看，这些企业在资金和技术方面具有优势，在数字经济中占据主导地位。然而，中小微企业存在资金、技术和人才方面的限制，对数字经济的认识不足，数字化水平较低，因此许多中小企业并未真正参与到数字经济中。此外，数字化设备和智能制造工厂在中小微型企业中的普及程度有限，智能制造、网络化协同、个性化定制等模式在装备制造业中的中小微企业尚未实现，装备制造业整体数字化生产能力较低。第二，缺乏具有行业优势的公司。在数字化转型过程中，龙头企业是行业的领导者，具有较大的影响力。它们可以基于自身优势，对数字技术进行创新，从而在龙头企业的引领下，行业内许多中小企业得以参与数字化过程，提升行业的数字化水平。尤其对于装备制造业这种高技术水平的产业，中小企业在技术上难以取得突破，发挥龙头企业的带动作用是实现数字化的最佳途径。尽管黑龙江省拥有众多装备制造企业，但缺乏具有行业优势的龙头企业。在2020年的中国百强企业中，黑龙江省没有一家企业上榜。

（四）产业链数字化协同性差

产业链的数字化改革是实现装备制造业高品质发展的关键，需要产业链中的企业通过数据整合与共享，消除生产过程中的"信息孤岛"现象。然而，在数字技术助力装备制造业高品质发展的过程中，数据开放与共享的水平不足，供应链上下游企业协同程度有限，导致产业链数字化不完整，影响装备制造业的高品质发展。

1. 缺少数据开放和共享平台

在数字经济时代，随着数字技术的进步，数据呈爆炸式增长，数据具有巨大的效率提升潜力和价值创造能力，因此变得越来越重要。在数据采集过程中，必须确保数据的安全性，否则可能导致用户数据被盗取，用户个人隐私受到侵犯。

2. 产业链协同性不足

数字经济将黑龙江省的数字技术应用于装备制造领域，加强产业链中各企业的数据连接，从而推动整个产业链的数字化。然而，从黑龙江省的装备制造领域来看，部分大型装备制造业企业通过大数据、工业互联网等数字技术整合产业链上下游信息，只实现了企业内部的数字协同生产。由于上下游之间存在数据共享障碍，企业间缺乏信息交流，产业链整体无法实现协同化生产。此外，部分行业内的企业之间存在竞争，这也成为制约整个行业发展的问题。

三 数字经济赋能黑龙江省装备制造业高质量发展的对策建议

当前，我国经济发展正处于转型期。随着数字经济的崛起和数字化技术的迅速进步，数字经济将与实体经济深度融合，赋能经济发展。近年来，黑龙江省装备制造业发展速度相对较慢，面临诸多挑战，亟须数字技术支持。本文从多个角度提出创新型政策和措施，以推动黑龙江省装备制造业高质量发展，包括强化数字基础设施建设，提升数字科技创新质量和水平，发挥龙头企业的带动作用，提高产业链数字化水平，推进政府数字化转型、打造良好的营商环境。

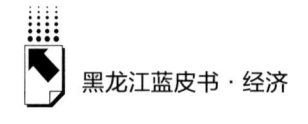

（一）强化数字基础设施建设

在数字经济时代，数据凭借其巨大的价值创造能力，成为重要的生产要素。而数据的采集、存储和处理离不开优良的数字化基础设施，而这些基础设施对于大数据等数字技术应用于装备制造业具有基础支撑作用，完善的数字基础设施是发展数字经济的前提。目前，黑龙江省的数字化基础设施建设仍有待完善，为加快"数字龙江"的建设，黑龙江省应尽快规划5G、高速宽带、大数据中心等数字化基础设施和产业网络，为黑龙江省装备制造业实现高质量发展奠定坚实基础。黑龙江省迫切需要建立一批国家级数字化基础设施，重点包括5G基站、千兆宽带等，加速IPv6规模部署和应用，引导装备制造业企业完善基础设施建设，大幅提升重点中心城市、重点园区的5G基站、千兆宽带覆盖率，为工业物联网平台建设提供数据资源支持。同时，大力推进制造业大数据中心和云计算中心的建立，提升数据采集、处理、存储等方面的能力，为工业互联网平台发展提供数据支持。构建工业互联网平台，形成以生产制造、销售服务等为中心的生产和服务体系。

（二）提升数字科技创新质量和水平

数字经济已成为我国工业发展的新引擎，利用数字化技术提升我国装备制造的创新能力和水平，主要从两个方面着手：一方面是构建数字技术创新平台，另一方面是加强数字领域人才培养和引进。

1. 构建数字技术创新平台

要增强数字技术创新能力，加大对数字技术创新的支持力度，激励数字技术创新发展，形成数字创新体系，完善三个数字技术创新平台。首先是完善数字技术创新研发平台，要建立以哈工大、哈工程等高校和科研院所为支柱，以装备制造业企业为核心的数字技术创新研发平台，对接装备制造业关键数字技术研发，为装备制造业企业提供技术支持。其次是搭建数字化技术成果转化平台，服务于装备制造企业吸收和转化成果，并对新技术、新设备、新产品进行适时更新，保障数字化技术的持续发展。最后是建立数字化人才服务平台，大力吸引国内外高层次人才，将高端人才融入数字技术人才服务平台，利用平台作用实现人才、技术资源共享，为装备制造业提供技术创新支持。

2. 加强数字领域人才培养和引进

加大对本地人才的培育力度。目前黑龙江省的数字经济正处于发展初级阶段，亟须大量数字化高端产业的专业技术人才，而现有的数字技术人才还远远不足，因此，必须加大数字技术人才的培养和吸引力度。在人才培养方面，首先要进一步完善哈工大、哈工程等高校的人才培养体系，依据当前的发展需求，设立与数字经济相关的专业课程，加速人才培养；其次是加强哈工大等高校与装备制造业企业的合作，为大学生提供创新实践平台，同时企业可将员工送至高校进行数字经济理论知识的学习，加快培育创新型、技术型人才；最后是加强政府与企业的协同，国家通过各类财政支持对人才进行培训，企业也在积极研究制定相应的培训计划，根据企业需求，制定各类培训方案，提高人才的专业素养。数字经济的壮大和数字化技术的发展与创新，均需拥有专业的数字技术人员。在人才引进方面，黑龙江省应借鉴国外的人才政策，完善人才引进体系，制定住房和落户等相关优惠政策，包括住宿、医疗等，为高层次人才提供优良的工作环境和机会；人才引进后，还应关注如何留住人才，解决其子女教育、配偶就业等问题，让人才真正成为企业发展的核心，提升企业的归属感。

（三）发挥龙头企业的带动作用

当前黑龙江省的装备制造业总体处于相对滞后的状态，尤其是部分中小型装备制造企业，数字化水平和信息化技术不足，要实现数字经济对装备制造业高质量发展的赋能，必须加速装备制造业数字化改革，发挥装备制造业领军企业的引领作用，引入先进的数字技术，发挥产业集群优势，推动区域内企业数字化转型，同时培育一批专注特色做优做强的装备制造业小巨头企业，培育一批专业化、精细化、特色化、创新化中小企业。

1. 以龙头企业带动装备制造业产业集群发展

以领军企业为核心，发挥产业聚集作用。一方面，要支持装备制造业领先企业数字化发展，培育一批领军企业，鼓励哈电集团和哈飞集团等企业将先进的数字化技术运用于实际工作中，通过数字化生产示范，利用集群优势，推动集群内企业的数字化转型。另一方面，与高校及科研院所建立数字交流平台，实现数字技术创新成果的应用，带动产业链上的中小企业数字化水平提升，支持企业进行数字化、网络化、智能化技术改进，鼓励企业针对重大数字项目规划与建设，集中力量培育装备制造业领军企业。指导和支持地方的领军企业开展海外并购、投资和产业布局，加快形成跨省跨区域的企业集群。当前，黑龙江省缺乏大型的互联网公司，互联网企业发展相对滞后，迫切需要一批互联网公司来推进黑龙江省的发展。

2. 打造专精特新数字化"小巨人"企业

装备制造业属于技术密集型产业，中小企业在资金、技术和人才等方面存在不足，实现数字一体化较为困难。为打造专精特新和"小巨人"数字化装备制造企业，黑龙江省需要关注中小企业的特点，培养装备制造领域的"隐形冠军"。每年选拔一批规模较大的企业作为年度循环培育目标，促使它们充分发挥优势，加强要素支持，推动它们的规范化发展。推动科技服务业转型，加快科技创新创业基地建设，促进科技企业数字化发展。

（四）提高产业链数字化水平

现阶段黑龙江省缺少合法、透明、共享的数据资源，既无法充分利用和共享数据信息，也无法确保数据安全，亟须建立符合规定的数据开放与共享制度。首先，需制定和完善数据流通的市场规则，规范数据互联互通，以消除装备制造业生产中的"信息孤岛"。其次，在数字化经济应用中，应构建统一的标准化规范，如管理、安全、检测等方面的标准，以及智能化设备标准，便于企业间的信息交流，真正实现互联互通。最后，提升整个产业链的数字化水平。加快工业机器人、智能传感器、高端数控机床等智能制造设备的自主研发、制造和应用，通过技术和数据渗透，优先实现重点装备制造业产业链的数字化升级，开展链上企业的智能制造生产活动。充分发挥产业数字化与数字产业化的双重驱动力，促进产业链各环节企业实现数字化协同生产，从而实现以智能化为核心的产业链数字化转型发展。

（五）推进政府数字化转型，打造良好的营商环境

黑龙江省经济高质量发展离不开良好的营商环境。数字经济在推动工业数字化发展的同时，面临诸多挑战，必须依靠政府和市场共同发挥数字经济的巨大潜能，加快黑龙江省"数字政府"建设，推进政府数字化转型，创造优质营商环境，从而为黑龙江省装备制造业的高质量发展助力。

1. 做好政府数字化顶层设计，打造"数字龙江"

推动黑龙江政府数字化转型，提升政府管理水平，加速体制现代化建设，对营造和谐营商环境、促进数字经济发展、提升装备制造业发展水平具有重要意义。首先，应运用大数据、互联网等数字技术建立综合性政务服务体系，逐渐形成跨地区政府综合服务体系。其次，构建规范、开放、共享的信息体系，利用数字化技术整合与分享信息，充分利用数据价值创造功能，确保信息安全和隐私。最后，加大政府数字化管理工作力度，深化"放管服"改革，强化政府部门监管。

2. 构建"1+4"体系，助推数字龙江环境发展

营造良好的营商环境至关重要。首先，依托数字经济，打造"数字政府"以推进政府数字化转型。其次，强调市场功能，使市场成为资源分配的主要依据，激发和释放社会各领域发展活力。政府需把握宏观调控，处理好越位与缺位问题，形成以企业为主体、以市场为导向的格局，更好地发挥政府作用。最后，建立公平、合法的市场竞争机制，完善市场运行机制，加强市场监管，保护各市场主体的合法权益。《黑龙江省"十四五"优化营商环境规划》指出，"十四五"期间要创建具有国内竞争力的营商环境，构建"1+4"发展战略，持续推进"放管服"改革，不断提升龙江服务水平和供给品质，努力创造充满活力、公平竞争、良好市场氛围的环境。

参考文献

曹正勇:《数字经济背景下促进我国工业高质量发展的新制造模式研究》,《理论探讨》2018年第2期。

陈瑾、何宁:《高质量发展下中国制造业升级路径与对策——以装备制造业为例》,《企业经济》2018年第10期。

江小国、何建波、方蕾:《制造业高质量发展水平测度、区域差异与提升路径》,《上海经济研究》2019年第7期。

王德辉、吴子昂:《数字经济促进我国制造业转型升级的机制与对策研究》,《长白学刊》2020年第6期。

赵涛、张智、梁上坤:《数字经济、创业活跃度与高质量发展——来自中国城市的经验证据》,《管理世界》2020年第10期。

郑夕玉:《互联网时代我国数字经济发展策略研究——基于美国和欧盟发展经验的启示》,《西南金融》2019年第12期。

宗良、刘晨、刘官菁:《全球数字经济格局变革前景与策略思考》,《中国经济评论》2022年第3期。

张晓东:《国内外数字经济与实体经济融合发展的经验借鉴》,《当代经济》2022年第1期。

B.19 黑龙江省地方国有企业改革研究

王大业*

摘 要： 党的二十大指出"深化国资国企改革，加快国有经济布局优化和结构调整，推动国有资本和国有企业做强做优做大，提升企业核心竞争力"，这为今后国企国资改革指明了方向，国有企业在推进中国式现代化的过程中被赋予了神圣的时代感和使命感，这是在新的历史起点上中央对国资国企改革做出的重大部署。本报告主要以黑龙江省地方国有企业为主要研究对象，在党的二十大胜利召开的时代背景下，系统地回顾了黑龙江省地方国有企业近几年取得的主要成效，分析了当前改革发展存在的主要问题，并在企业层面提出改革的对策建议。本报告从解放思想提升改革质量、发挥交易集团助推功能、防范化解企业经营风险、加强领导以党的建设引领改革等方面对黑龙江省地方国有企业的改革发展提出具有时效性与参考性的建议。

关键词： 黑龙江省 国资国企 地方国有企业

党的十九大以来，黑龙江省委、省政府坚决贯彻中央关于国有企业改革的相关部署，经过多年的艰苦努力，黑龙江省地方国企已经由"改革脱困"阶段进入"改革发展"阶段。2022年是黑龙江省地方国有企业实施《"十四五"黑龙江省国资系统国有资本布局结构调整规划》和《黑龙江省国资

---

* 王大业，黑龙江省社会科学院经济研究所助理研究员，主要研究方向为工业经济学。

委出资企业"十四五"发展规划纲要》承上启下的关键一年,是决战国企改革三年行动的收官之年,对于黑龙江省地方国有企业改革工作具有特殊的意义。目前,黑龙江省处于政策叠加、乘势而上的机遇期,爬坡过坎、调整转型的攻坚期,矛盾累积、风险交织的凸显期,激发潜力、振兴发展的关键期,全省地方国有企业改革既面临前所未有的风险挑战,也面临前所未有的重大发展机遇。当前的改革主要聚焦于服务黑龙江经济社会发展的大局上,主要在提高国有企业运行质量、提高改革质效、加快企业高质量发展、防范化解各类风险、强化监管协同、党建与生产经营深度融合方面开展改革工作,2022年基本实现"两增一控三提高"("两增"即利润总额和净利润增速高于全省经济增速,"一控"即控制好资产负债率,"三提高"即净资产收益率、全员劳动生产率、研发经费投入进一步提高)。

一 黑龙江省地方国企改革的主要成效

实施国企改革三年行动以来,黑龙江省地方国企坚决贯彻党中央关于国企改革的重要工作精神指示,在确保企业改革发展道路正确性的同时,确保改革的主体任务基本完成。省委、省政府坚决落实高位推动策略,分管副省长全程指挥改革总体进程,把工作推进、考核绩效、领导问责作为助推手段贯穿于改革全程,黑龙江省地方国企改革三年行动取得较好进展。

(一)挖掘发展潜力,锚定稳定增长

2021年,黑龙江省地方国企营业收入创历史新高、利润总额稳步回升、社会贡献大幅提高、资产负债率保持稳定。2021年全省地方国有企业累计实现营业收入1807.65亿元,同比增长16.58%,两年平均增长16.23%,创历史新高;实现利润37.27亿元,同比增长176.18%,两年平均增长16.97%;已交税费99.42亿元,同比增长22.27%,两年平均增长6.12%。其中,省国资委出资企业累计实现营业收入1167.78亿元,同比增长19.60%,两年平均增长20.87%。实现利润27.29亿元,同比增长88.41%,

两年平均增长5.63%；已交税费67.16亿元，同比增长20.78%，两年平均增长10.83%。① 2022年1~9月，全省地方国有企业累计实现营业收入1414.71亿元，同比增长17.79%；实现利润31.14亿元，同比增长130.74%。其中，省国资委出资企业累计实现营业收入992.17亿元，同比增长25.24%；实现利润33.86亿元，同比增长80.24%。地方国有企业主要经济指标稳定向好，国企改革红利逐步向社会面释放，带动龙江实现全面振兴全方位振兴。

（二）深化企业改革，提升改革效率

改革促进了企业效益的提升，以省国资委出资企业为例，2021年与2016年相比，主要经济指标呈"4个明显增长、1个持续向好"特点。其中，"4个明显增长"指资产总额年均增长23.7%；所有者权益年均增长30%；营业收入年均增长17%；上缴税金年均增长13.3%。"1个持续向好"指经济效益持续向好，已连续5年保持整体盈利，较2016年扭亏增盈近40亿元。黑龙江省改革任务完成率高于全国地方平均进度，省级层面国企改革三年行动任务整体完成率达88.9%，高出全国地方平均进度4个百分点，其中省国资委出资企业国企改革三年行动任务共741项，完成633项，完成率85.43%，超年度计划目标15个百分点。市（地）层面任务共719项，完成608项，完成率84.56%，超年度计划目标14个百分点。

（三）优化资本布局，提升监管能效

黑龙江省地方国有企业持续推动重组整合，对旅投集团、招标公司实施重组，外贸集团实行托管。2021年支持产投集团并购恒丰纸业集团29.93%股权，新增1户控股上市公司，国有资源配置更加优化。监管效能得到有效提升。创新监管方式，强化经营业绩考核，探索开展分类核算、分类考核；

---

① 资料来源：国务院国有资产监督管理委员网站，http：//www.sasac.gov.cn/n2588025/n2588129/c22821304/content.html。

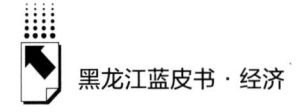

研究制定专项监督、综合监督、协同监督办法；对省国资委出资企业集团全面实行委派总会计师制度，同时在47家子企业开展试点工作；加强企业重大事项审计监督，在4家出资企业开展总审计师试点；完成国资国企在线监管系统基础建设，逐步实现对重点业务、关键环节动态监管，切实提高了监管能力和水平。

（四）坚持党建引领，彰显社会担当

围绕深化国企改革三年行动，开展"强堡垒、争先锋、促改革"专项行动，深化创建"一企一特色"党建品牌210余个，10个企业党建示范点被列为全省基层党建示范点。开展党建责任制与经营责任制联动试点工作，组织全省地方国企考察学习一重集团党建与企业中心工作深度融合经验，在全省范围开展以高质量党建引领高质量发展的相关学习活动。2021年，在省国资委的组织下，地方国有企业招收招录大学生、退伍军人1400多名，吸纳农民工就业近25万人；扛起煤电保供责任，安全释放产能，加强应急储备，累计完成煤炭发运、采购、储备近2000万吨，增发保供电量近2亿千瓦，全力保障电网、热网设施正常运行，为确保省内经济平稳运行和社会稳定发挥了重要作用。对于一些投资周期长、投资量大、回报慢的基础设施产业和高端产业，黑龙江地方国企优化产业结构布局，为民营企业投资中下游产业提供基础条件和发展平台。

二 黑龙江省地方国企改革存在的主要问题

黑龙江省地方国有企业改革潜力大、活力足、带动性强，前期改革取得了一定的成绩。但从外部环境看，受国内外市场需求端收缩、供给端萎靡、国际市场预期减弱等多重影响，黑龙江省地方国有企业发展步伐放缓；从内部环境看，当前黑龙江省地方国有企业改革发展基础相对薄弱、亏损治理工作进展相对缓慢等问题亟待解决。

（一）亏损治理工作相对缓慢

目前，黑龙江省地方国有企业治亏工作还存在效果不理想、任务未达预期、与省委省政府要求有差距等问题，部分亏损企业面临亏损面大、亏损额居高不下的窘境。提升黑龙江省地方国有企业扭亏治亏的信心，就是要疏通"堵点"、铲除"痛点"、解剖"难点"，推动黑龙江国企改革三年行动重点亏损企业治理工作全面完成。部分地方国企需进一步强化治亏认知，明晰亏损对企业高质量发展的负面影响，应在思想上高度重视，以治亏为导向，提升企业治亏的自愈能力，用管理治亏扭亏，通过精简管理机构、压缩运行成本、转换经营管理理念等方式开展企业扭亏治亏工作。部分亏损企业亏损的原因仍需深入剖析，应对治亏理亏工作进行细化并落实到个人，同时借鉴好的经验和做法，确保亏损治理工作的完成，既要保证减亏扭亏的短期目标，也要保证扭亏不返亏的长期目标。一些亏损的地方国有企业对接省国资委5个督导组和市（地）国资监管机构及出资企业治亏工作督导组的主动性有待进一步提高，国资监管机构的督导作用未得到有效利用和释放、绩效考核的引领督导作用未得到充分发挥。

（二）改革发展基础相对薄弱

黑龙江省地方国有企业改革步入"改革发展"阶段，当前面临的主要问题是改革发展基础的相对薄弱。新中国成立初期，黑龙江省地方国有企业因为独特的地理位置和战略地位，在完成国家使命的同时也背负了沉重的历史包袱，历史遗留的一些僵尸空壳企业，影响了黑龙江省国有企业改革的总体进度。一些地方国企在某种程度上延续建国初期高度集中的计划经济管理模式，政府对企业生产经营的干预程度和企业对政府的依赖程度较高，企业发展空间狭窄，改革视角受限。一些地方国企管理机制陈旧，导致在短期内改革很难取得成效，三项制度改革尚未完全到位，企业内部仍存在用工形式不规范、干部身份意识浓、行政管理色彩重等问题。由于区域经济增长缓慢、个人发展前景较差、工资福利待遇较低，黑龙江省地

方国有企业的中层人力资源逐渐外流到南方地区,这也是黑龙江省地方国有企业改革发展基础薄弱的主要原因。

三 黑龙江省地方国企改革的对策

(一)解放思想,提升改革质量

黑龙江省地方国有企业要学习把握党的二十大关于国资国企改革的相关精神,把党的二十大精神内化为企业的改革思路,细化改革措施,在抢抓历史机遇中实现企业超越式发展。持续深入学习领会习近平总书记关于国资国企改革的重要指示批示精神,把全局性、牵引性、制度性作为改革主基调,让黑龙江省地方国有企业步入内核驱动与经济发展双赢的"快车轨道"。

一是围绕服务全省经济发展的战略来解放思想,彰显中国式现代化的国企时代担当。各级地方国有企业党员干部要深刻理解把握黑龙江省未来五年推进"八个振兴"、着力建设"六个龙江"、坚定不移推动"九项重点任务"的战略部署,在服务大局中解放思想,在改革发展中找准企业自身市场定位。

二是围绕解决制约国有企业发展的障碍来解放思想,持续深化黑龙江省地方国有企业改革。要勇于面对改革进程中发现的各种问题,要以超越改革看改革的视角,通过解决各种"疑难杂症"来衡量企业自身改革的能效。

三是围绕推动当前重点工作来解放思想,聚焦主责主业,实施精准投资和有效投资,进一步发挥国有资本的放大作用和乘数效应。同时要主动对标国内外先进行业,学习借鉴优秀的改革理念及思路,在学习上下功夫、在思想上要进步、在改革上见成效,结合自身情况优化设计企业中长期发展规划。

(二)激发活力,发挥交易集团功能

黑龙江交易集团在地方国有企业改革中充当"特种兵",积极助推国有资产保值增值,打造国有经济高质量发展智库,打造高端要素流转综合服务

平台。一是打造高效交易平台，守护国有资产保值增值。黑龙江交易集团进一步依托平台信息化数据化的优势，推进全省范围内全要素交易品种及全流程的投行服务，通过"市场发现""价格发现"两条工作主线，盘活要素和资源流动渠道。以成立东北地区"三省一区"产权交易机构联盟、"北京产权交易所央企产权黑龙江合作中心"为改革契机，加大与贵州、广东等先进地区的合作力度，促进资本、技术等高端要素实现保值增值和流转顺畅，为黑龙江省地方国有企业改革开辟新的发展空间。二是深度覆盖服务领域，助力国企改革发展。党的二十大对今后国企改革做了全新的部署，黑龙江交易集团应该在服务国企改革发展的基础上，深入国计民生的各个领域，推动主要生产要素流转顺畅。同时，紧密围绕"紫丁香计划"，推广"紫丁香"资本学院，完善"天鹅腾飞计划"常态化融资路演平台，推动黑龙江地方国有企业接触国际资本市场。三是搭建绿色低碳服务体系，助力国企产业结构和能源结构调整。围绕黑龙江"双碳"目标，积极探索构建碳交易、碳咨询、碳金融等碳市场服务链，以"黑龙江省碳汇交易平台""黑龙江省用能权交易平台""培养黑龙江省碳市场明白人"等工程为依托，充分释放碳排放权融资功能。同时积极推进国企资金融通平台搭建，为黑龙江省地方国有企业腾飞发展增添动力。四是创新赋能改革发展，将创新作为引领企业发展的主要手段。成立黑龙江国资国企改革发展研究院，构建"智库型"国企改革发展咨询平台，聚集国内外同行业知名专家，围绕黑龙江省地方国有企业产业结构调整、产业发展规划、产业政策制定等方面提供决策咨询服务。全力推进"投行+"国有资产交易平台、"互联网+智慧生态"企业阳光采购平台、"区块链+"区域股权交易平台的搭建。围绕"数字龙江"建设，以数字化赋能交易服务助推黑龙江省地方国有企业高质量发展，在满足企业生产经营需求的同时，凸显交易平台数字化、信息化、智能化优势，充分发挥交易平台在地方国有企业改革中的新作用。

（三）强化保障，防范化解经营风险

在防范化解企业经营风险、实现企业健康发展上更加主动，健全企业内控体系和内控制度，强化监管制度执行。一是在防范企业债务风险上，黑龙江省地方国有企业应从项目投资、直接融资、间接融资、绩效考核、综合监督等方面，强化对债务的日常监管，积极防范化解企业重大债务风险，做好风险处置预案。二是在防范项目投资决策风险上，明确企业重要项目的中长期投资规划，聚焦主业投资，严控非主业投资。企业管理层应强化项目投资风险意识，结合自身状况制定项目风险应对与防控预案。在项目投资的前期加强项目论证工作，精准评估投资项目的可行性和投资收益率，在项目投资决策阶段听取专家学者的相关意见。对于投资项目出现的异常情况，应及时分析原因并制定应对措施。当项目出现重大不利因素、存在较大风险隐患时，企业应及时启动调整、终止投资的应急预案。三是在防范国有资产重大损失风险上，健全企业监管体系，构建监督闭环，常态化监督重点环节，在企业内部形成发现问题、分类处置、督促整改、责任追究的闭环式工作格局，提升对国有资产监管的时效性。四是在防范安全生产风险上，各级地方国有企业加大排查整治力度，加强防范管理措施，努力营造安全生产的稳定内部环境。进一步压实压紧已经出台的各项管理责任措施，完善企业安全生产排查清单，对于排查出的安全生产隐患要实施"双向签字"制度，重大安全隐患限期整改，实行动态清零。

（四）加强领导，以党的建设引领改革

黑龙江省地方国有企业组织党员干部学习党的二十大报告中提出的"推进国有企业、金融企业在完善公司治理中加强党的领导，加强混合所有制企业、非公有制企业党建工作"相关部分，领会报告中的新思想、新要求，同时加强对习近平总书记关于国企党建的重要思想和重要指示批示精神的学习，让企业各级党员干部充分意识到党建工作的重要性。一是通过提高党员干部政治意识、理论水平，坚持党对黑龙江省地方国有企业的全面领导，推动企业党建工作提质增效，从而让党建工作真正引领和保障企业实现跨越式发展。二是促进党建和企业生产经营的深度融合，把黑龙江省地方国有企业的党建优势转化为企业的改革发展优势，实现企业的党建工作从

"无形"到"有形"的过渡。把学习贯彻习近平新时代中国特色社会主义思想作为首要学习任务，实行学习常态化，依据企业实际经营情况，围绕防范化解企业经营风险、推动企业高质量发展、实现国有资产保值增值等方面开展主题学习教育活动。建立健全党建责任制和生产经营业绩考核的"联评联动"机制，全面统筹推进企业生产经营和党建工作。

参考文献

胡八一：《国有企业人力资源管理实务》，电子工业出版社，2012。

孙秀妍：《混合所有制改革中整体上市对企业价值的影响》，《商场现代化》2016年第27期。

徐超：《国有企业人力资源管理的出路》，《经营管理者》2013年第17期。

杨永利：《国有企业经营者激励与监督机制》，科学出版社，2015。

袁园：《国企技术人员离职原因分析及留人对策》，《管理观察》2013年第25期。

B.20
黑龙江省破解民营经济偏弱问题研究

朱德鹏[*]

摘　要： 近年来，黑龙江省委、省政府高度重视民营经济发展，出台了一系列推动民营经济发展的扶持政策，不断完善惠企政策体系，多角度、多领域、多层次培育壮大民营企业，注重专精特新中小企业培育，及时落实减税降费惠企政策，持续优化营商环境。但与发达地区相比，黑龙江省民营经济存在着总量规模偏小、龙头企业偏少、整体活力不足、创新能力不强的问题。民营经济要发展，一是要进一步拓宽民企发展空间，放开更宽领域，发挥民营市场主体的优势作用；二是要从激发企业内生动力做文章，促进企业提升自主创新能力，推动民企加快数字化、智能化、绿色化转型，大力扶持领军型龙头企业发展，鼓励企业参与标准制定；三是要不断优化民企发展环境，营造最优市场环境、政务环境、法治环境和人文环境，政府部门应积极主动为民营市场主体服务。

关键词： 黑龙江省　民营经济　高质量发展

习近平总书记强调，民营经济是社会主义市场经济发展的重要成果，是推动社会主义市场经济发展的重要力量。长期以来，我国民营经济快速发展，民营经济是稳定经济的重要基础，是国家税收的重要来源，是技术创新的重要主体，是金融发展的重要依托，是经济持续健康发展的重要力量。党的二

---

[*] 朱德鹏，黑龙江省社会科学院经济研究所助理研究员，主要研究方向为产业经济、区域经济。

十大报告重申"毫不动摇鼓励、支持、引导非公有制经济发展",优化民营企业发展环境,依法保护民营企业产权和企业家权益,促进民营经济发展壮大。习近平总书记在与参加全国政协十四届一次会议的民建、工商联界委员座谈时强调,党中央始终坚持"两个毫不动摇",始终把民营企业和民营企业家当作自己人。应引导民营企业和民营企业家正确理解党中央方针政策,增强信心、轻装上阵、大胆发展,实现民营经济健康发展、高质量发展。

一 黑龙江省民营经济发展的现状与差距

改革开放40多年来,随着我国社会主义市场经济体制的确立和完善,黑龙江省民营经济不断发展壮大,在稳定增长、促进创新、增加就业、改善民生等方面都发挥了重要作用,民营经济贡献了全省40%以上的投资和税收、50%以上的地区生产总值、80%左右的出口额、90%以上的市场主体。2021年,黑龙江省民营经济增加值占地区生产总值的50.8%,较2018年提高了2.3个百分点。截至2023年2月,黑龙江省民营经济市场主体已发展到306.93万户,同比增长9.1%。[1]

近年来,黑龙江省委、省政府高度重视民营经济发展,出台了一系列推动民营经济发展的扶持政策,不断完善惠企政策体系,多角度、多领域、多层次培育壮大民营企业,持续优化民营经济发展环境,民营经济发展取得积极成效。黑龙江省不折不扣贯彻落实党中央、国务院关于支持民营经济发展的各项决策部署,增强民营企业内生动力,推动民营经济加快发展、振兴发展。

2022年9月,中国民营企业500强峰会在北京举行,黑龙江飞鹤乳业有限公司入选"2022年中国制造业民营企业500强"榜单,排名第335位;东方集团有限公司入围"2022中国民营企业500强"和"2022中国服务业

---

[1] 《龙江民营经济春暖正花开》,黑龙江省人民政府网站,2023年4月3日,https://www.hlj.gov.cn/hlj/c107856/202304/c00_31564340.shtml。

民营企业100强",分别排名第84位和第27位。2022年11月,黑龙江省民营经济发展大会在哈尔滨召开,大会聚焦推动全省民营经济高质量发展,制定出台了《关于振兴发展民营经济的若干意见》,表彰了一批创新发展、业绩优良、贡献突出的优秀民营企业,具体包括"累计纳税民营企业50强"、"就业突出贡献民营企业20强"、"民营高新技术企业50强"、"外向型经济贡献民营企业30强"、"龙江质量品牌优秀民营企业50强"、"生物经济民营企业20强"和"数字经济民营企业20强"。

(一)注重专精特新中小企业培育

支持民营中小企业向着"专业化、精细化、特色化、新颖化"方向发展,支持企业提高自主创新能力。党的二十大报告明确指出,支持专精特新企业发展,推动制造业高端化、智能化、绿色化发展。专精特新中小企业虽然规模不大,但拥有各自的"独门绝技",在产业链上扮演着重要角色。黑龙江省注重支持鼓励专精特新中小企业向着专精特新"小巨人"企业[①]和制造业单项冠军企业[②]发展。2022年8月,黑龙江省工业和信息化厅公布入选全国第四批专精特新"小巨人"企业名单,共有19家企业入列,其中哈尔滨市有13家(见表1)。

表1 黑龙江省入选第四批专精特新"小巨人"企业的名单

序号	省(区、市)	企业名称
1	黑龙江省	黑龙江省宝泉岭农垦溢祥新能源材料有限公司
2	黑龙江省	哈尔滨瀚霖科技开发有限公司
3	黑龙江省	哈尔滨新科锐复合材料制造有限公司
4	黑龙江省	严格集团股份有限公司

---

① 专精特新"小巨人"企业是专精特新中小企业中的佼佼者,是专注于细分市场、创新能力强、市场占有率高、掌握关键核心技术、质量效益优的排头兵企业。
② 制造业单项冠军企业是指长期专注于制造业某些细分产品市场,生产技术或工艺国际领先,单项产品市场占有率位居全球或国内前列的企业,代表全球制造业细分领域最高发展水平、最强市场实力。

续表

序号	省(区、市)	企业名称
5	黑龙江省	哈尔滨东安实业发展有限公司
6	黑龙江省	哈电集团哈尔滨电站阀门有限公司
7	黑龙江省	哈尔滨国铁科技集团股份有限公司
8	黑龙江省	大庆亿鑫化工股份有限公司
9	黑龙江省	大庆华理生物技术股份有限公司
10	黑龙江省	大庆辰平钻井技术服务有限公司
11	黑龙江省	黑龙江吉地油田服务股份有限公司
12	黑龙江省	牡丹江北方合金工具有限公司
13	黑龙江省	哈尔滨铸鼎工大新材料科技有限公司
14	黑龙江省	哈尔滨纳诺机械设备有限公司
15	黑龙江省	哈尔滨博深科技科技发展有限公司
16	黑龙江省	哈尔滨海邻科信息技术有限公司
17	黑龙江省	哈尔滨电碳厂有限责任公司
18	黑龙江省	哈尔滨博实自动化股份有限公司
19	黑龙江省	哈尔滨万鑫石墨谷科技有限公司

资料来源：黑龙江省工业和信息化厅网站。

以哈尔滨市为例，截至2022年10月底，已培育省级以上"绿色制造企业"60家，省级智能化车间70个，国家级单项冠军3项，国家级专精特新"小巨人"企业36家，省级专精特新中小企业464家，累计认定省级以上首台（套）产品212台（套）。[1]

（二）及时落实减税降费惠企政策

为支持民营企业发展，黑龙江省税务部门积极作为，认真落实国家下达的各项税收优惠政策，利用多种渠道宣传最新的增值税留抵退税优惠政策，主动上门送政策，解企业"燃眉之急"，主动包联服务重点企业（项目），帮助解答企业的办税过程中遇到的问题。2022年，黑龙江省出台了50条稳经济一揽子政策，促进服务业等领域困难行业恢复发展，全年累计新增减税

---

[1] 《哈尔滨科技创新舞动腾飞之翼》，黑龙江省工业和信息化厅网站，2022年11月11日，http://gxt.hlj.gov.cn/gxt/c107057/202211/c00_31367923.shtml。

降费及退税缓税缓费375亿元以上，共为9486家中小微企业减免房租2.2亿元，为4.27万家企业阶段性降低失业保险费10.1亿元。[①]

2022年，国家相继出台了一系列支持出口退税政策和措施，助力稳外资稳外贸，帮助出口企业应对风险挑战，黑龙江省税务系统采取有力措施，加快出口退税进度，提升出口退税便利化水平，为外贸企业纾困解难，增强出口企业信心，支持外贸企业稳定向好发展。黑龙江省税务系统加快推进出口退税"无纸化"申报，全面放开出口退税无纸化申报等业务，积极引导出口企业选择"非接触"式办理出口退（免）税业务，推行出口退税业务资料"容缺办理"，简化出口企业申报手续。同时，税务部门不断提高出口退税办理速度，将办理正常出口退税的平均时间压缩至6个工作日内，将自贸试验区内办理正常退税的平均时间压缩至5个工作日内。向全省出口企业精准推送政策措施，让一类、二类守信出口企业及时享受优质退税服务。自2022年6月20日起，将一类、二类出口企业办理正常出口退税的平均时间压缩到3个工作日内。

（三）持续优化营商环境

2022年黑龙江省不断提高政务服务水平和效率，坚定不移持续优化营商环境。启动实施省市县乡四级干部包联企业行动，深入了解企业发展面临的困难问题，帮助解决企业急难愁盼问题。为优化营商环境，政府各部门积极行动，出台实施了一系列便企利民的创新举措。省司法厅全面推行"不予行政处罚事项清单、从轻行政处罚事项清单、减轻行政处罚事项清单和不予实施行政强制措施事项清单"的包容审慎监管执法"四张清单"制度，消除企业不必要的顾虑和包袱，兼顾了执法的力度和"温度"。

黑龙江省政务服务中心于2023年2月启动试运行，已有1428项政务服务事项进驻办理，为企业和群众线下办事提供公开、规范、集中、高效的"一

[①] 《龙江民营经济春暖正花开》，黑龙江省人民政府网站，2023年4月3日，https://www.hlj.gov.cn/hlj/c107856/202304/c00_31564340.shtml。

站式"服务。省政务服务中心作为深化政务服务改革的重要阵地、便民利企服务的重要窗口、优化营商环境的重要展示平台,以打造企业和群众办事环节最简、材料最少、时限最短、费用最小、便利度最优、满意度最高为目标,为深入推进"放管服"改革和建设全国一流营商环境提供有力支撑。

与经济发达省份相比,黑龙江省民营经济的各项指标和贡献度还存在较大差距。民营经济偏弱是黑龙江民营经济发展亟待解决的问题。黑龙江省民营经济偏弱主要表现在四个方面。第一,总量规模偏小,民营经济增加值仅是广东的1/9、浙江的1/7、四川的1/4,占GDP比重低于全国水平近10个百分点。第二,龙头企业偏少,2022年仅有1家企业入围中国民企500强,1家企业入围中国制造业民企500强。2021年营业收入5亿元以上的民营企业只有56家,分别比辽宁、内蒙古少79家、87家。第三,整体活力不足,2021年民间投资占全省比重较2018年回落12.9个百分点,低于全国水平14.8个百分点。第四,创新能力不强,2021年民营企业研究开发支出为29.2亿元,仅占全社会研究开发支出(194.6亿元)的15.0%。

二 黑龙江省民营经济发展偏弱的成因

(一)民营企业发展空间受限

黑龙江省在一些行业和领域存在着"隐形门"问题。一些行业和领域还没有真正面向民企放开,还没有建立一个充分竞争的市场机制。在军工转民用领域、在国有企业混合所有制改革领域、在民营企业为央企和地方企业做产业链供应链配套方面,还没有给有实力的民企释放更大的发展空间。

(二)尊商重商从商的社会氛围不够浓厚

民营企业通过诚信合法经营,不断研发新技术、开发新产品、提供新服务、拓展新市场,为社会创造价值、为人们提供福祉。但是,黑龙江省发展民营经济还存在许多的短板和问题,比如民营企业很难招到高层次的人才,

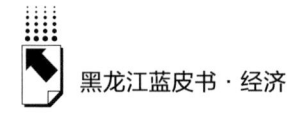

大部分高学历高层次人才更加希望进入政府部门、大型国企和高水平科研机构工作，民营企业很难招聘到和留住高层次人才。再比如，在一些环节和领域，民营企业和国有企业相比，在获得生产要素、参与市场竞争等方面还没有享受到平等待遇。

（三）市场主体数量相对较少、领军型龙头企业偏少

与我国东部经济发达省份相比，黑龙江省民营经济市场主体数量存在很大差距，直接导致民营经济整体规模不大、实力不强。民营经济好不好，民营企业是关键。与东部经济发达省份相比，黑龙江省民营经济在企业数量、企业规模、技术水平、管理水平和创新能力等方面均存在着较大差距。大多数民企处于产业链和价值链中低端，劳动密集型企业数量多，传统产业企业数量多，高科技企业数量偏少，新兴产业领域市场主体偏少且规模不大。大部分民企普遍营业收入规模较小、抗风险能力偏弱。

（四）生产性服务业领域市场主体偏少

黑龙江省从事研发设计和其他技术服务、信息服务、数字化改造服务、节能环保服务等行业的民营市场主体偏少，现有民营市场主体专业化水平不高、服务能力不强、服务领域偏窄。现有一些生产服务型企业管理还不够规范，企业经营服务专业化水平不高、管理粗放，缺少规范的现代企业管理制度和企业文化。

三 扶持黑龙江省民营经济发展的对策建议

（一）推动民营企业加快数字化、智能化改造

民营经济若要发展壮大，民营企业就要发扬开拓进取、奋发有为的精神，牢固树立市场意识、善于发现和把握市场机遇。要帮助民营企业把准产业导向、抢抓发展机遇、用好惠企政策，要鼓励民企实施质量品牌战略行

动,引导民企加强自主创新。民营企业应强化创新观念,持续加大研发投入力度,积极引进高素质人才,积极与国内外科研院所、高校开展合作,通过产学研用深度融合,实施工艺—装备—产品—服务创新提升行动,通过创新提高产品附加值和市场竞争力,打造"拳头产品""品牌产品"。

推动企业进行数字化、智能化改造。鼓励有条件的企业实施数字化转型战略,实施新一轮组织重构、流程优化重构、合作伙伴关系重构,完成数字化智能化转型升级,实现企业智慧运营。通过数字化改造,提升智能化生产制造水平,促进生产经营活动节能降耗、提质增效。

(二)引进培育有活力和竞争力的市场主体

通过实施中小企业梯度成长计划,发展一批技术水平高、成长性好、产品质量好、附加值高的民营企业。通过实施专精特新企业专项扶持行动,建立专精特新企业专项扶持基金,持续培育壮大专精特新企业队伍。要加强领军型龙头企业培育和扶持,加大力度培育营业收入过百亿的民营企业。出台吸引地区总部经济企业落地发展的优惠政策和有力措施。要聚焦重点产业、重点行业,吸引产业链龙头企业和区域总部企业落地龙江,不断增强产业、企业、平台等载体对高端人才和技术的吸引力,形成产业链上下游企业集聚发展的良好局面。

(三)鼓励民营企业强化品牌建设

鼓励支持企业进行品牌规划、设计、宣传和管理,强化品牌意识、树立品牌形象,建立以质量为核心的品牌管理体系。通过参与一批国家重大工程、重点项目等方式广泛宣传企业品牌,扩大品牌产品市场占有率。通过创新服务理念,打造服务品牌。将企业品牌打造成"诚信、质量、安全、创新、服务、绿色环保、公益"多维度优质品牌,不断提升品牌美誉度。

(四)拓宽民营经济发展空间

要拓宽民营经济发展空间,发挥市场机制作用,推动国企民企合作创造空间，强化政企合作，延展空间，激发民营经济活力和创造力。支持和鼓励民营资本依法参与国有企业混合所有制改革。支持省内民营企业与驻省央企、地方国企在技术研发、产业链延伸、原料供给、产业配套等方面加强合作。依托各级公共服务平台，利用信息化手段，梳理发布项目合作、融资、人才、技术成果等各类供需信息，分行业开展产需对接活动，推动产业链对接、产品对接、技术和人力资源等各类生产要素对接，为民营企业产需对接牵线搭桥。

政府应为民企创造更大发展空间。除规定禁止私有资本进入的领域外，其余领域一律向民企有序开放，鼓励民企充分参与竞争，保证民企在要素获取和价格等方面与其他市场主体享有平等待遇。地方政府采购要优先考虑本地民企供应商，要保证对本地民企供应商适当的采购比重。

（五）优化民营企业发展环境

要深化"放管服"改革，扎实推动政策高效落实。要强化法治保驾护航，构建"亲清"政商关系。要在全社会营造尊商重商的社会氛围。加大对优秀民营企业的宣传和推介力度，利用电视、广播、微信公众号等形式，开辟黑龙江省民营企业发展专栏，集中报告优秀民企发展事迹，弘扬企业家精神，依法保护民企产权和企业家合法权益，开辟民企信息发布专栏，包括人才招聘信息、企业产品信息、市场投资信息、厂房场地出租转让信息等，开通政务服务助企咨询热线，满足市场主体政务信息咨询服务需求。

要加强民营经济人才引育。积极引育科技创新人才；培育壮大高技能人才队伍，实施职业教育赋能行动，面向进城务工群体、城镇下岗职工、退役军人、残疾人等群体开展专业技能培训服务，推进技术技能人才培养与产业协同发展，促进人才培养和产业发展需求有效对接。

要打造市场化、法治化、国际化一流营商环境。打造高效便捷政务服务平台，提高企业办事效率；完善惠企政策落实机制，积极推进"免申即享"政务服务。建立政企常态化沟通机制和领导干部包联服务企业机制，构建"亲清"政商关系。针对成长型企业、潜力初创型企业要进行企业发展各方面的专业帮扶指导。设立民营企业家交流中心，打造政策推送、学习培训、诉求收集、企业展示、合作发展的常态化政府服务民企平台。联系法律服务机构为民营企业、中小企业提供法律培训和咨询服务。要持续优化、改善政务服务水平和政府部门监管水平，全力营造最优营商环境，不断释放扶持民营经济和民营企业发展的优惠政策，确保出台的各项惠企政策精准落地生效，各级政府部门要努力做到靠前服务、主动问需、送策上门，确保各项惠企政策免申即享、应享尽享。

B.21 黑龙江省营造企业发展良好生态研究

栾云霄　吴国都*

摘　要： 优化营商环境是推动高质量发展的重要驱动力，是有力提升省域竞争力的一项系统性、基础性工程。近年来，黑龙江省大力优化营商环境，不断推出新举措，营商环境有了明显改善，生态环境发展态势良好，但与全国一流水平还有很大差距。营商环境直接影响黑龙江省的招商引资成效。为此，要通过制定具有黑龙江特色的营商环境整体提升方案等举措，营造企业发展良好生态研究。

关键词： 黑龙江省　营商环境　企业生态

2023年1月12日，黑龙江省第十四届人民代表大会第一次会议开幕。回顾过去5年，黑龙江着力处理好稳定与发展、危机与契机的辩证关系，坚决当好维护国家粮食安全"压舱石"，农业综合生产能力持续提升；坚持把振兴发展的基点放在创新上，支持高新技术企业实现高水平发展；改革开放不断迈出新步伐，营商环境不断改善；生态文明建设扎实推进，坚决筑牢祖国北方生态安全屏障；人民生活水平持续提高，人民群众获得感、幸福感、安全感持续增强；政府自身建设不断加强，党风廉政建设和反腐败工作扎实推进，风清气正良好政治生态持续巩固。[1] 但全面且客观地分析，全省

---

* 栾云霄，黑龙江省社会科学院经济研究所研究实习员，主要研究方向为发展经济学；吴国都，黑龙江省社会科学院经济研究所在读硕士研究生，主要研究方向为政治经济学。

[1] 《【两会@你】黑龙江交出五年发展"成绩单"》，人民网-黑龙江频道，http://hlj.people.com.cn/n2/2023/0112/c220005-40263969.html，2023年1月12日。

经济运行中存在的问题、压力及不确定性仍然较大,企业营商环境面临的考验较严峻,政府应积极引导,正确处理政府与市场的关系问题,多措并举,多方发力,共同把握和利用好危机后的新机遇,充分发挥省内资源优势,促进营商生态向着更加良好的状态发展,推动经济高质量发展,在"十四五"时期实现效益提升、结构优化、优势凸显的发展路径。

一 黑龙江省营造企业发展良好生态的现状分析

优化营商环境,是建设现代化经济体系和进一步深化市场经济体制改革的重要内容,是推动高质量发展的重要驱动力,是有力提升省域竞争力的一项系统性、基础性工程。近年来,黑龙江省大力优化营商环境,不断推出新举措,营商环境有了明显改善,企业发展生态环境发展态势良好,但与全国一流水平还有很大差距。营商环境直接影响黑龙江省的招商引资成效,因此,黑龙江省应制定具有"龙江特色"的营商环境整体提升方案,推动龙江高质量发展。

(一)营商环境建设取得新成效

2019年1月,黑龙江省第十三届人民代表大会第三次会议通过了《黑龙江省优化营商环境条例》,这一举措对激发市场主体活力,推动市场发展意义重大。之后,黑龙江省营商环境建设监督局在官方网站公布了《黑龙江省"十四五"优化营商环境规划》《优化营商环境条例》《黑龙江省优化营商环境条例》的解读文件,三次政策解读表明了省政府对市场生态环境优化升级的迫切期望和必胜决心。通过对省内企业开展的营商环境的满意度调查可知(见图1),省内营商环境确实取得了喜人的成绩。参与调研的企业对黑龙江省当前营商环境现状的总体评价满意度达到87.8%,其中满意占61.2%,基本满意占26.6%,一般满意占9.5%,不满意占2.7%。

为了更客观地对黑龙江省营商生态环境做出评价,调研过程中也对全省

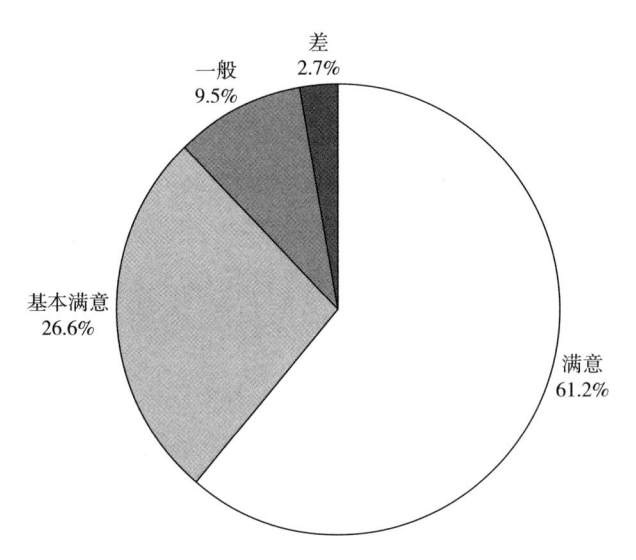

图 1　黑龙江省营商环境满意度调查结果

资料来源：2020~2022年《黑龙江省营商环境评估报告》。

营商环境变化感知度进行了意向收集（见图2）。调研数据显示，企业对全省营商环境变化有明显的感知力，感受到营商环境变化的占比高达93%，其中感觉到有明显变化的占比51.8%，感觉到有变化的占比41.2%，未感觉到变化的占比4.7%，不了解情况的占比2.3%。

综上可知，黑龙江省开展的系列营商环境改善措施效果比较明显，企业对营商环境满意度较高，政府改善营商环境效果得到肯定，但与发达地区相比尚有进步空间，打造吸引企业经济发展的软实力环境，仍需多方努力。

（二）政务服务发展稳步推进

根据黑龙江政务服务网公开的信息可知，截至2023年1月，全省政务服务累计办件量9361.23万件，获得评价2395.29万条。从服务成熟度角度来看，全省申请类事项在线办理率为99.96%，省级事项在线办理率为97.38%，地市事项在线办理率为98.58%，承诺时限压缩比达91.71%，零

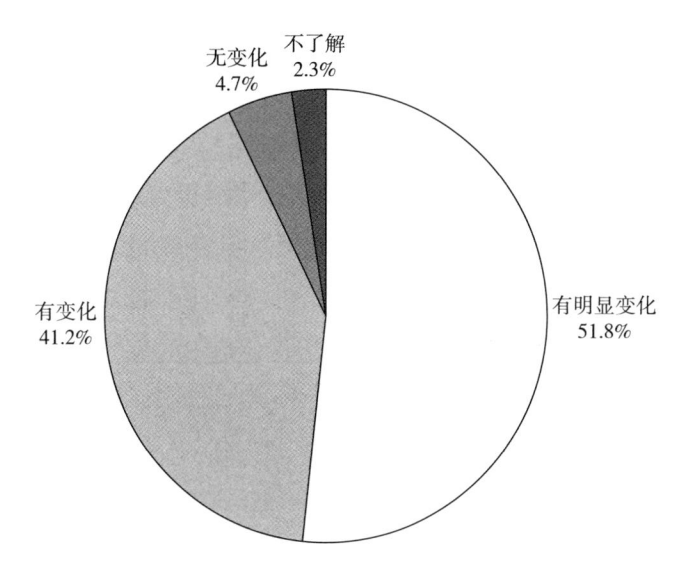

无变化 4.7%
不了解 2.3%
有变化 41.2%
有明显变化 51.8%

图 2　黑龙江省营商环境变化感知度

资料来源：2020~2022 年《黑龙江省营商环境评估报告》。

跑动率 83.09%，即办率 66.22%。从服务好差评角度来看，非常满意占比 72.53%，满意占比 2.49%，基本满意占比 24.97%，满意率高达 99.99%。以上数据说明了省内政务服务效能不断提升，发展呈稳步推进状态，进一步体现了省内营商生态环境的向好发展。

从政务环境各项监测指标满意度调研结果展开分析，可以更加客观、详细地了解各类事项的服务环境。根据统计结果可知，在 16 项政务事项中，商事制度改革、投资项目服务、当地能够在网上办理事项以及企业开办 4 项指标满意度较高，满意率均超过了 60%，满意度在 40%~60%的共有 11 项，只有跨境贸易满意度低于 40%（见图 3）。可喜的是，全省政务服务体系不断优化，确实体现了以全省一体化政务数据体系建设为核心，提升政务大数据汇聚、管理、治理、共享、开放等数据服务和按需调用的基础支撑能力，改革成果已经显现；但全省政务环境各项指标满意度均未突破 80%，这也说明了全省政务服务方面后劲不足，政府要进行重点关注，并采取积极对策，破除阻碍，获得新动能、把握新机遇。

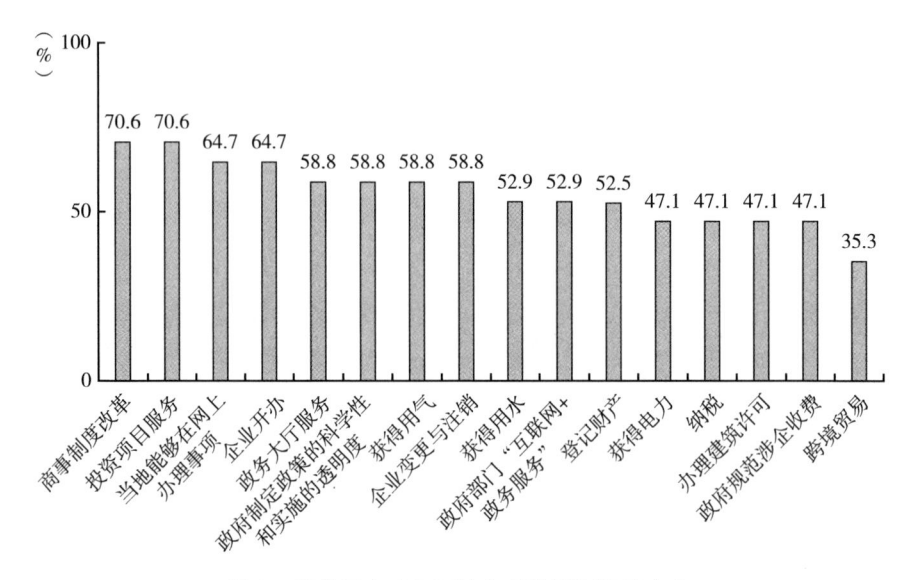

图中数据（从左到右）：
- 商事制度改革：70.6
- 投资项目服务：70.6
- 当地能够在网上办理事项：64.7
- 企业开办：64.7
- 政务大厅服务：58.8
- 政府制定政策的科学性和实施的透明度：58.8
- 获得用气：58.8
- 企业变更与注销：58.8
- 获得用水：52.9
- 政府部门"互联网+政务服务"：52.9
- 登记财产：52.5
- 获得电力：47.1
- 纳税：47.1
- 办理建筑许可：47.1
- 政府规范涉企收费：47.1
- 跨境贸易：35.3

图 3　黑龙江省政务环境各项监测指标满意度

资料来源：2020~2022年《黑龙江省营商环境评估报告》。

（三）法治保障更加有力

法治是最好的营商环境。《黑龙江省优化营商环境条例》的实施，为全省优化营商环境工作提供了有力的法治保障，促进全省营商环境持续改善。2019年6月，省政府向省十三届人大常委会第三十四次会议做出了《黑龙江省优化营商环境条例（修订草案）》的说明。2022年9月，省政府又对《黑龙江省优化营商环境条例》进行了解读，使国务院的政策措施能够结合黑龙江省实际情况得到真正落实，确保重大改革于法有据，顺利实施。

从法治环境各项监测指标满意度调研结果展开分析，发现良法善治是市场稳定发展的前提。对10项监测指标进行数据分析可知，社会秩序安全稳定的满意度为70.6%。而与企业发展相关指标的满意度差别较大，最高为64.7%，最低为47.1%，市场监管相关指标的满意度也呈较大差异，最高为64.7%，最低为52.9%（见图4）。这组数据说明了省内法治环境建设取得了一定成效，但想要实现高质量发展，法治建设仍需努力。

图中柱状图数据：

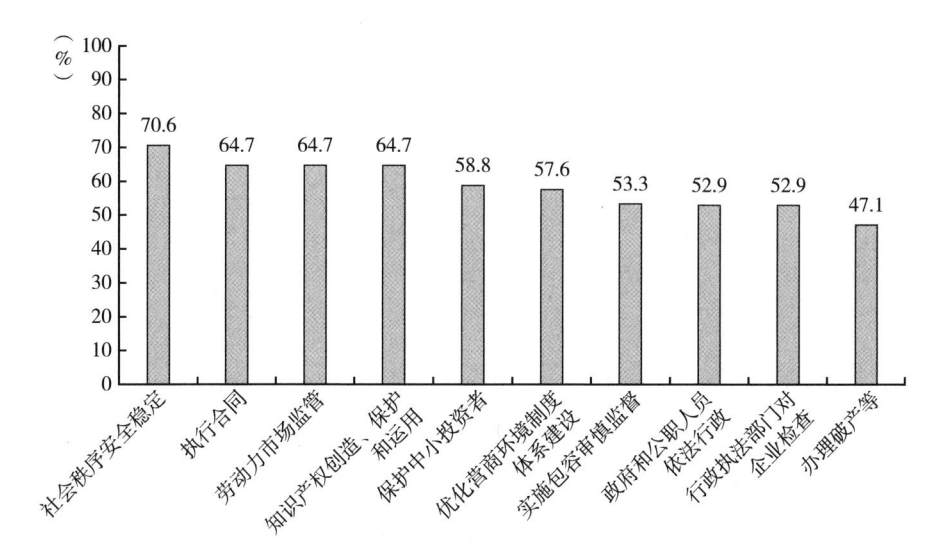

- 社会秩序安全稳定：70.6
- 执行合同：64.7
- 劳动力市场监管：64.7
- 知识产权创造、保护和运用：64.7
- 保护中小投资者：58.8
- 优化营商环境制度体系建设：57.6
- 实施包容审慎监督：53.3
- 政府和公职人员依法行政：52.9
- 行政执法部门对企业检查：52.9
- 办理破产等：47.1

图4　黑龙江省法治环境各项监测指标满意度

资料来源：2020~2022年《黑龙江省营商环境评估报告》。

（四）市场环境呈健康发展态势

黑龙江省要把激发市场主体活力作为稳住经济大盘、推动经济行稳致远的切入点，持续深化商事制度改革，大力促进市场主体扩容提质。人民网提供的数据显示，截至2022年6月底，全省市场主体总量突破300万户，7月底，全省实有市场主体303.18万户，同比增长9.6%，为全省经济社会发展奠定了坚实基础。① 为了更好地为企业提供优质服务，省政府出台了进一步优化企业开办服务和持续推进企业注销便利化工作19项具体措施，全省实现企业开办全流程压减至1个环节、0.5个工作日内、最快2个小时内办结。针对运营出现困难的企业，深化包联服务企业制度，深入调研企业急难愁盼现实情况，解决人才用工、政策享受、生产成本等问题。编制市场监管领域不予行政处罚、从轻行政处罚、减轻行政处罚、不予实施行政强制措施

---

① 《黑龙江省市场监督管理局"三聚焦三推进"提能力、转作风、优环境》，人民网—黑龙江频道，http://hlj.people.com.cn/n2/2022/0908/c220024-40116661.html，2022年9月8日。

事项清单，在省市场监管局官网公示；对产品质量、登记事项、价格监管三大领域17种情形实施包容审慎监管，为市场主体健康快速发展进一步营造宽松环境。

政策的不断落实为黑龙江省经济发展带来了新的生机和活力，也为市场的健康发展提供了保障。市场环境各项监测指标满意度调研结果也说明了黑龙江省的营商生态环境有所改善（见图5）。12项监测指标的统计分析结果显示，政府对科技创新类企业的支持力度是比较大的，政府支持科技创新指标的满意度为64.7%，位列第一，但黑龙江省企业的创新创业活跃度有待提升，满意度为41.1%。市场开放度和平等对待市场主体2项指标的满意度分别为52.9%和51.9%，说明黑龙江省市场秩序的建设还需进一步加强以更好地提升市场服务质量。获得信贷和招标投标两项指标的满意度均低于50%，行政执法信息公开和涉企信息公开两项指标的满意度也低于50%。综合分析各项指标后可知，应不断提升省内的市场监管效能，且要重视企业信贷政策的优化，深入了解企业的实际困难，简化办事流程，改善企业发展生态环境，从根本上助力企业更好发展。

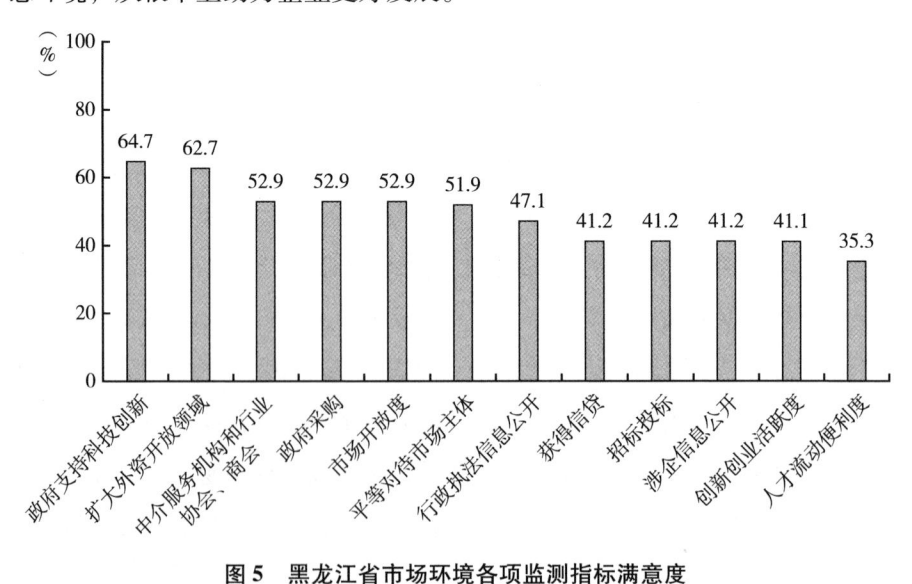

图5 黑龙江省市场环境各项监测指标满意度

资料来源：2020~2022年《黑龙江省营商环境评估报告》。

二 黑龙江省营造企业发展良好生态中存在的问题

应立足黑龙江省企业发展生态现状,来系统梳理与总结营造企业发展良好生态中存在的重大现实问题,从而为新时期龙江优化企业发展生态点明方向。

(一)思想观念有待深入解放,缺乏规范化法治化的营商环境

黑龙江省企业发展良好生态长期以来与南方发达省份存在明显差距,很大原因是思想观念较为禁锢、缺乏开放创新的社会氛围以及规范化法治化的营商环境。首先,龙江人民的思想观念有待进一步解放,社会缺乏一定的发展活力和开放创新的氛围。黑龙江省对相关政策和法规的宣传力度严重不足,宣传方式也有待创新,许多人民群众对企业发展良好生态的重要性的认识存在不足,从而在思想层面上对营造企业发展良好生态造成了一定的障碍。其次,黑龙江目前在吸引海内外优秀人才落户、就业和创业方面,存在明显的短板。造成这种现象,一定程度上是因为黑龙江省没有实现对"黑土地"的环境生态优势和龙江人民温暖的生活氛围的高效宣传介绍。最后,龙江营商环境的法治化、规范化程度有待提高。黑龙江省涵盖个人信用与企业信用的社会诚信体系的建设速度较慢,对欺诈、恶意逃废债等商业乱象的查处打击力度不够,企业发展生态难以被深入优化。涵盖全省的反垄断和反不当竞争联合执法工作机制尚未建立,对仿冒混淆、虚假宣传、商业诋毁等不正当竞争行为和涵盖全领域的市场垄断现象的执法打击力度不足,难以真正保证企业竞争的公平性。

(二)政务环境需进一步完善,服务企业效率有待大幅提升

政务环境的高效便利与否,直接影响着龙江政府部门对接服务企业的效率,切实关乎着龙江企业发展良好生态的构建。当前,龙江政务环境的高效便利度有待进一步提升,服务企业效率也急需提升。首先,部分对接服务企

业的政府部门对新时代营造龙江企业发展良好生态工作的诸多要求还不适应，难以实现主动、有效地对接服务企业。部分政府工作人员没有从根本上意识到优化企业发展生态的重要性，难以清醒认识到自身肩负的责任，从而衍生出思想懈怠、服务意识不足、服务态度不端正的情况。部分政府工作人员的业务水平和综合素质也存在提升空间。定期走访服务企业制度也尚未形成，主动对接企业频次不够，导致相关政府部门难以及时、精准掌握企业发展的整体情况，从而难以真正帮助企业走出困境、走向成功。其次，龙江相关政府部门在帮助企业精准理解政策、招聘优秀人才、推动产学研合作方面存在明显的改善空间，仍需下大力气来整改。龙江相关政府部门主动前往企业耐心讲解阐释政策的频次较少，难以帮助企业真正掌握政策指向、及时调整发展规划。相关部门未能做好高校和企业之间的"联络员"，从而没能实现推动校企产学研深度合作、帮助企业完成人才招聘工作的目标。最后，企业项目审批标准多、流程复杂，致使项目审批难度大。当前，统一的政务数据资源中心仍未形成，集所有行政审批职能于一体的政务服务平台尚未搭建好，严重阻碍了黑龙江省企业项目审批统一化建设，黑龙江企业难以实现"一站式"项目审批。企业项目审批标准、审批清单与审批程序的简化与统一工作仍不到位，加重了待审企业和审批工作人员的负担，使"一标准"和"一表式"审批难以走进现实。企业项目审批难以在黑龙江政府服务在线平台集中办理，电子证照的制作与发放速度较慢，企业项目审批信息化建设水平有待进一步提升。对于具有重大影响力的企业和项目的审批，尚未全面纳入加急审批的范围，难以为企业缩短审批时限、节约审批成本。

（三）市场环境急需改善，对企业的帮扶力度有待进一步加大

"十四五"时期，龙江对政府与市场关系的理解仍不完全到位，惠企政策落实仍存在难点与堵点，企业融资难融资贵困局亟待破解。首先，黑龙江省在处理政府与市场关系方面仍有一定的进步空间，这也是营造企业发展良好生态的重点环节。当前龙江政府难以真正明确政府与市场的职能界限所在，仍然存在直接干预市场主体经营活动的行为，市场经济主体活力受到严重影响，政府在

资源配置方面的正确引导作用也未能充分彰显。其次，龙江惠企政策在落实上还存在一些亟待解决的问题，一定程度上影响了龙江已有企业满意度以及龙江对海内外高新技术企业的吸引力的持续提升，严重制约了企业发展良好生态的构建进程。部分相关政策惠企力度较小，难以帮助企业降低经营成本、缓解发展难题、走出经营困境，从而起不到真正帮助企业成长与发展的作用。部分惠企政策还存在门槛较高、时限较短的问题，导致企业政策获得感较低，难以真正享受到政策优惠。最后，龙江企业尤其是中小微企业和个体工商户仍然存在融资难度大、融资成本高等急需破解的问题。当前龙江投资者参与门槛相对较高，企业融资渠道较窄，民间资本通道不畅通，中小金融机构数量较少且实力较弱，这些都是企业成功融资的障碍所在。中小微企业的信用评价体系和信用担保体系建设进程较慢，严重制约了中小微企业发展。国有金融企业和银行对困难企业和中小微企业的金融支持帮扶力度有待进一步加大。

（四）企业发展生态评估机制仍未搭建成功，工作实效难以精准衡量

当前，龙江建设企业发展良好生态的监督和评估工作仍然不到位，很多工作难以被扎实推进、精准衡量、客观评估。首先，黑龙江目前无法对构建企业发展良好生态工作进行全过程、全链条和全方位的监督，难以实现"责任落实到人"的目标。营造企业发展良好生态是一场"全民战争"，需要政府部门、企业和人民群众的通力合作，然而目前龙江未能充分调动企业和广大人民群众积极主动地参与到对创建企业发展良好生态的监督中来，龙江企业和人民投诉、反馈、举报与营造企业发展生态工作相违背的各种不良行为的通道仍未建立，"全民监督"的目标仍难以实现。其次，对营造企业发展良好生态工作的评估机制尚未建立。龙江广大人民群众对企业发展生态的切身感受和评价缺乏表达渠道。以龙江企业对人文环境、法治环境、市场环境和政务环境的满意程度为主题的调研活动仍未充分开展，龙江企业缺乏对企业发展生态的评价渠道。此外，尚未邀请客观、专业的第三方机构对企业发展良好生态创建工作进行分析与评估。最后，基于建设企业发展良好生态的监督评估工作的自我完善机制尚未确立。

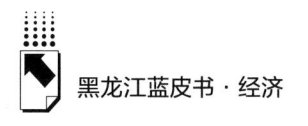

三 黑龙江省营造企业发展良好生态的实践路径

立足企业发展实际,黑龙江省应围绕企业发展良好生态中存在的重大现实问题,提出针对性强、操作性高的具体优化路径,创建高品质、高水准的企业发展生态,不断提升龙江企业发展活力与创造能力,推动龙江企业实现更高质量发展、发挥更大影响作用,助力龙江全面振兴全方位振兴取得新突破,为全面建设社会主义现代化新龙江开好局、起好步。

(一)着力打造开放的人文环境和法治化营商环境

"十四五"时期,黑龙江省应进一步解放思想观念,积极创建开放的人文环境和法治营商环境。首先,要勇于破除阻碍营商环境优化的思想障碍,进一步解放全省人民的思想观念。积极引导民众树立"营商环境就是招商引资名片""人人都是营商环境"的先进理念,不断深化民众对优化营商环境必要性的认识。引导全省民众树立起敢为人先的企业家精神,以"甩开膀子干事业"的劲头牢牢抓住新时代发展机遇,成就一番事业。其次,充分发挥"黑土地"在冰雪、森林等方面的巨大生态优势,努力宣传龙江人民的热情和龙江开放包容的文化特性,以此来充分吸引各地、各类人才和企业来龙江干事创业,为龙江全面振兴增添动力。最后,推动龙江营商环境朝着规范化、法治化方向发展。在政策落实、资源供给、服务保障等各个方面,公平公正对待本土企业和外来企业,拒绝"内外有别",努力实现"一视同仁"。在调解本土企业和外来企业利益矛盾时,拒绝做本土企业"保护伞",而是做客观公平的"判官"。联合法院及其他相关部门加快推进涵盖个人信用与企业信用的社会诚信体系建设,加大对商业欺诈、恶意"逃废债"、恶意拖欠账款等商业不诚信行为执法打击力度,持续优化市场信用环境。依法保护企业合法权益,建立健全产权和创新成果保护机制,下大力气保护企业创新取得的重大成果,严厉打击"拿来主义",从而充分激发企业创新活力和创造潜能,促进高新技术企业数量增长。完善反垄断和反不正当竞争机制，加大对垄断和不正当竞争行为的执法打击力度，切实保证企业竞争的公平性。

（二）积极创建高效便利的政务环境

"十四五"时期，黑龙江省应创新服务企业方式，不断提升服务企业效率，营造高效便利的政务环境。首先，完善政府对接企业与企业对接机制，努力做到有效对接、主动对接。通过编制对接指南、大力开展职业技能培训等多种方式，帮助对接服务企业专员丰富业务知识储备、提升工作理念、改进工作方式、改善工作态度，从而提升对接专员的业务水平，为实现政府与企业间的有效对接提供坚实的人才基础。将走访企业工作制度化、常态化，做到主动与企业对接，深入了解企业发展情况，多措并举帮助企业解决"急、盼、困、难"的问题，从而帮助企业应对风险挑战、走出发展困境，做企业真正的"纾困者"。积极开展"政策进企业"主题宣传活动，使企业能够及时了解政策内容、掌握政策指向，帮助企业制定、调整发展战略规划。龙江政府需要做好高校和企业之间的"中间人"，积极牵线搭桥推动产学研深度合作，还应帮助企业完成人才招聘工作。其次，统一企业项目审批标准，简化审批流程，从而降低审批难度。加快建设能够承载所有行政审批职能的政务服务平台，逐步形成统一的政务数据资源中心，从而推动黑龙江省企业项目审批统一化建设，努力实现"一站式"审批。着力推进项目审批清单与审批流程的全省一体化建设，形成精简、高效、统一的审批标准与程序，争取实现"一标准"和"一表式"审批，从而降低企业和审批工作人员的负担。推动企业项目审批向黑龙江政务服务在线平台集中，着力推动电子证照的制作与发放，不断提升"数字政务"的便利度和项目审批信息化建设水平。对于具有重大影响力的企业和项目，还应积极开通项目审批绿色通道，实施专人负责、专项审批、专门监管，尽可能缩短审批时限，为企业节省时间、金钱成本。

（三）构建富有成效和活力的市场环境

"十四五"时期，龙江应多措并举积极构建富有成效和活力的市场环

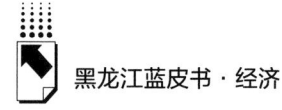

境。首先，黑龙江省应把握好政府与市场的关系，真正明确政府与市场的职能界限，努力打造"有效市场"和"有为政府"。龙江政府还应尽可能减少直接配置市场资源和直接干预市场主体经营活动的行为，最大限度理解、把握好"看不见的手"，推进要素价格市场化改革，健全要素市场运行机制，引导培育大数据交易市场，从而不断提升资源配置效率和市场经济主体活力。正确看待"看得见的手"，强调政府在资源配置方面的积极引导作用。着力制定相关战略与政策，引导龙江资源加速流向新兴产业和创新领域。其次，扎实落实惠企政策和措施，为企业发展提供真实有效的政策条件。通过减免税收、降低企业贷款利率、降低用水用电成本、减免土地出让金、加大中小微企业创业补贴力度、加大信贷支持力度、为企业融资搭桥等多种惠企政策和措施，为企业提供强大政策支持，切实帮助企业降低经营成本、缓解企业发展难题、提升政策获得感，从而在提升龙江已有企业满意度的同时，加速吸引海内外更多的专精特新企业入驻龙江。在加大政策支持力度的同时，应适当延长政策时限、降低政策享受门槛。最后，适度降低投资者参与门槛，积极拓宽企业融资渠道，着力破解企业尤其是中小微企业融资难、融资贵的问题。大力发展中小金融机构，积极畅通民间资本通道，让更多有意愿的金融机构和个人能够有效参与投资活动，帮助中小微企业和个体工商户破解资金短缺问题。加快构建完善的中小微企业信用评价体系，鼓励各级融资信用平台对中小微企业开展全面的信用评价，精准描绘其"信用画像"，为融资机构提供一定的参考。加快中小企业信用担保体系建设，帮助担保机构扩大规模、提升实力和抵御风险能力、完善行业管理。国有金融企业更要扮演好地方金融服务先锋队的角色，主动展现国有企业的担当，积极优化贷款安排，缓解企业资金压力，为龙江企业的发展保驾护航。龙江政府还应鼓励银行、金融机构等，对暂时遇困企业采取延期还款、利息减免、不计罚息等措施，加大对困难企业的支持力度。

（四）建立健全企业发展生态督办和评估长效机制

"十四五"时期，黑龙江省应大力鼓励各方力量切实参与到建设企业发展良好生态的监督和评估工作中。首先，积极构建关于企业发展良好生态的长效监管督办机制，争取实现全过程、全链条和全方位的监督。积极审查、及时纠正并严厉打击政府对接服务企业过程中存在的服务态度不到位、办事效率不高、惠企政策落实不及时、审批流程简化不彻底、涉企利益问题处理不公正等一系列恶劣行为。通过召开新闻发布会、制作主题宣传片等多种方式来充分发挥龙江新闻媒体的宣传作用，调动龙江人民自觉监督营商环境优化工作的意识，积极畅通龙江企业和人民投诉、反馈、举报与优化企业发展生态工作相违背的各种不良行为的通道。其次，着力创建企业发展良好生态长效评估机制。引入黑龙江省广大民众对企业发展良好生态的评价，使之真正成为一场人民"战争"。积极引入包括省社会科学院、省委党校在内的省级智库机构参与评估工作，鼓励智库机构重点围绕人文环境、法治环境、市场环境和政务环境四大方面深入实地开展龙江企业满意度调研活动，并对龙江优化营商环境的实际工作效果做出客观公正评估并提出有效解决对策，充分发挥专家学者的"智库"作用，为政府优化营商环境提供强大智力支持。最后，不断完善营造企业发展良好生态工作。在深度剖析优化营商环境工作不足的同时，也应意识到这项工作的系统性和长期性。牢牢围绕问题来及时调整、修订战略与政策，多措并举逐步创新政府对接企业的方式，提高管理服务企业的质量与效率，推动企业有序运转和健康发展。

参考文献

《黑龙江省人民政府办公厅印发黑龙江省关于进一步优化营商环境降低市场主体制度性交易成本工作方案的通知》，《黑龙江省人民政府公报》2023年第2期。

冯向辉、李店标：《市县营商法治环境评价指标体系研究——以黑龙江省为例》，《哈尔滨工业大学学报》（社会科学版）2021年第23期。

黑龙江省法治研究所课题组、吴狄：《黑龙江省优化营商环境法制监督机制建设的对策研究》，《黑龙江省政法管理干部学院学报》2020年第1期。

社会科学文献出版社

皮 书
智库成果出版与传播平台

◆ 皮书定义 ◆

皮书是对中国与世界发展状况和热点问题进行年度监测，以专业的角度、专家的视野和实证研究方法，针对某一领域或区域现状与发展态势展开分析和预测，具备前沿性、原创性、实证性、连续性、时效性等特点的公开出版物，由一系列权威研究报告组成。

◆ 皮书作者 ◆

皮书系列报告作者以国内外一流研究机构、知名高校等重点智库的研究人员为主，多为相关领域一流专家学者，他们的观点代表了当下学界对中国与世界的现实和未来最高水平的解读与分析。截至2022年底，皮书研创机构逾千家，报告作者累计超过10万人。

◆ 皮书荣誉 ◆

皮书作为中国社会科学院基础理论研究与应用对策研究融合发展的代表性成果，不仅是哲学社会科学工作者服务中国特色社会主义现代化建设的重要成果，更是助力中国特色新型智库建设、构建中国特色哲学社会科学"三大体系"的重要平台。皮书系列先后被列入"十二五""十三五""十四五"时期国家重点出版物出版专项规划项目；2013~2023年，重点皮书列入中国社会科学院国家哲学社会科学创新工程项目。

权威报告·连续出版·独家资源

皮书数据库
ANNUAL REPORT(YEARBOOK) DATABASE

分析解读当下中国发展变迁的高端智库平台

所获荣誉
- 2020年，入选全国新闻出版深度融合发展创新案例
- 2019年，入选国家新闻出版署数字出版精品遴选推荐计划
- 2016年，入选"十三五"国家重点电子出版物出版规划骨干工程
- 2013年，荣获"中国出版政府奖·网络出版物奖"提名奖
- 连续多年荣获中国数字出版博览会"数字出版·优秀品牌"奖

皮书数据库　　"社科数托邦"微信公众号

成为用户

登录网址www.pishu.com.cn访问皮书数据库网站或下载皮书数据库APP，通过手机号码验证或邮箱验证即可成为皮书数据库用户。

用户福利
- 已注册用户购书后可免费获赠100元皮书数据库充值卡。刮开充值卡涂层获取充值密码，登录并进入"会员中心"—"在线充值"—"充值卡充值"，充值成功即可购买和查看数据库内容。
- 用户福利最终解释权归社会科学文献出版社所有。

数据库服务热线：400-008-6695
数据库服务QQ：2475522410
数据库服务邮箱：database@ssap.cn
图书销售热线：010-59367070/7028
图书服务QQ：1265056568
图书服务邮箱：duzhe@ssap.cn

社会科学文献出版社　皮书系列
卡号：978482864579
密码：

S 基本子库
SUB DATABASE

中国社会发展数据库（下设12个专题子库）

紧扣人口、政治、外交、法律、教育、医疗卫生、资源环境等12个社会发展领域的前沿和热点，全面整合专业著作、智库报告、学术资讯、调研数据等类型资源，帮助用户追踪中国社会发展动态、研究社会发展战略与政策、了解社会热点问题、分析社会发展趋势。

中国经济发展数据库（下设12专题子库）

内容涵盖宏观经济、产业经济、工业经济、农业经济、财政金融、房地产经济、城市经济、商业贸易等12个重点经济领域，为把握经济运行态势、洞察经济发展规律、研判经济发展趋势、进行经济调控决策提供参考和依据。

中国行业发展数据库（下设17个专题子库）

以中国国民经济行业分类为依据，覆盖金融业、旅游业、交通运输业、能源矿产业、制造业等100多个行业，跟踪分析国民经济相关行业市场运行状况和政策导向，汇集行业发展前沿资讯，为投资、从业及各种经济决策提供理论支撑和实践指导。

中国区域发展数据库（下设4个专题子库）

对中国特定区域内的经济、社会、文化等领域现状与发展情况进行深度分析和预测，涉及省级行政区、城市群、城市、农村等不同维度，研究层级至县及县以下行政区，为学者研究地方经济社会宏观态势、经验模式、发展案例提供支撑，为地方政府决策提供参考。

中国文化传媒数据库（下设18个专题子库）

内容覆盖文化产业、新闻传播、电影娱乐、文学艺术、群众文化、图书情报等18个重点研究领域，聚焦文化传媒领域发展前沿、热点话题、行业实践，服务用户的教学科研、文化投资、企业规划等需要。

世界经济与国际关系数据库（下设6个专题子库）

整合世界经济、国际政治、世界文化与科技、全球性问题、国际组织与国际法、区域研究6大领域研究成果，对世界经济形势、国际形势进行连续性深度分析，对年度热点问题进行专题解读，为研判全球发展趋势提供事实和数据支持。

法律声明

"皮书系列"（含蓝皮书、绿皮书、黄皮书）之品牌由社会科学文献出版社最早使用并持续至今，现已被中国图书行业所熟知。"皮书系列"的相关商标已在国家商标管理部门商标局注册，包括但不限于LOGO（ ）、皮书、Pishu、经济蓝皮书、社会蓝皮书等。"皮书系列"图书的注册商标专用权及封面设计、版式设计的著作权均为社会科学文献出版社所有。未经社会科学文献出版社书面授权许可，任何使用与"皮书系列"图书注册商标、封面设计、版式设计相同或者近似的文字、图形或其组合的行为均系侵权行为。

经作者授权，本书的专有出版权及信息网络传播权等为社会科学文献出版社享有。未经社会科学文献出版社书面授权许可，任何就本书内容的复制、发行或以数字形式进行网络传播的行为均系侵权行为。

社会科学文献出版社将通过法律途径追究上述侵权行为的法律责任，维护自身合法权益。

欢迎社会各界人士对侵犯社会科学文献出版社上述权利的侵权行为进行举报。电话：010-59367121，电子邮箱：fawubu@ssap.cn。

社会科学文献出版社